Wolfgang Ritter

# Diagnostik und Therapie der Bienenkrankheiten

Wolfgang Ritter

# Diagnostik und Bekämpfung der Bienenkrankheiten

24 Grafiken
16 Schwarz-Weiß-Fotos
6 Farbtafeln
6 Tabellen

SEMPER BONIS ARTIBUS

Gustav Fischer Verlag Jena • Stuttgart

**Anschrift des Verfassers**

Dr. phil. nat. **Wolfgang Ritter**
Abteilung Bienenkunde
am Tierhygienischen Institut Freiburg
Am Moosweiher 2
79108 Freiburg

Die Deutsche Bibliothek – CIP-Einheitsaufnahme

**Ritter, Wolfgang:**
Diagnostik und Bekämpfung der Bienenkrankheiten : 6
Tabellen / Wolfgang Ritter. – Jena ; Stuttgart : G. Fischer, 1996
ISBN 3-334-61021-7


Lektor: Dr. Dr. Roland Itterheim
Zeichnungen: Barbara Maria Kiefer
Gesamtherstellung: Druckhaus Köthen GmbH
Printed in Germany

ISBN 3-334-61021-7

Dr. **Wolfgang Ritter** (geb. 28. 10. 1948) studierte in Frankfurt/Main Biologie. Anschließend war er als wissenschaftlicher Mitarbeiter in ein Forschungsprogramm zur Bekämpfung der Varroatose eingebunden. Seit 1980 ist er als Leiter der Abteilung Bienenkunde des Tierhygienischen Instituts Freiburg i. Br. mit der Diagnostik und Bekämpfung von Bienenkrankheiten in Baden-Württemberg betraut, berät Amtstierärzte und Bienensachverständige und wurde zum Lehrbeauftragten am Fachbereich „Ökologische Landwirtschaft" der Gesamthochschule Universität Kassel ernannt. Die Forschungstätigkeit und die wissenschaftlichen Publikationen des Autors erstrecken sich auf verschiedene Bereiche der Bienenpathologie, insbesondere die Varroatose, deren Bekämpfung und Sekundärinfektionen. Dr. Ritter ist Experte und Leiter des Referenzlabors für Bienenkrankheiten des Internationalen Tierseuchenamtes (OIE) in Paris, Präsident der Ständigen Kommission für Bienenpathologie in der Apimondia (Weltbienenverband) und Mitglied des Beirates für Bienenkrankheiten des Deutschen Imkerbundes.

# Vorwort

Früher stand bei der Gesunderhaltung der Bienen ausschließlich die Sorge um eine ausreichende Honigproduktion im Vordergrund. Heute, nachdem durch widrige Umwelteinflüsse viele Insektenarten nur noch in geringer Zahl vorkommen, haben die Bienen als Bestäuber von Wild- und Kulturpflanzen zunehmende Bedeutung erlangt. Der ökologische und volkswirtschaftliche Schaden, den Bienenkrankheiten hervorrufen können, ist daher beträchtlich.

Diagnose und Therapie von Krankheiten der Honigbiene haben – im Gegensatz zu denen von anderen Invertebraten – den Menschen schon seit der Antike beschäftigt. So beschreibt u. a. Aristoteles Krankheiten, die der Faulbrut und der Ruhr gleichen. Genauere Beschreibungen liegen aber erst seit dem 18. Jahrhundert vor. Der erste Nachweis eines Krankheitserregers gelang Louis Pasteur mit *Nosema bombycis*, dem Verursacher einer Erkrankung des Seidenspinners *Bombyx mori*. Diese Entdeckung hat auch die Bienenpathologie wesentlich beeinflußt. Aber erst in diesem Jahrhundert konnten ebenso wie in anderen Bereichen der Veterinärmedizin wesentliche Zusammenhänge zwischen Erreger und Erkrankung geklärt werden.

Am Anfang stand die *Faulbrut* im Vordergrund, da sie als einzige Krankheit mit seuchenhaftem Verlauf galt. Lange bevor sich auch der Staat um Bienenseuchen kümmerte, hatten bereits die Imker die Notwendigkeit der Koordination ihrer Maßnahmen eingesehen und organisierten sich in Imkervereinen. Neben der Faulbrut haben vor allem Parasiten in diesem Jahrhundert zu erheblichen Schädigungen geführt. So ist die *Nosematose* in den gemäßigten Klimaten auch heute noch die häufigste Todesursache. Seit Mitte dieses Jahrhunderts traten zunehmend parasitäre *Milben* in den Vordergrund. An ihnen wird die zunehmende Gefahr der Einschleppung von Bienenkrankheiten deutlich, wenn Bienen in andere Regionen oder sogar Kontinente verbracht werden. Mit dem oft seuchenhaften Verlauf dieser Parasitosen nahm auch das Interesse der Wissenschaft und der Öffentlichkeit für Bienenkrankheiten zu. In neuerer Zeit zeichnet sich wieder ein wesentlicher Einschnitt in der Bienenpathologie ab. Einerseits wird die Bedeutung von *Bienenviren* für manche Erkrankungen immer deutlicher, andererseits aber zeigt sich, daß insbesondere *Haltungsfehler* oder widrige *Umweltbedingungen* erst die Grundlage bzw. die Voraussetzung für den Ausbruch einer Krankheit schaffen. Nicht zuletzt können heute wegen der verbesserten analytischen Methoden, der Kenntnis der toxikologischen Zusammenhänge und der zunehmenden Sensibilisierung des Verbrauchers Medikamente nicht mehr bedenkenlos eingesetzt werden. Gerade dieser Umstand erfordert das Umdenken zu einer biologischen, artgerechten Bienenhaltung.
Dieses Buch über Diagnostik und Therapie von Bienenkrankheiten richtet sich an alle, die sich eingehender mit diesem Thema beschäftigen wollen oder müssen. Das Buch soll eine Verbindung zwischen dem diagnostischen Labor und der praktischen Bekämpfung herstellen. Dem Tierarzt, der mit der staatlichen Bekämpfung von Bie-

nenseuchen beauftragt ist, soll nicht nur die Beurteilung der jeweiligen Seuchensituation, sondern auch die Umsetzung der gesetzlichen Vorschriften erleichtert werden. Insbesondere im Umgang mit dem Bienensachverständigen sollen bestehende Unsicherheiten beseitigt werden. Dazu dient insbesondere der Abschnitt am Anfang des Buches, in dem die für das Verständnis der Bienenkrankheiten notwendigen biologischen Zusammenhänge über Biene und „Superorganismus" Bienenvolk erläutert werden. Die allgemeinen Abschnitte im Laborteil sollen dem in diesem Bereich nicht Vorgebildeten die Durchführung der diagnostischen Methoden erleichtern. Bei den therapeutischen Maßnahmen werden vor allem diejenigen beschrieben, die auch vom nicht mit der imkerlichen Praxis Vertrauten umgesetzt werden können. Für die Klärung von Fragen aus dem imkerlichen Bereich sollte die entsprechende Fachliteratur herangezogen werden.
Um den Umfang des Buches so gering wie möglich zu halten, werden nur die für weitergehende Studien wichtig erscheinenden Literaturstellen zitiert.

Freiburg i. Br., Januar 1996 W. Ritter

# Inhaltsverzeichnis

# 1. Biologische Besonderheiten der Honigbiene

Die Aufgabe eines Pathologie-Buches besteht nicht darin, die Biologie der Honigbiene und des Bienenvolks eingehend zu erläutern. Innerhalb der Veterinärmedizin und Landwirtschaft nimmt die Honigbiene aber immer noch die Rolle eines Außenseiters ein. Häufig werden bestimmte Vorgehensweisen in Diagnose und Therapie nicht verstanden, da die dafür notwendigen Kenntnisse der biologischen Zusammenhänge fehlen. Im folgenden soll daher ein kurzer Überblick über in der Pathologie relevante Bereiche gegeben werden.
Honigbienen kommen in drei verschiedenen Morphen vor, die sich nicht nur hinsichtlich ihrer Anatomie, sondern auch Physiologie unterscheiden.

## 1.1. Anatomie und Physiologie

Der Bauplan der drei Morphen entspricht weitgehend dem der Insekten. Sie besitzen ein Exoskelett, den Chitinpanzer. Der Körper ist in drei unabhängig voneinander bewegliche Teile, Kopf, Thorax und Abdomen, gegliedert.
Am *Kopf* sind die wichtigsten Sinnesorgane für die Orientierung lokalisiert: die Facettenaugen und Fühler. Mit den Fühlern kann die Biene zusätzlich riechen. Die kompliziert gebauten Mundwerkzeuge sind für das Aufsaugen von flüssiger Nahrung und die Mandibeln für das Zerkleinern von festen Bestandteilen ausgebildet. Am *Thorax* befinden sich die Extremitäten, jeweils paarig angeordnet drei Beine und zwei Flügel. Die Hinterbeine der Arbeitsbiene besitzen zusätzliche Einrichtungen, um Pollen zu sammeln und zu transportieren. Das sichtbar in Segmentringe gegliederte *Abdomen* trägt zahlreiche nach außen mündende Drüsen und den Stachel zur Verteidigung. Dieser fehlt dem Drohn vollständig. Das Abdomen der Königin ist auffällig langgestreckt. Der Drohn hat eine insgesamt mehr gedrungene Körperform sowie große Augen und Fühler.
Wie für Insekten typisch, haben die Honigbienen ein strickleiterähnlich aufgebautes *Zentralnervensystem*, das ventral in der Längsachse des Körpers liegt (Abb. 1). Die während der Entwicklung segmental angeordneten Ganglienpaare verschmelzen im Kopf zum Cerebralganglion. Dort werden im wesentlichen die Sinnesreize und in den Ganglien des Bauchmarks die motorischen Reize verarbeitet.
Das *Atemorgan* setzt sich aus einem weit verzweigten, innen mit spiraligen Chitinauskleidungen versteiften Röhrensystem, den Tracheen, zusammen. Sie sind untereinander verbunden und bilden im gesamten Körper dünnwandige Erweiterungen, die Luftsäcke. Die Tracheen verzweigen sich mehrfach bis zu sehr feinen Tracheolen. Dort findet der Gasaustausch mit dem Gewebe statt. Die Tracheen münden in zehn lateral am Thorax und Abdomen paarweise angeordneten Stigmen nach

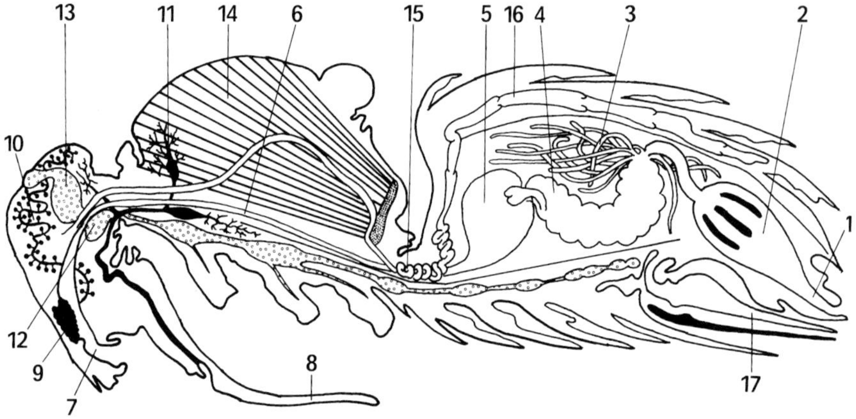


Abb. 1. Längsschnitt durch eine adulte Biene (verändert nach Buttel-Reepen).

1 After, 2 Rektum, 3 Malpighische Gefäße, 4 Mitteldarm, 5 Honigblase, 6 Pharynx, 7 Mundöffnung, 8 Glossa, 9 Mandibeldrüsen, 10 Hypopharynxdrüsen, 11 Labialdrüsen, 12 Unterschlundganglion, 13 Oberschlundganglion, 14 Flugmuskel, 15 Aorta, 16 Herzschlauch mit Ostien, 17 Stachelanlage.

außen. Über Verschlußmechanismen wird der Ein- und Ausstrom der Luft geregelt. Bienen atmen wie alle Insekten aktiv aus. Durch die anschließende Dehnung wird Luft in die Tracheen gesogen.

In der farblosen bis gelblichen *Hämolymphe* wird kein Sauerstoff, sondern werden neben den Stoffwechselprodukten die Nährstoffe und Hormone transportiert. Eine Arbeitsbiene enthält 15 bis 20 µl Blutflüssigkeit mit einer nach dem physiologischen Zustand wechselnden Zahl von Hämozyten. Die Hämolymphe füllt die gesamte Leibeshöhle aus (offener Blutkreislauf) und wird vom dorsal im Abdomen angeordneten pulsatorischen Herzschlauch über die Aorta in die Kopfkapsel gepumpt. Andere Organe wie die ebenfalls pulsatorischen, in der Leibeshöhle ausgespannten Diaphragmen halten sie auch dort in Bewegung.

Der *Darmkanal* der Biene ist in Vorder-, Mittel-, Dünn- und Enddarm (Rektum) gegliedert. Die Nahrung wird über den Pharynx aufgenommen, der wie eine Saugpumpe wirkt. Von dort gelangt sie über den Ösophagus in die 50 bis 60 µl fassende *Honigblase*, deren Funktion mit dem Kropf höherer Tiere vergleichbar ist. Den Übergang vom Vorderdarm in den Mitteldarm regelt der in die Honigblase ragende Proventrikulus. Zusätzlich filtert er mit vier dreieckigen, bewimperten Lappen mindestens 0,5 µm große Partikel aus dem Inhalt der Honigblase. Über einen Ventilschlauch gelangen diese wie die übrige für die Versorgung des Körpers vorgesehene Nahrung in den Mitteldarm. Das Darmlumen von Stockbienen enthält im Gegensatz zu dem von Flugbienen sehr viel Pollen. Die Sekretion von Verdauungsenzymen erfolgt im vorderen und die Resorption von Nährstoffen im hinteren Abschnitt. Die Darmflora besteht je nach Alter und Geschlecht der Biene aus verschiedenen Bakterien- und Pilzarten. Nach ein bis zwei Stunden hat die Nahrung den Mitteldarm passiert und gelangt in den

Dünndarm. In seinem Anfangsteil, dem Pylorus, können sich Flagellaten ansiedeln, die zur normalen Darmfauna der Arbeiterin gehören. Größere Ansammlungen können als bräunliche, sog. Flagellatenschorfe durch das Darmepithel hindurchschimmern. Der letzte Abschnitt des Verdauungstraktes, das Rektum, ist äußerst dehnungsfähig, da hier besonders im Winter größere Mengen von Exkrementen gespeichert werden. Eine schnelle Zersetzung des Inhalts verhindern die von den Rektalpapillen abgegebenen Enzyme, z. B. Katalase. Das Innenepithel dieser äußerlich als Längsstrukturen erkennbaren Drüsen ist mit Bakterien und Flagellaten besetzt. Über die Rektalpapillen gelangen Wasser und lösliche Substanzen aus dem Rektum in die Hämolymphe. Der Hämolymphe werden Exkrete über die Malpighischen Gefäße entzogen. Diese bestehen aus bis zu 100 blind endenden, 30 bis 90 µm dicken und etwa 20 mm langen Schläuchen, die in die Leibeshöhle ragen und am Pylorus in den Darm münden. Ein Teil der Exkrete wird in den Malpighischen Gefäßen gespeichert und führt zu ihrer farblichen Veränderung; in jungen Bienen sind sie noch durchsichtig und mit zunehmendem Alter trüb. Sie können wie bei Drohnen eine bräunliche Farbe annehmen. Bei Königinnen sind sie meist gelbgrün.

Der Hauptteil der Exkrete wird entweder mit dem Kot ausgeschieden oder in Exkretzellen im *Fettkörper* der Biene gespeichert. Die eigentliche Aufgabe des Fettkörpers besteht jedoch in der Speicherung von Lipid, Protein und Glykogen. Diese Reservestoffe sind in tropfenförmigen Einschlüssen in dessen Zytoplasma enthalten. Umfang und Art der eingelagerten Stoffe variieren mit dem Alter der Biene und der Jahreszeit. So ist der Lipidgehalt bei Flugbienen höher als bei Stockbienen. Einen besonders hohen Proteingehalt weisen die Winterbienen auf. Sie können diese Stoffe im Frühjahr wieder mobilisieren, um die Sekretion der Hypopharynxdrüsen bei den Arbeiterinnen zu aktivieren.

Mit dem Sekret der Hypopharynxdrüsen werden die Arbeiterinnenlarven die ersten drei Tage und die Larve der Königin während der gesamten Entwicklungszeit gefüttert. Die Kastendetermination beruht im wesentlichen auf der Quantität und Qualität des Futters und ist in bis zu drei Tage alten Larven möglich. Die paarigen Drüsen liegen in der Kopfkapsel über dem Cerebralganglion. Weiter distal und im Thorax hinten befinden sich die Labialdrüsen, die wesentlich an der Verarbeitung des Wachses beteiligt sind. Dessen Produktion erfolgt in den paarig unter den Wachsspiegeln der Abdominalsternite liegenden Wachsdrüsen. Andere exokrine Drüsen geben Substanzen über die Körperoberfläche ab, die als Pheromone zwischen den Individuen das Sozialverhalten regeln. Dazu gehört die Nassanoffsche Drüse am Vorderrand des siebten Abdominaltergits, deren Sekret zur Markierung und Orientierung dient. Die wichtigsten Drüsen sind sicherlich die Mandibeldrüsen der Königin, da von ihnen die Königinsubstanz produziert wird.

Alle Morphen besitzen *Gonaden* im Abdomen. Die Geschlechtsorgane sowohl der Arbeiterin als auch der Königin bestehen aus paarigen Ovarien und Ovidukten sowie einem unpaaren Ausführgang, der über die Vagina in die Stachelkammer mündet. Bei der Arbeiterin sind sie jedoch unterentwickelt. Das Receptaculum seminis ist nicht in der Lage, Samen aufzunehmen, und die Ovarien besitzen nur 2 bis 12 anstelle von bis zu 180 Ovariolen.

Die männlichen Geschlechtsorgane bestehen aus paarigen Hoden und Anhangsdrüsen, die in den Ausführgang (Vas deferens) münden. Bei der Kopulation kommt

es zur Eversion des invertierten Penis, dabei platzt das Abdomen auf. Noch während der Kopulation stirbt der Drohn.
Die wichtigste endokrine Drüse ist die *Corpora allata*, die Juvenilhormone produziert. Diese kontrollieren nicht nur die Entwicklung der Imago, sondern auch der juvenilen Stadien. Ein weiteres für die Entwicklung der Bienenbrut wichtiges Hormon ist das von der Protothoraxdrüse abgegebene *Ecdyson*.

## 1.2. Entwicklung der Bienen

Die Entwicklung der Bienen kann in die Jugend- und die Imaginalentwicklung unterteilt werden. Nach der Ablage des Eies entwickelt sich im Chorion (Eihülle) der Embryo. Die Embryonalentwicklung ist mit dem Schlupf der Larve nach 72 Stunden abgeschlossen. Diese wird ständig von den Bienen inspiziert und gefüttert, so daß sie schnell an Gewicht zunimmt, innerhalb von drei Tagen um das Hundertfache. Während ihrer Entwicklung häutet sich die Larve viermal, anfangs im Abstand von etwa 24 Stunden. Nach der vierten Häutung füllt die Rundmade den gesamten Zellgrund aus und streckt sich in der Brutzelle aus. Während dieses Vorgangs verdeckeln die Bienen die Brutzelle mit Wachs. Danach spinnen die Streckmaden einen geschlossenen Kokon. In diesem findet die Metamorphose zur Puppe statt. Dieser Übergang wird besonders an der Veränderung des Darmkanals deutlich. Während der Larvalentwicklung besteht dieser im wesentlichen aus einem großen Mitteldarm und einem kurzen Vorderdarm- und Enddarmabschnitt. Am Ende des fünften Larvalstadiums bricht der noch geschlossene Mitteldarmausgang in den Enddarm durch. Der angestaute Kot gelangt in den Enddarm und wird noch vor der Verpuppung nach außen abgegeben. Zur gleichen Zeit werden die aus den sich öffnenden Malpighischen Gefäßen abgegebenen Exkrete ausgeschieden. Noch im Vorpuppenstadium (Nymphenstadium) differenzieren sich die einzelnen, bei der Imago beschriebenen Abschnitte des Darmkanals. In dieser Phase beginnt die Entwicklung der imaginalen Organe, die sich nach der Puppenhäutung fortsetzt. Auch äußerlich lassen die Puppen immer mehr die Körperformen der späteren Imago erkennen. Im Laufe der Puppenphase färben sich zunächst die Komplexaugen durch Pigmenteinlagerungen und schließlich auch die gesamte Chitincuticula. Kurz vor dem Schlupf kommt es zur sechsten und letzten Häutung, der Imaginalhäutung. Erst in dieser letzten Phase wird Hämolymphe in die Flügeladern gepreßt. Die Streckung der Flügel wird nach dem Schlupf fortgesetzt und ist mit der Aushärtung des Chitins abgeschlossen. Die Biene schlüpft selbständig, nachdem sie den Zelldeckel mit Hilfe ihrer Mandibeln und Sekrete der Mandibeldrüsen geöffnet hat.
Die Dauer der Larval- und Puppenentwicklung unterscheidet sich bei den einzelnen Morphen (Tabelle 1). So schlüpft ein Drohn nach etwa 24, eine Arbeiterin nach 21 und eine Königin bereits nach 15 bis 16 Tagen. Diese Zeitangaben variieren unter den einzelnen Zuchtlinien geringfügig, aber bei den verschiedenen Rassen teilweise erheblich. Ebenso haben auch geringfügige Abweichungen von der optimalen Nesttemperatur einen Einfluß auf die Entwicklungszeiten.

Tabelle 1. Entwicklungsdauer und -stadien der verschiedenen Morphen von *Apis mellifera* (nach Rembold, 1980)

| Tag | Arbeiterinnen | Königin | Drohn |
|---|---|---|---|
| 1 | Ei | Ei | Ei |
| 2 | Ei | Ei | Ei |
| 3 | Ei | Ei | Ei |
| 4 | L1 | L1 | L1 |
| 5 | L2 | L2 | L2 |
| 6 | L3 | L3 | L3 |
| 7 | L4 | L4 | L4 |
| 8 | L5 | L5 | L5 |
| 9 | LS | LS | LS |
| 10 | LS | LS | LS |
| 11 | LS/PP | PP | |
| 12 | PP | PP/Pw | PP |
| 13 | Pw | Pw/Pp | |
| 14 | Pw | Pp/Pr | Puppe |
| 15 | Pp | Pd | |
| 16 | Pr | Pdl/Pdm | |
| 17 | Pd | Pdd/Adult | |
| 18 | Pdl | | |
| 19 | Pdm | | |
| 20 | Pdd | | |
| 21 | Adult | | |
| 22 | | | |
| 23 | | | |
| 24 | | | |

LS = Streckmade
PP = Vorpuppe
Pw = Puppe mit weißen Augen
Pp = Puppe mit rosa Augen
Pr = Puppe mit roten Augen
Pd = Puppe mit dunklen Augen
Pdl = Puppe mit leicht pigmentiertem Thorax
Pdm = Puppe mit mittel pigmentiertem Thorax
Pdd = Puppe mit dunkel pigmentiertem Thorax

Im L5-Stadium kommt es jeweils zur Verdeckelung der Brutzellen.

Diese Angaben sind Näherungswerte für *Apis mellifera carnica*; sie variieren mit der Zuchtserie und Rasse.

## 1.3. Paarungsverhalten der Biene

Die Drohnen sind nach 8 bis 12 Tagen geschlechtsreif und fliegen um die Mittagszeit gezielt einen der sog. Drohnensammelplätze an. Diese sind mindestens einen, oft aber zwischen fünf und sechs Kilometer vom Nest entfernt. Dabei suchen nicht alle Drohnen desselben Volkes dieselben Plätze auf. Die Areale sind über Generationen festgelegt und werden aufgrund bestimmter Orientierungshilfen (UV-Licht, Topographie etc.) immer wieder gefunden. Die Köngin sucht diese Plätze etwa fünf bis zehn Tage nach dem Imaginalschlupf ebenfalls auf. Sie wählt aber meist solche in einer Entfernung von wenig mehr als einem Kilometer. Nur auf diesen Plätzen und in einer Höhe von etwa 20 m ist die Königin für die Drohnen attraktiv, und sie werden durch von ihr abgegebene *Pheromone* angelockt. Der Drohn stirbt nach der Eversion des Begattungsschlauches. Nur das klebrige, orangefarbene Begattungszeichen verbleibt in der Scheide der Königin. Die Königin wird nun meist von fünf bis fünfzehn weiteren Drohnen begattet, bis die Spermatheka mit mehr als fünf Millionen Spermien gefüllt ist. Die Königin kann auch an mehreren Tagen zur Paarung ausfliegen und kehrt dann jeweils mit dem Begattungszeichen des letzten Partners zurück. Nach wenigen Tagen beginnt die Königin mit der Eiablage. Die Begattung mit Drohnen unterschiedlicher Herkunft führt zu einer großen genetischen Variabilität und verhindert Inzucht.

## 1.4. Bienenvolk

Ein Bienenvolk besteht aus einer eierlegenden *Königin*, von April bis August aus mehreren Hundert *Drohnen* und je nach Jahreszeit aus 10 000 bis 60 000 Arbeiterinnen. Obwohl es sich hier um einen Zusammenschluß von vielen Einzelindividuen handelt, wird dieser allgemein als biologische Einheit gesehen. Der Imker spricht vom „Bien" und der Biologe vom „Superorganismus". Ein wesentlicher Unterschied zu einem Organismus besteht jedoch darin, daß in diesem außer den Keimzellen alle Zellen genetisch gleich sind. Im Bienenvolk jedoch unterscheiden sich die einzelnen Individuen genetisch voneinander, da sie wegen der Mehrfachpaarung verschiedene Väter haben. Der Verwandtschaftsgrad variiert somit zwischen den einzelnen Individuen. Dieser Zusammenhang hat auch für die Pathologie Bedeutung; denn eine genetisch bedingte höhere oder geringere Anfälligkeit gegenüber einer Krankheit oder Ausprägung des Hygieneverhaltens kann unter Umständen nur vorübergehend auftreten.
Tatsächlich bietet das Bienenvolk in seiner Gesamtheit eine funktionelle Einheit, die mit einem Säugetier verglichen werden kann. Das Handeln der Gemeinschaft ist auf die Erhaltung der Art und damit auf die Beschaffung von Futter sowie die Aufzucht von Nachkommen ausgerichtet. Das setzt bei der Vielzahl von Individuen jedoch eine Regelung des gemeinsamen, auf dieses Ziel gerichteten Handelns voraus.

## 1.5. Arbeitsteilung

Während die Königin ausschließlich mit der Eiablage beschäftigt ist und die Drohnen sich für eine Begattung bereithalten, werden alle übrigen Tätigkeiten, die für das Überleben des Volks von Bedeutung sind, von den Arbeiterinnen ausgeführt. Die einzelnen Aufgaben werden von den Arbeiterinnen eines bestimmten Alters übernommen. Daneben entscheidet die Entwicklung bestimmter Drüsen über die Art der Tätigkeit. So sind zwischen dem 4. und 10. Tag die *Hypopharynxdrüsen* so weit entwickelt, daß diese Bienen die Brut mit Futter versorgen können. Mit der Entwick-

lung der *Wachsdrüsen* übernehmen sie Bautätigkeiten. In diese Phase gehören z. B. auch Arbeiten wie Reinigen des Nests sowie Übernahme, Verarbeitung und Lagerung des Futters. Ein Teil der Bienen hat sich auf bestimmte Tätigkeiten spezialisiert; so gibt es Bienen, die ausschließlich Zellen inspizieren, und solche, die verdächtige oder abgestorbene Brut entfernen. Im letzten Lebensabschnitt sorgen sie als Flugbienen für den Nahrungserwerb, aber auch die Bereitstellung von Wasser und Propolis. Der Übergang von der Stockbiene zur Flugbiene wird ebenso wie andere Tätigkeiten durch die von der Corpora allata abgegebenen Juvenilhormone gesteuert. Der Hormontiter ist jedoch nicht nur altersabhängig, sondern wird auch durch die Umwelt beeinflußt. Auch sonst ist die Arbeitsteilung keine starre Ordnung, sondern wird ständig an den Erfordernissen des Volks überprüft und, falls notwendig, durch entsprechende physiologische Stimuli geändert.
Die Lebensdauer der Arbeiterinnen hängt wesentlich von der Beanspruchung als Flugbienen ab. Im Sommer erreichen die Bienen ein Alter von etwa 30 bis 40 Tagen und im Winter von sechs bis neun Monaten. Die trachtlosen Wintermonate können die Bienen aber nur überleben, wenn der Fettkörper die notwendigen Reserven aufweist. Diese werden besonders im Frühjahr zur Ausbildung der Hypopharynxdrüsen für die Aufzucht der Brut benötigt.
Während die Königin ein Alter von einem Jahr bis zu fünf Jahren erreichen kann, werden Drohnen im Spätsommer von den Arbeitsbienen aus dem Volk gedrängt oder abgetötet (Drohnenschlacht). Da sie selbst nicht für ihre Nahrung sorgen können, sind sie außerhalb der Paarungsperioden für das Volk eine Belastung.

● **Thermoregulation**

Eine Aufzucht der Nachkommen und das Überleben als Gemeinschaft auch unter niedrigen Umgebungstemperaturen setzt die Möglichkeit zur Produktion und Regulation von Wärme voraus. Bienen sind als Einzelorganismen *poikilotherme* Organismen. Sie können jedoch, um auch bei niedrigen Umgebungstemperaturen ausfliegen zu können, die Temperatur im Thorax durch Muskelzittern erhöhen. Diese Möglichkeit wird auch im Bienenvolk genutzt. Der Wärmeabfluß wird durch engeren oder weiteren Abstand der umgebenden Bienen reguliert. Bei Überhitzungsgefahr wird Wasser eingetragen und auf den Waben durch Fächeln Verdunstungskälte produziert. So kann im Bienenvolk eine konstante Bruttemperatur von 34 °C erzeugt werden. In der Wintertraube liegt sie im Durchschnitt bei 20 °C und sinkt auf der Traubenoberfläche nie unter die Kältestarretemperatur von 10 °C. In der sozialen Gemeinschaft ist die Honigbiene zu einer Thermoregulation fähig, die der von Säugern und Vögeln ähnlich ist. Man bezeichnet sie daher auch als *soziale Homoiothermie*.

● **Kommunikation**

Eine derartige Leistung ist bei einer so großen Zahl von Einzelindividuen nur mit Hilfe verschiedener Kommunikationssysteme möglich; die wohl bedeutendste ist die *Tanzsprache* der Bienen. Den Bienen gelingt es so, anderen Stockgenossinnen ergiebige Trachtquellen anzuzeigen.
Neben der Tanzsprache bedienen sich die Bienen eines sehr leistungsfähigen chemischen Kommunikationssystems, das weite Bereiche des sozialen Lebens regelt. Die *Pheromone* wirken in Analogie der Hormone von Organismen schon in geringsten

Mengen; sie werden jedoch nicht in den Organismus, sondern nach außen abgegeben. Sie dienen der Markierung, Orientierung, Bruterkennung und Alarmierung. Den Mandibeldrüsensekreten der Königin kommt dabei eine besondere Bedeutung zu. Sie dienen nicht nur als Sexuallockstoffe, sondern sorgen für den Zusammenhalt und die Orientierung der Schwarmtraube und unterdrücken die Entwicklung von Ovarien bei den Arbeiterinnen. Fehlen diese Stoffe, z. B. nach dem Verlust der Königin, so wird das Volk unruhiger und stellt eine Reihe seiner Tätigkeiten ein oder reduziert sie zumindest.
Gelingt es nicht, eine neue Königin nachzuziehen, so beginnen die Arbeiterinnen mit der Ablage haploider und damit männlich determinierter Eier.
Die einzelnen Individuen erhalten die Information auf dem Weg der *Trophalaxie*, die einen wichtigen Bestandteil der Kommunikation im sozialen Verband darstellt. So werden über den Futteraustausch mit Hilfe der Pheromone nicht nur Informationen über den Zustand der Königin, sondern auch über den Bedarf und die Qualität des Futters weitergegeben. Über die Trophalaxie wird auch die Schwarmstimmung eines Volkes geregelt, ein allerdings insgesamt wesentlich komplexerer Vorgang. Schwärme bestehen aus der alten Königin und einem Teil der Arbeiterinnen. Sie verlassen das alte Nest, bevor dort die neue Königin schlüpft. Nur diese Art der Vermehrung ist der selbständiger Organismen gleichzusetzen.
Auf der Suche nach einem geeigneten Nistplatz kann der Schwarm Entfernungen von zehn Kilometern und mehr zurücklegen. Sobald die Bienen in die neue Höhle eingezogen sind, beginnen sie mit dem Bau des Nestes.

### ● Nest

Das Nest besteht aus mehreren parallel zueinander angeordneten Waben, in denen Nahrungsvorräte gelagert und die Nachkommen aufgezogen werden. Dabei unterscheiden sich die Zellen, in denen Pollen und Honig gelagert wird, nicht von denen mit Arbeiterinnenbrut. Die Drohnenzellen haben dagegen einen größeren Zelldurchmesser. Die Königinnen werden in einzelnen, stets senkrecht nach unten hängenden Zellen aufgezogen.

### ● Verteidigung

Die Vorräte im Nest sind ebenso wie die Brut für das Überleben des Bienenvolks von essentieller Bedeutung. Vermeintliche Angreifer werden daher von den Wächterbienen abgewehrt. Dabei geben sie Alarmpheromone ab, die andere Stockgenossinnen alarmieren und das angreifende Objekt markieren. Dunkle, sich rasch bewegende Objekte werden bevorzugt angegriffen. Das Verteidigungsverhalten der Bienen zeigt genetisch und witterungsbedingte Unterschiede; so verteidigen die Bienen bei Luftdruckabfall und vor Gewittern sowie mit zunehmender Helligkeit, Temperatur und Luftfeuchtigkeit besonders aktiv. Bei einem Stich kann sich der mit Widerhaken versehene Stachel in der Haut eines Warmblüters fest verankern. Beim Abflug wird der Stachelapparat aus dem Abdomen herausgerissen. Durch Muskelkontraktionen kann er tiefer in das Gewebe eindringen und die Giftblase entleeren. Der gesamte Stachelapparat sollte daher so schnell wie möglich entfernt werden, ohne dabei die Giftblase auszudrücken.

# 1.6. Haltung der Honigbienen

Die Honiggewinnung durch Ausrauben der Nester ist seit vielen tausend Jahren verbreitet. Eine echte Bienenhaltung, die auch die Überwachung und Fürsorge einschloß, bestand schon vor 4000 Jahren in Ägypten. Die Kenntnis über die Vorgänge im Volk und damit auch das Auftreten von Krankheiten waren jedoch gering. Obwohl schon die Griechen Ende des 17. Jh. mobile Waben kannten, begann die Entwicklung zur modernen Bienenzucht erst Mitte des 19. Jh. Eine Bienenzucht und die Behandlung von Bienenkrankheiten folgten als wesentliche Erkenntnisse des 20. Jh.

Die Entwicklung der Bienenhaltung war jedoch nicht einheitlich und führte vor allem in Mitteleuropa zu der heute oft verwirrenden Anzahl an Wabenmaßen, Beutentypen und Betriebsweisen.
Der wichtigste Unterschied besteht zwischen der extensiven und intensiven Betriebsweise. Während der Imker bei ersterer die Bienenvölker nur zur Erweiterung, Wanderung und Honigernte aufsucht, versucht er bei letzterer, durch verschiedene Veränderungen die Entwicklung der Völker zu beeinflussen, vor allem betreibt er die sehr arbeitsintensive Schwarmverhinderung. Neben dem Trachtangebot bestimmt letztendlich die Betriebsweise, wie viele Völker maximal von einem Imker gehalten werden können.

So übersteigt die Völkerzahl eines mitteleuropäischen Berufsimkers selten 300, während in Südeuropa und Amerika Imker mit 1000 bis 2000 Völkern nicht ungewöhnlich sind. In Mitteleuropa beträgt die durchschnittlich von einem Nebenerwerbs- oder Freizeitimker gehaltene Völkerzahl weniger als 20. Um einen Mehrjahresdurchschnitt von 25 kg Honig pro Volk zu erreichen, muß der Imker sie mehr oder weniger permanent beobachten und betreuen.

Das *Bienenjahr* beginnt nach der letzten Schleuderung bei Frühtrachtimkern im Juli und bei Spättrachtimkern im August/September. Das Volk wird auf den Wintersitz mit 10 bis 20 Waben gegeben. Da der Imker die natürlichen Nahrungsreserven zuvor entnommen hat, muß er etwa 20 kg Zucker in Wasser gelöst als Ersatz bieten. Die Bienen bilden bei niedrigen Außentemperaturen eine *Wintertraube*, die besonders empfindlich gegen äußere Störungen ist. Sobald die Temperaturen über 10 bis 12 °C ansteigen, fliegen die Bienen zum Abkoten aus. Diese sog. *Reinigungsflüge* können je nach Klima periodisch während des gesamten Winters erfolgen.
Wenn die Bienen schon regelmäßig ausfliegen, kann im März oder Anfang April eine erste schnelle Durchschau vorgenommen werden. Eingegangene und geschwächte Völker werden entfernt, um Räuberei zu vermeiden. Mit dem Beginn der Weidenblüte kann die Brutaufzucht in den Völkern zusätzlich durch das Aufritzen der Honigvorräte angeregt werden. Vor und während der Obstblüte erfolgt die erste und zweite Erweiterung mit leeren Waben und Mittelwänden.
Für den Imker beginnt die arbeitsintensivste Periode etwa Anfang Mai. Nun muß jedes Volk alle neun Tage durchgeschaut werden, ob es neue Königinnen (Schwarmzellen) heranzieht. Wenn eine Weiselzelle übersehen wird, schwärmt die alte Königin mit einem Teil des Volkes aus und gründet oft in weiter Entfernung ein neues Volk. Durch rechtzeitige Ableger- oder Jungvolkbildung kann den Völkern jedoch der Schwarmtrieb genommen werden. Die Zahl der von einem Imker gehaltenen Völker schwankt zu dieser Jahreszeit besonders stark. Einige werden zum Aufbau von neuen Völkern, andere zur Verstärkung von schwachen verwendet. Ab Mitte

Juni nimmt mit zurückgehender Brutaufzucht auch der Schwarmtrieb ab. Anfang August werden die ersten Winterbienen im Volk aufgezogen.
Wann und wie oft der Imker Honig ernten kann, hängt vom Trachtangebot am Standplatz ab. Einen höheren Ertrag kann er nur dann erzielen, wenn er Trachtquellen gezielt anwandert. Die Entwicklung der Völker und die Betriebsweise des Imkers werden wesentlich von dem Zeitpunkt der Haupttracht beeinflußt, da zu dieser Zeit die Völker am stärksten sein sollten. Man unterscheidet daher zwischen Früh- und Spättrachtgebieten. *Frühtrachten* enden oft im Mai mit der Rapstracht bzw. im Juni mit der Himbeerblüte, während die typischen *Spättrachten* von Tanne und Heide bis in den September und Oktober dauern können. Die Abnahme des Honigraums und die Vorbereitung für den Winter verzögern sich entsprechend. All diese Zusammenhänge müssen bei der Pathogenese der Bienenkrankheiten, ihrer Diagnose und vor allem ihrer Therapie bedacht werden.

## 1.7. Infektionsabwehr bei der Honigbiene und im Bienenvolk

Einen wesentlichen Schutz der Insekten gegen Infektionen stellen das chitinöse Integument und der chitinös ausgekleidete Vorder- und Enddarm sowie das Tracheensystem dar. Aber auch gegen die Infektion über das Larvenfutter hat die Honigbiene Abwehrstrategien entwickelt. So werden die Mikroorganismen in der Nahrung durch von den Hypopharynxdrüsen abgegebene Enzyme wie der Glucosidase und der Galactosidase limitiert (Gilliam und Prest, 1987). Darüber hinaus verhindert der Proventrikulus, daß Nahrung aus dem Mitteldarm in die Honigblase zurückfließt. Andererseits selektiert er eine Reihe von Mikroorganismen meist in ihrer Dauerform (Sporen und Zysten) aus der Honigblase.
Erst wenn diese physiologischen Barrieren der Honigbiene durchbrochen sind, kommt ihr Immunsystem zum Tragen. Die *zellulären Abwehrmechanismen* beruhen im wesentlichen auf den zahlreichen Hämozyten in der Hämolymphe der Honigbiene. Eine Phagazytose erfolgt im wesentlichen durch Granulozyten. Plasmozyten scheinen dagegen mehr bei einer rudimentären Art von Knötchenbildung mitzuwirken (van Steenkiste, 1988).
Bei der *zellfreien (humoralen) Immunität* spielt das *Lysozym* bei der Abwehr von grampositiven Bakterien eine wichtige Rolle, da es die Lyse der Zellwand bewirkt. Es konnte bisher nur in Zellen der Hämolymphe und im Insektendarm nachgewiesen werden. Bei der Honigbiene ist sein Anteil aber eher gering (Mohrig und Messner, 1968). Daneben wirken noch die Apidaecine antibakteriell (Casteels et al., 1989). Diese Peptide sind jedoch wenig spezifisch und besitzen keine bakteriolytischen Fähigkeiten. Sie scheinen vielmehr über die Hemmung der Zellvermehrung die Bakteriendichte in der Hämolymphe zu beeinflussen (Steiner et al., 1981). Bienenlarven und -puppen enthalten nur Vorstufen der Apidaecine und scheinen daher keine effektive zellfreie Abwehr zu besitzen (Casteels et al., 1989). Allerdings ist in der Exuvialflüssigkeit der Insekten die Chitinase nicht nur an der Auflösung der Endocuticula beteiligt, sondern wirkt auch lytisch auf grampositive Bakterien (Crossley, 1975). Eine mögliche Interaktion zwischen zellulären und humoralen Ab-

wehrmechanismen scheint besonders bei dem Erkennen von Antigenen eine Rolle zu spielen (Ladendorff und Kanost, 1991). Phagozytierende Hämozyten können mit dem Fettkörper in Verbindung treten, um die Produktion antibakterieller Proteine einzuleiten (Mitro, 1993). Obwohl viele Einzelheiten noch nicht erforscht sind, scheint auch die Honigbiene ein leistungsstarkes Immunsystem zu besitzen.

Im Gegensatz zu höheren Organismen besitzt der Superorganismus Bienenvolk ein ebenso leistungsfähiges *soziales Abwehrsystem*. Eine zentrale Rolle spielt neben der hohen Regenerationsfähigkeit das genetisch bedingte Hygieneverhalten der Bienen. Bei der Vorbereitung der Zellen für die Eiablage reinigen die Bienen die Zellwände und überziehen sie mit einem antibakteriellen Stoff. Andererseits sind die Honigbienen in der Lage, infizierte Brut zu erkennen und aus den Zellen zu entfernen. Dieses als „Removal" bezeichnete Verhalten setzt sich aus verschiedenen Einzelkomponenten zusammen: dem Erkennen der Veränderung aufgrund olfaktorischer oder mechanischer Reize, evtl. dem Entfernen des Zelldeckels mit anschließender Inspektion und dem Entfernen der Brut. Eine Abwehr adulter Infektionsträger erfolgt über den natürlichen Abgang während des Ausfliegens, aber auch durch eine Abwehr dieser „fremdartigen" Bienen beim Versuch, in den Stock zurückzukehren.

Da die meisten Parasitosen wie die Varroatose und Acarapidose ihre wesentliche Pathogenität aufgrund von Sekundärinfektionen erreichen, muß ihre Abwehr ebenfalls zu den Möglichkeiten der Infektionsabwehr im Bienenvolk gezählt werden (Gilliam et al., 1990; Dustmann, 1993).

# 2. Labordiagnostik

In diesem Kapitel wird zunächst ein allgemeiner Überblick über die im Zusammenhang mit Bienen wichtigen Erregergruppen und allgemeine diagnostische Methoden gegeben. Damit soll die Anpassung der speziellen Methoden bei eventuell neu aufgetretenen Erregern erleichtert werden. Die Zusammensetzung der einzelnen Nährböden und Reagenzien befindet sich im Anhang.

## 2.1. Materialentnahme, -transport und -lagerung

Bei der Entnahme und dem Transport von Proben zur Untersuchung ist folgendes zu beachten:

- Die Entnahme von verdächtigen Waben und Bienen bereitet im allgemeinen keine Probleme.
- In der Regel reichen 30 Bienen zur Untersuchung aus. Nur bei Vergiftungen werden mindestens 1 000 Bienen benötigt.
- Lebende Bienen werden in eine Plastiktüte gegeben und durch Tiefgefrieren abgetötet.
- Tote Bienen und Gemülle können auf Bodeneinlagen oder vor dem Flugloch ausgelegten Folien gesammelt werden.
- Damit im Labor die klinischen Symptome erkannt werden können, sollte man ganze Waben möglichst mit Rahmen einsenden.
- Das Probenmaterial sollte so schnell wie möglich an eine Untersuchungsstelle eingesandt werden.
- Muß das Material längere Zeit gelagert werden, so sollte es, wenn die Erregergruppe nicht eingegrenzt werden kann, vorzugsweise eingefroren werden.
- Die Verpackung muß ausreichend groß sein, damit Strukturen für eine spätere Beurteilung und gezielte Untersuchung erhalten bleiben. Für Bienen eignen sich Streichholzschachteln, für Waben Pappkartons.
- Eine luftdurchlässige Verpackung verhindert eine frühzeitige Verwesung. Nur wenn die Waben Futter enthalten, müssen sie in eine Plastiktüte gegeben werden.
- Die einzelnen Proben müssen so beschriftet sein, daß sie einem bestimmten Imker, Standort und Volk zugeordnet werden können.
- Der Einsendung muß immer ein Schreiben mit Angaben zur Herkunft der Proben und dem Ort und Zeitpunkt der Entnahme beigefügt werden. In einem kurzen Vorbericht sollte man Beobachtungen bzw. die ermittelten klinischen Symptome angeben.

- Bei kostenpflichtigen Untersuchungen darf der Hinweis, welche Untersuchungen man wünscht, nicht fehlen.

● **Bakterien**

- Bei der Entnahme von Proben ist, sofern sie nicht ausschließlich auf bienenspezifische Keime untersucht werden sollen, unbedingt steril zu arbeiten.
- Die Proben sollten vor, während und nach dem Transport möglichst kühl gelagert werden. Dies gilt besonders, wenn die Keimzahl bestimmt werden soll.
- Das infektiöse Material muß auslaufsicher, aber darf bei längerem Transport oder Aufbewahrung nicht luftdicht verpackt werden.

● **Viren**

- Proben sollten so früh wie möglich, noch vor Auftreten von klinischen Symptomen entnommen werden, da zwischen der Infektion und dem Ausbruch der Krankheit oft eine längere Zeitspanne liegt.
- Proben sollten dort entnommen werden, wo das wesentliche Vorkommen der Viren erwartet wird.
- Die Titerdifferenz von in einem zeitlichen Abstand entnommenen Proben kann wichtige Hinweise auf den Verlauf der Virose geben.
- Das Probenmaterial kann trocken gelagert und transportiert werden. Von verdächtiger Brut kann ein Schmierpräparat, z. B. auf Papier, hergestellt werden. Manche Viren werden aber beim Austrocknen inaktiviert. Entweder müssen die Proben in einer ununterbrochenen Kühlkette (Trockeneis in einem Styroporbehälter) oder in einem speziellen Medium transportiert werden (z. B. Zellkulturmedium Eagle's MEM mit einem Zusatz von 10% fetalem Kälberserum, 1,5% Bicarbonat, 250 µg Amphotericin B, 1 000 IE Penicillin, 1 mg Streptomycin pro Milliliter).

● **Protozoen**

- Eingetrocknete Bienen, z. B. aus dem Wintertotenfall, können auf Protozoen-Sporen untersucht werden.
- Am besten eignen sich jedoch frisch abgetötete Bienen zur Untersuchung. Dazu sollten entweder Flugbienen oder Bienen von der Traubenoberfläche abgefangen und durch Einfrieren abgetötet werden.
- Das Probenmaterial sollte man besonders zum Nachweis der empfindlichen Amöben möglichst umgehend einsenden.

● **Pilze**

- Das sorgfältig entnommene Probenmaterial muß in sterilen, zumindest aber sauberen Behältnissen gesammelt und verschickt werden.
- Im allgemeinen wird Material für mykologische Untersuchungen ohne Zusätze versehen, insbesondere darf niemals Formalin zugesetzt werden.
- Die Proben sollten nie im gefrorenen Zustand transportiert oder gelagert werden, da hierdurch das Wachstum einzelner Pilze stark gehemmt, zumindest aber die Ausbeute gemindert wird.

● **Milben**

- Bei eingetrockneten Bienen, z. B. aus dem Totenfall, gelingt nicht immer die Präparation, um in der Biene parasitierende Milben nachzuweisen. Hierzu ist frisch abgestorbenes Material besser geeignet.
- Ektoparasiten fallen meist von toten Bienen ab. Ein eindeutiger Befund ist daher nur möglich, wenn lebende Bienen in einer Plastiktüte durch Einfrieren abgetötet werden.
- Die sich in der Brut fortpflanzenden Ektoparasiten findet man am häufigsten auf Bienen, die offene Brutwaben belagern.
- Der Nachweis der in der gedeckelten Brut parasitierenden Milben ist ohne Probleme möglich. Um eine vorzeitige Verwesung der Proben zu verhindern, sollte die Brut möglichst im lebenden Zustand eingesandt werden.
- Gemülle kann auf speziellen Bodeneinlagen im Volk gesammelt werden.
- Die Proben sollten möglichst locker versandt werden, um ein Verkleben der Milben mit Wachsteilchen zu verhindern.

● **Bienenvergiftungen**

Die Vorgehensweise von der Sicherung des Probenmaterials bis zur Einsendung ist im Abschnitt „Schadensaufnahme und -regulierung“ im einzelnen dargestellt.

- Für die Untersuchung auf Bienenvergiftungen werden etwa 100 g Bienen (ca. 1 000 Stück) und 100 g Pflanzenmaterial getrennt verpackt.
- Die Behältnisse sollten luftdurchlässig sein. Bei ungeeigneter Verpackung kann der Verwesungsprozeß einsetzen, wodurch u. U. Wirkstoffe bereits abgebaut oder eine Aufbereitung der Proben erschwert werden.
- Kann man die Proben nicht sofort versenden, oder soll eine Referenzprobe aufgehoben werden, so müssen sie bei –20 °C gelagert werden.

## 2.2. Bakterien

Bakterien sind prokaryotische Einzeller, die sich größtenteils ungeschlechtlich durch Querteilung vermehren. Die die Zellmembran umgebende Zellwand bestimmt nicht nur ihre Größe und Gestalt, sondern auch ihre Färbbarkeit. Vereinzelt tragen einige Bakterienarten Geißeln in unterschiedlicher Zahl und sind so zur aktiven Bewegung fähig. Einige bilden als Dauerform Sporen, die in der Regel besonders widerstandsfähig gegen äußere Einflüsse sind und noch nach Jahren auskeimen können.

### 2.2.1. Morphologische Untersuchungen

Die Zellgestalt der verschiedenen Bakterien läßt sich auf zwei Grundformen zurückführen: die Kugel (lat. = coccus) und das Stäbchen (gr. = bakterion). Diese unterscheiden sich in der Größe und durch verschiedene Abwandlungen.
Geißeln können bei Bakterien in Ein- und Mehrzahl vorhanden sein. Man kann sie im Lichtmikroskop jedoch nicht erkennen. Aufgrund ihrer Zahl und Anordnung insbesondere bei stäbchenförmigen Bakterien unterscheidet man verschiedene Formen. Man bezeichnet Bak-

terien mit einer Geißel als monotrich und mehreren als polytrich. Bei peritrich begeißelten Bakterien sind sie entweder an der Längsseite oder allseits angeordnet.
Nach der Art der Teilung unterscheiden sich die Bakterien in ihrer Anordnung, die jedoch vom Kulturmedium und Alter beinflußt werden kann. Die Kettenbildung ist typisch für Streptokokken, die Haufenbildung für Staphylokokken, die Paketbildung für Sarcinen.
Einige Bakterien bilden als Dauerform Sporen, deren Bildung im Innern der Zelle abläuft. Dabei konzentriert sich das genetische Material im Bereich der sich bildenden Spore.
Darum herum kommt es zur Ausbildung einer schützenden Hülle und Rinde. Die Anordnung der Endosporen in der Bakterienzelle kann teilweise differentialdiagnostisch genutzt werden. Die Reste der Zelle fallen nach der Reifung der Spore ab.

### ● Nativpräparat

Für eine einfache Darstellung der Bakterien und deren Sporen kann ein Nativpräparat hergestellt werden. Das Präparat kann direkt im Dunkelfeld oder besser im Phasenkontrast betrachtet werden. Fehlt diese Einrichtung, kann ohne wesentlich größere Vorbereitung auch ein Tusche- oder Nigrosinpräparat verwendet werden:

- Die Bakteriensuspension bzw. das verdächtige Material wird auf dem Objektträger direkt mit einigen Tropfen einer 5%igen wäßrigen Nigrosinlösung vermischt und ausgestrichen.
- Das getrocknete Präparat kann direkt bei 1 000facher Vergrößerung mit Ölimmersion betrachtet werden.

Im ungefärbten Präparat erscheinen die Sporen als stark lichtbrechende, rundliche bis ovale Körper. Zu ihrer Darstellung sind bestimmte Färbemethoden notwendig. Aber auch Bakterien können unter dem Lichtmikroskop ungefärbt kaum erkannt und vor allem nicht morphologisch differenziert werden.

### ● Färbung

Zur Fixierung und Färbung von Bakterien stehen verschiedene Routine- und Spezialfärbungen zur Verfügung. Im folgenden sollen nur Methoden aufgeführt werden, die für bei Bienen relevante Erreger und deren Differentialdiagnose am häufigsten verwendet werden.
Vor der Färbung und mikroskopischen Untersuchung eines Präparates muß ein **Ausstrichpräparat** hergestellt und fixiert werden.

*Herstellung des Ausstrichpräparates*

- Ein Tropfen der Bakteriensuspension bzw. des verdächtigen flüssigen Untersuchungsmaterials auf einen gereinigten, fettfreien Objektträger mit einer ausgeglühten Platinöse aufbringen. Bei einem Organausstrich wird das Organmaterial mit frischer Schnittfläche aufgedrückt und ausgestrichen.
- Die mit Wasser oder physiologischer Kochsalzlösung verdünnte Suspension entweder verreiben oder ähnlich wie beim Blutausstrichpräparat mit einem anderen Objektträger gleichmäßig verteilen.
- Das Präparat wird an der Luft getrocknet.

*Fixierung*

Vor der Färbung muß das Präparat zunächst fixiert werden. Die Hitzefixation ist einfach, kann aber die Bakterienstruktur verändern. Bei der Untersuchung der morphologischen Merkmale zieht man daher die Fixierung mit Alkohol vor.

- Zur Hitzefixierung das Präparat dreimal langsam durch die Flamme ziehen.
- Die Alkoholfixierung erfolgt 3 bis 5 Min. lang in einer Schale mit acetonfreiem Methanol.
- Präparate von empfindlichen Bakterien kann man an der Luft trocknen lassen.

*Methylenblaufärbung nach Löffler*
Mit dieser Einfachfärbung werden die kräftig blauen Bakterien gegenüber den hellblauen Körperzellen sichtbar gemacht.

- Nach Fixierung mit Alkohol Methylenblau auf den Objektträger tropfen und die Farbe nach einer Minute abgießen. Dicke Präparate kürzer färben, um den Kontrast zu erhalten.
- Das Präparat mit Wasser vorsichtig abspülen und zwischen Filterpapier trocknen.
- Das Präparat im Mikroskop bei 1 000facher Vergrößerung (Ölimmersion) ohne Deckglas betrachten.

*Gramfärbung*
Mit Hilfe der von Gram entwickelten Färbung können Eubakterien in grampositive und gramnegative eingeteilt werden. Aufgrund des Baues ihrer Zellwand mit einem ein- oder mehrschichtigen Mureingerüst erscheinen die grampositiven Bakterien nach dem Färbevorgang blauviolett, die gramnegativen rot. Nicht alle Bakterien, wie z. B. die Mykobakterien, nehmen die Färbung an; sie müssen daher anders dargestellt werden. Ebenso lassen sich Sporen nicht darstellen, sondern erscheinen als Farbaussparungen.
Diese einfache Färbemethode wird wegen ihres hohen taxonomischen Wertes sehr häufig angewandt.

- Auf das hitzefixierte Präparat Karbol-Gentianaviolett-Lösung (s. Anhang) auftropfen und nach 2 bis 3 Min. abgießen. Das Präparat darf nicht eintrocknen.
- Anschließend Kaliumjodid (Lugolsche Lösung, s. Anhang) auftropfen und nach 1 1/2 bis 2 Min. abgießen.
- Mit Entfärbelösung (s. Anhang) das Präparat solange waschen, bis keine Farblösung mehr abgeht.
- Bei der Behandlung mit 96%igem Ethanol behalten nur die grampositiven Bakterien den Jod-Farbstoff-Komplex, während die gramnegativen farblos erscheinen.
- Für die Gegenfärbung 15 Sek. lang verdünnte Karbolfuchsinlösung auf das Präparat einwirken lassen. Anschließend mit Wasser abspülen und zwischen Filterpapier trocknen. Die Gramnegativen werden rot gefärbt, während die Grampositiven ihre Farbe nicht verändern.
- Das Präparat im Mikroskop bei 1 000facher Vergrößerung (Ölimmersion) ohne Deckglas betrachten.

*Giemsa-Färbung*
Die Giemsa-Färbung wird häufig zur Darstellung von Rickettsien verwendet. Sie eignet sich auch zur Färbung von Sporen.

- Den luftgetrockneten Ausstrich 5 Min. mit Methylalkohol fixieren.
- Das Präparat mit einer mit Aqua dest. verdünnten Giemsa-Lösung (1 : 10) etwa 30 Min. färben.
- Mit Wasser abspülen und das Präparat in Schräglage trocknen.

*Rakette-Färbung*
Die Rakette-Färbung eignet sich besonders zur selektiven Färbung von Sporen. Die Versporung von Kulturen gelingt besser, wenn man dem Nährboden 5 mg/l $MnSO_4 \cdot H_2O$ zusetzt.
- Auf den Ausstrich 3 bis 4 Tropfen Malachitgrün tropfen.
- Das Präparat 5 Min. lang in Abständen von wenigen Sekunden durch die nichtleuchtende Flamme des Bunsenbrenners ziehen.
- Das Präparat mit Wasser gut abspülen und trocknen.
- Mit 3%iger Safranin-Lösung 5 Min. gegenfärben.
- Anschließend erneut spülen und dann in der Luft trocknen.
- Im Mikroskop bei 1 000facher Vergrößerung (Ölimmersion) erscheinen die Sporen grün, die anderen Zellbestandteile rot.

Das Färben mit einer erhitzten Lösung entfällt bei der Methode von Bartholomew und Mittwer.
- Den luftgetrockneten Ausstrich 20mal durch die Flamme ziehen.
- Für 10 Min. in einer wäßrigen, kaltgesättigten Malachitgrünlösung färben.
- Mit Safranin gegenfärben.

## 2.2.2. Biochemische Untersuchungen

Die Differenzierung der Bakterien erfolgt über ihre spezifischen Stoffwechselleistungen, Stoffwechselprodukte und Enzyme. Für derartige Untersuchungen sind eine Reihe von fertigen Tests im Handel erhältlich. Als Beispiel sollen nur die häufig verwendeten „API ZYM-Test" und „Enterotube II Roche" vorgestellt werden.

● **API ZYM-Test**
Dieser von der Firma „bio Merieux" hergestellte „API ZYM-Test" eignet sich zur allgemeinen Identifizierung von Enzymen in Mikroorganismen. Der Teststreifen enthält 20 Mikroröhrchen mit chromogenen Enzymsubstraten und verschiedenen Puffern. Bei Bakterien (z. B. in einer Bouillonkultur) wird mit einem Inokulum, dessen Trübung dem McFarland-Standard 5–6 entspricht, in Aqua dest. oder physiologischer NaCl-Lösung gearbeitet.
- Nach der Beimpfung folgt eine Inkubation von 4 Stunden bei 36 °C, auch bei Anaerobiern in normaler Atmosphäre.
- Die Reagenzien Zym A und Zym B zugeben.
- Nach 5 Min. die Farbintensität anhand einer Vergleichsfarbenkarte ablesen.

● **Enterotube II Roche**
Mit dem von „Hoffmann-La Roche" vertriebenen, sehr einfach zu handhabenden Testsystem „Enterotube II Roche" können 15 biochmische Merkmale von Enterobakteriazeen erkannt werden. Die Zugehörigkeit zu dieser Gruppe muß zunächst z. B. mit Hilfe einer Gram-Färbung bestimmt werden. Enterobakteriazeen sind gramnegativ.
- Mit der Spitze der Impfnadel das Material der zu prüfenden Einzelkolonie aufnehmen und durch alle Kammern des Teströhrchens ziehen.

- Das Röhrchen an beiden Enden mit den Schraubkappen verschließen und für 24 Stunden bei 36 °C bebrüten.
- Anschließend mit Hilfe einer Codetabelle auswerten.

● **Bunte Reihe**
Aufgrund ihrer biochemischen Leistung können Bakterien in verschiedene Stoffwechseltypen eingeordnet werden. Man verwendet hierfür häufig spezielle Nährböden, z. B. die der „Bunten Reihe". Diese dient häufig zur Identifizierung der Enterobakteriazeen in Reinkulturen. So kann z. B. die Säurebildung anhand des Farbumschlags von pH-Indikatoren angezeigt werden. Daneben werden die Gasbildung aus Kohlenhydraten, die Harnstoffspaltung, die Indolbildung u. a. anhand spezifischer Farbreaktionen deutlich.

● **Katalase-Test**
Katalase wird von den meisten oxidasepositiven aeroben und fakultativ anaeroben Bakterien gebildet, mit Ausnahme der Streptokokken. Dabei wandeln sie Wasserstoffperoxid in Wasser und Sauerstoff um. Das Reagens besteht aus einer 3%igen wäßrigen $H_2O_2$-Lösung, die in einer dunklen Flasche bei etwa 4 °C aufbewahrt wird.

- Ein Tropfen der Reagens-Lösung entweder direkt auf die zu prüfende, nicht zu alte Kolonie oder auf das zu einem Fleck verriebene Material geben. Aber nicht in das Material verrühren.
- Das Ergebnis ist positiv, wenn sich in der Flüssigkeit sofort Gasblasen entwikkeln. Impfösen aus Platin können u. U. zu einer unspezifischen Blasenbildung führen.

## 2.2.3. Serologische Verfahren

Bakterien induzieren als Antigene in Wirbeltieren die Bildung von Antikörpern; deren Reaktion mit den spezifischen Bakterien kann u. a. durch Präzipitationsverfahren, Enzymimmunassay oder Immunfluoreszenz bestimmt werden. Die Methoden werden im virologischen Teil beschrieben (s. 2.4.2.).

## 2.2.4. Genetische Methoden

Die auf DNA- und RNA-Sequenzanalysen beruhenden Methoden gehören zu den genauesten bei der Bestimmung von Bakterien. Dabei wird die gesuchte Nukleinsäure aus der Zelle freigesetzt und fixiert. Diese bildet mit einer Gensonde, d. h. einer definierten einsträngigen Nukleinsäuresequenz von 15 bis 1 000 Basen Länge, bei Basenhomologie einen Nukleinsäurehybriden. Der Nachweis erfolgt aufgrund einer spezifischen Markierung der Sonde. Dabei kann z. B. der Hybrid aus Einstrang-DNA und Detektorsonde über eine Fangsonde an eine stationäre Phase gebunden und über an Antikörper gebundene, einen Farbstoff umsetzende Enzyme photometrisch nachgewiesen werden.
Die Sensivität der Nukleinsäurehybridisierung kann durch Vorschalten einer Polymerase-Kettenreaktion (PCR, Polymerase Chain Reaction) um ein Vielfaches gesteigert werden, da mit ihrer Hilfe eine biochemische Vermehrung der DNA erfolgt.
In der Veterinärmedizin und insbesondere der Bienenpathologie werden derartige Methoden zur Zeit noch selten verwendet. Ihnen gehört aber in der Routinediagnostik von Mikroorganismen die Zukunft.

## 2.2.5. Kulturverfahren

Der Nachweis des Erregers ist oft erst möglich, wenn er in einer Kultur angezogen wurde. Am häufigsten werden statische Kulturen in geschlossenen Gefäßen verwendet. Die *Wachstumskurve* läßt sich in vier Phasen unterteilen. In der *Latenzphase* muß sich der Erreger den bestimmten Aufzuchtbedingungen anpassen, um in der anschließenden *exponentiellen Phase* maximale Vermehrung zu erreichen. Zunächst halten sich die Zahl der neu gebildeten Bakterien und die Zahl der absterbenden die Waage. Diese *stationäre Phase* geht aber mit zunehmendem Verbrauch von Nährstoffen und der Ansammlung von Stoffwechselprodukten in die *Absterbephase* über. Der Kurvenverlauf ist für spezifische Bakterien typisch. Allerdings wird er von verschiedenen Bedingungen, z. B. Zusammensetzung des Nährmediums und Sauerstoffversorgung, beeinflußt.
Die Differenzierung der einzelnen auf Nährböden gewachsenen Bakterien erfolgt neben dem Geruch vor allem anhand der Kolonieform und -farbe.

## 2.2.6. Ätiologie und bakteriologische Diagnostik

Honigbienen und ihre Nester sind mit zahlreichen Bakterien besiedelt. Die meisten Bakterienarten findet man im Verdauungstrakt adulter Arbeiterinnen (Kluge, 1963). Bei frisch geschlüpften Bienen ist dieser zunächst bakterienfrei. Aber schon bald wird mit der Aufnahme von Pollen als Nahrung vor allem der Mitteldarm zunehmend besiedelt. Ab dem 14. Lebenstag, wenn die Jungbienen sich vermehrt von Honig ernähren, nimmt die Bakterienflora wieder ab. Allerdings bleiben der schon früh besiedelte Pylorus und der hintere Darmabschnitt weiter mit Bakterien auf der Epitheloberfläche besiedelt. Im einzelnen konnten bei Arbeiterinnen Bakterien der folgenden Gattungen isoliert werden: *Citrobacter*, *Enterobacter*, *Erwinia*, *Hafnia*, *Klebsiella*, *Micrococcus*, *Proteus*, *Streptococcus*.
Die meisten Bakterien sind allerdings Saprophyten und nur wenige für Bienen pathogen. Drohnen und Königinnen weisen im Gegensatz zu Arbeiterinnen nur selten Bakterien in ihrem Verdauungstrakt auf (Lotmar, 1946).

● **Untersuchung der Hämolymphe**

Die Hämolymphabnahme von adulten Bienen kann auf verschiedene Weise erfolgen.

- Am besten bei fixiertem Thorax den Kopf soweit ventral biegen, bis die häutige Verbindung zwischen Kopf und Thorax freiliegt.
- Die Entnahmestelle mit 70%igem Ethanol desinfizieren und dann die Haut mit einer vorher ausgeglühten Nadel durchstechen.
- Den Thorax leicht komprimieren, bis ein Hämolymphtropfen austritt.
- Die Hämolymphe in einer BHI-Bouillon suspendieren (Verdünnung 1 : 100).
- 50 µl Bouillon auf verschiedene Nährböden, z. B. BH-, Blut-Agar, ausspateln.

### 2.2.6.1. Bacillus larvae

*Bacillus larvae* ist ein grampositives, peritrich begeißeltes Stäbchen von sehr variabler Größe; sie schwankt zwischen 0,5 und 0,8 µm Breite bzw. 2,5 und 5 µm Länge.

Die ovalen Sporen sind doppelt so lang wie breit (0,6–0,7 bzw. 1,1–1,9 µm). Am häufigsten erfolgt der Nachweis lichtmikroskopisch anhand der morphologischen Eigenschaften. Hierzu wird das Präparat zunächst einer einfachen Färbung unterzogen.

**● Makroskopische Untersuchung**

*B. larvae* tötet die Brut im Streckmadenstadium ab. Die Zelldeckel sind eingesunken und oft löchrig. Die Brut hat sich zu einer breiigen, kaffeebraunen Masse zersetzt, die deutlich Fäden zieht. Eingetrocknete Brut bildet in der unteren Zellrinne schwarzbraune Schorfe, die sich nur schwer entfernen lassen.

**● Mikroskopische Untersuchung**

Die verdächtige Brut oder fadenziehende Masse wird mit einer Pinzette oder Impföse entnommen. Schorfe sollten mit einer sterilen 0,9%igen NaCl-Lösung suspendiert werden. Zur bakteriologischen Untersuchung wird entweder ein natives oder gefärbtes Präparat hergestellt. Hierzu wird das Untersuchungsmaterial direkt auf dem Objektträger ausgestrichen und luftgetrocknet. Die vegetativen Formen werden nach Gram oder Giemsa und die Sporen nach Rakette gefärbt. Bei 1 000facher Vergrößerung (Ölimmersion) können die vegetativen Formen (die Geißeln der Stäbchen sind bei diese Vergrößerung nicht sichtbar) und die Sporen leicht erkannt werden (Abb. 2). Die Geißeln werden erst nach ihrer Ablösung und Zusammenlagerung zu Geißelzöpfen sichtbar. Ihr Nachweis gelingt im direkten Präparat nur selten, nach vorheriger Anzucht in Columbia-Blut-Schrägagar aber immer (s. dort).

**● Biochemische Untersuchungen**

Die biochemischen Tests sind nicht eindeutig und sollten nur zur zusätzlichen Absicherung verwendet werden.

*Holst-Milch-Test*

Wenn *Bacillus larvae* sporuliert, produziert er eine große Menge an proteolytischen Enzymen. Durch diesen Abbau der Proteine wird Milch zu einer klaren Flüssigkeit (Holst, 1946).

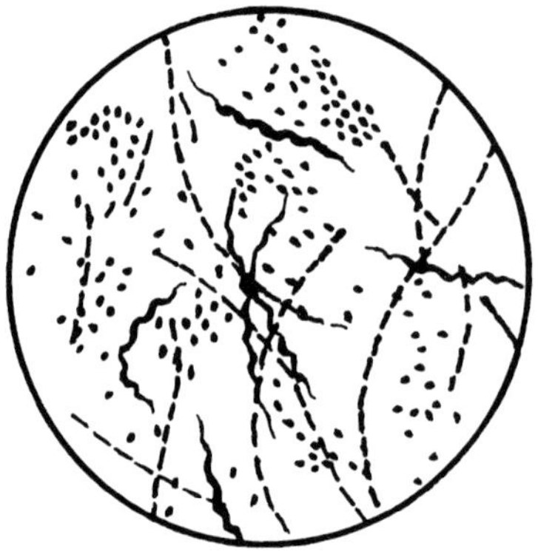

Abb. 2. Mikroskopisches Bild des *Bacillus larvae*. 1 000fache Vergrößerung.

- Das verdächtige Material in ein Reagenzglas geben, das eine 1%ige wäßrige Milchlösung enthält.
- Im Wärmeschrank bei 37 °C klärt sich die Milch nach spätestens 20 Min.

*Nitratreduktionstest*
*Bacillus larvae* besitzt das Enzym Nitratreduktase zur Reduktion von Nitrat zu Nitrit (Lochhead, 1947). Im Nitratreduktionstest werden Natriumnitrat und eine Reagens dem BHI-Nährboden zugegeben. Man kann auch von einer gut bewachsenen Bouillon 0,5 ml in eine spezielle, mit Kaliumnitrat ($KNO_3$) versetzte Nährlösung geben (s. Anhang) und diese drei bis vier Tage lang bei 37 °C bebrüten. Der Nährboden bzw. die Bouillon verfärbt sich rot, wenn Nitrit produziert wird.

*Voges-Proskauer-Reaktion*
Dieser Test beruht auf dem Nachweis von Acetoin, das von *B. larvae* als Produkt des Kohlenhydratstoffwechsels gebildet wird. Von einer gut bewachsenen Bouillon werden 0,5 ml in die speziell für den Nachweis zubereitete Nährbouillon (s. Anhang) gegeben. Diese wird für zwei bis drei Tage bei 37 °C bebrütet. Nach Zugabe des Prüfreagens (s. Anhang) zeigt Rotfärbung eine positive Reaktion an.

*Katalase-Test*
Der Katalase-Test eignet sich besonders zur zusätzlichen Identifizierung von auf Nährböden gewachsenen Kolonien des *B. larvae*. Die meisten aeroben Bakterien reduzieren mit ihrer Katalase das Wasserstoffperoxid unter Sauerstoffabspaltung zu Wasser (s. 2.2.2.). Bei *B. larvae* kommt es zu keiner Gasbildung, die an der schäumenden Flüssigkeit sichtbar würde.

### ● Kulturverfahren

Ein sicheres Erkennen und weitere biochemische Tests sind nur nach vorheriger Anzucht des *B. larvae* mit speziellen Kulturmethoden möglich. *B. larvae* wächst sowohl in Nährbouillon mit Pepton und Dextrose als auch in Serumbouillon mit Dextrose (s. Anhang). Diese können auch zur Anreicherung des Bakteriums verwendet werden. Daneben gibt es einige geeignete Nährböden, wie z. B. Blut-, BHI-, MYP-, Y-Agar (s. Anhang). Eindeutiger ist der Nachweis auf Columbia-Blut-Schrägagar nach Plagemann (1985). Der beimpfte Schrägagar wird 3 bis 4 Tage bei 37° bis 38 °C im Brutschrank belassen. Danach wird etwas Flüssigkeit vom Boden des Reagenzglases auf einen Objektträger gegeben und nach dem Trocknen hitzefixiert. Die Geißelzöpfe können am besten im Phasenkontrast oder mit Nigrosin (s. 2.2.1.) sichtbar gemacht werden.

*Identifizierung der Kolonien*
Die Kolonien des *Bacillus larvae* sind weiß und können leicht anhand ihrer konkaven Form und rauhen Oberfläche erkannt werden. Zusätzlich kann man einen biochemischen Test, insbesondere den Katalase-Test (s. 2.2.2.) durchführen.

*Nachweis in Futter- und Honigproben*
Die Untersuchung von Futter- oder Honigproben auf Sporen des *B. larvae* gehört in Zukunft zu den Standardmethoden im Routinelabor, da sie bei der staatlichen Seuchenbekämpfung anstelle einer zweiten klinischen Untersuchung gezielt eingesetzt werden kann.

- Neben den gezogenen Futterproben werden pro Untersuchungsreihe jeweils eine negative und eine positive Probe mitgeführt.
- Die Proben werden zur leichteren Verarbeitung auf 34 °C erwärmt.
- Jeweils 5 g der Futter- bzw. Honigprobe und 5 ml Aqua dest. werden im Reagenzglas mit Hilfe eines Schüttlers homogenisiert.
- Jede Probe wird dreifach parallel angesetzt.
- Alle Proben werden im Wasserbad 5 Min. lang auf 90 °C erhitzt, um die Sporen anderer Bakterien und Pilze weitgehend abzutöten. Da auch ein Teil der *B.-larvae*-Sporen abgetötet wird, darf man die Zeit erst messen, wenn der Honig die vorgeschriebene Temperatur erreicht hat.
- Aus jedem Reagenzglas werden 80 µl der Lösung auf jeweils drei Platten pipettiert und mit einem Drigalskispatel ausgespatelt.
- Die Kulturen werden drei Tage im Brutschrank bei 37 °C bebrütet.
- Die gewachsenen Kolonien werden zunächst anhand ihrer äußeren Charakteristika differenziert. Zur weiteren Bestimmung wird ein Katalase-Test durchgeführt (s. 2.2.2.).
- Die Zahl der Kolonieformen mit negativem Katalase-Test bestimmt man mit dem Kulturzählgerät.
- Bei weniger als 10 gewachsenen Kolonien kann ein Anreicherungsausstrich angelegt oder die Ausgangsprobe zentrifugiert werden.
- Können die Kolonien nicht mehr gezählt werden, legt man entweder einen Verdünnungsausstrich an oder verdünnt die Ausgangsprobe entsprechend.
- Zur endgültigen Absicherung wird eine Kolonie auf Columbia-Schrägagar überimpft und drei bis vier Tage lang bei 37 °C bebrütet.
- In der Flüssigkeit am Boden des Reagenzglases können z. B. mit Hilfe eines Nigrosin-Präparates leicht Geißelzöpfe nachgewiesen werden, die auf *B. larvae* hinweisen. Andere Bakterien, wie *B. alvei*, *B. subtilis*, *B. licheniformis*, *B. cereus* und *B. stearothermophilus*, bilden in dieser Kultur keine Geißelverbände oder wurden wie *B. pulvifaciens* durch das vorherige Erhitzen abgetötet. Um ein Wachstum von *B. alvei* von vornherein zu unterdrücken, kann man bereits dem Nährboden 3 µg/l Nalidixinsäure zugeben.

Die Zahl der bei dieser Methode nach drei Tagen gewachsenen Kolonien gibt einen Hinweis auf einen möglichen Ausbruch der Amerikanischen Faulbrut. Wenn keine Kolonien gefunden werden, kann ein Ausbruch der Seuche mit großer Sicherheit ausgeschlossen werden. Wachsen nur vereinzelt Kolonien, so sollte man nach etwa einem Monat erneut eine Probe entnehmen. Bei eindeutig positivem Befund sollten die Völker auf klinische Symptome der Amerikanischen Faulbrut durchgesehen werden. Erst wenn diese nachgewiesen werden, gilt die Seuche als ausgebrochen.

**● Serologische Verfahren**

Antiseren kann man zur Zeit nicht käuflich erwerben, sondern muß sie selbst herstellen. Im Prinzip kann bei anderen Bakterien ähnlich verfahren werden.
Die Immunisierung der Kaninchen erfolgt mit einer mit physiologischer Kochsalzlösung vom Närboden geschwemmten Kultur. Die Injektion des Antigens erfolgt dreimal in viertägigem Rhythmus. Die aus dem Blut gewonnenen Antikörper können in verschiedenen serologischen Testmethoden eingesetzt werden (s. 2.4.2.).

### 2.2.6.2. Melissococcus pluton

Die systematische Einordnung von *Melissococcus pluton* war lange Zeit umstritten. Bei seiner Entdeckung wurde er zunächst als *Bacillus pluton* (White, 1912) bezeichnet, später aufgrund seiner morphologischen Eigenschaften und Sporenlosigkeit als *Streptococcus pluton* beschrieben (Bailey, 1967). Wegen seines Nukleinsäureanteils gehört er jedoch nicht zu den Streptokokken und wird daher in das neue Genus *Melissococcus* eingeordnet (Bailey und Collins, 1982).
Das Bakterium ist grampositiv, lanzettförmig und $0{,}5 \times 1{,}0$ µm groß. Die Kokken kommen einzeln, paarweise Ende an Ende, in kurzen Ketten oder auch Haufen vor.

● **Makroskopisches Untersuchung**
Die Brut ist im offenen oder verdeckelten Zustand abgestorben. Die Larven liegen in den offenen Zellen meist seitlich verdreht und weisen wegen der schlaffen Cuticula keine Körpersegmentierung auf. Vereinzelt schimmert ein gelblicher Fleck am hinteren Ende des Darms durch die Haut. In den verdeckelten Zellen ist die Brut meist zersetzt. Die Zelldeckel sind eingesunken und häufig löchrig. Zersetzte Brut ist dunkelbraun und nicht fadenziehend.

● **Mikroskopisches Untersuchung**
Die verdächtige Brut bzw. der Mitteldarm der Larven oder die Bakteriensupension kann direkt auf einem Objektträger ausgestrichen werden. Die Darstellung erfolgt entweder mit einer Gramfärbung oder mit 5%iger wäßriger Nigrosinlösung (s. 2.2.1.).
Die lanzettförmigen Kokken sind typisch für *M. pluton* (Abb. 3). Die Kokken können aber auch *Streptoccus faecalis* und den Sporen von *B. larvae* ähneln. Ebenso kommen sehr häufig Mischinfektionen mit *Achromatobacter eurydice* vor (s. 2.2.6.4.).

● **Kulturverfahren**
Am besten hat sich ein von Bailey (1981) beschriebenes Medium bewährt, das entweder Hefeextrakt oder Peptone enthält (s. Anhang). Eine wäßrige Lösung der verdächtigen Larve oder günstiger nur deren Mitteldarm wird auf dem Bailey-Agar ausgestrichen. Am besten kann der Erreger isoliert werden, wenn man die wäßrige Lö-

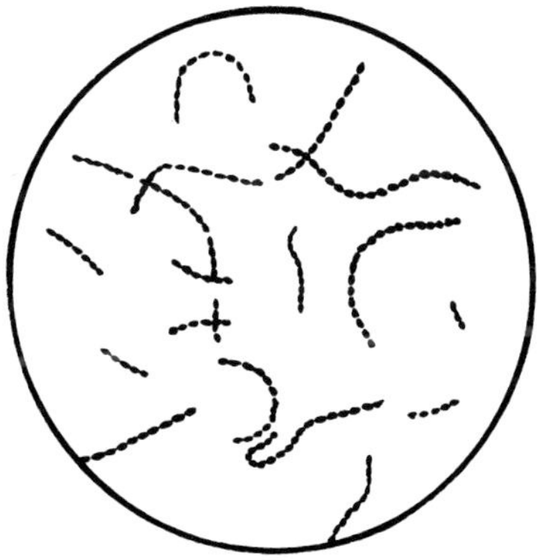

Abb. 3. Mikroskopisches Bild des *Melissococcus pluton*. 1 000fache Vergrößerung.

sung (1 : 10) zusammen mit dem auf 45 °C erwärmten flüssigen Agar in eine Petrischale gießt. Die Platten werden unter anaeroben Bedingungen bei 5 bis 10% $CO_2$ und 34 °C vier Tage lang bebrütet. *M. pluton* bildet opake Kolonien. Die Bakterien aus Kulturen sind polymorph, häufig stäbchenförmig. Bei Europäischer Faulbrut liegen häufig Mischinfektionen vor. *Achromatobacter eurydice* und *Bacillus alvei* wachsen unter den Kulturbedingungen aber nur schwach, dagegen *Streptococcus faecalis* sehr üppig. Dieser kann wegen seiner hohen Säurebildung und der Empfindlichkeit von *M. pluton* gegenüber einem pH-Wert unter 5,5 dessen Wachstum hemmen. Durch eine entsprechend hohe Verdünnung der Probe kann dieser Einfluß jedoch ausgeschaltet werden (Bailey und Ball, 1991). Man kann andere Bakterien auch ausschließen, wenn der Mitteldarm auf einem Objektträger ausgestrichen und getrocknet wird. Schon nach wenigen Wochen hat nur *M. pluton* überlebt. Das getrocknete Ausstrichpräparat kann über Jahre bei –20 °C aufbewahrt werden.

● **Serologischer Test**

Zur Herstellung des Antigens werden Mitteldärme aus Larven herauspräpariert, die klinische Symptome der Europäischen Faulbrut zeigen. Die auf dem Bailey-Agar (s. Anhang) gewachsenen Kolonien werden mit 0,85%igem NaCl pasteurisiert und anschließend sechsmal in Intervallen von sechs Tagen Hasen intravenös injiziert. Das aus dem Blut gewonnene Serum wird mit Hilfe einer Gelfiltration gereinigt und in einem ELISA-Verfahren auf Basis des alkalischen Phosphatase/p-Nitrophenylphosphat-Systems verwendet (Pinnock und Featherstone, 1983).

Der ELISA-Test stellt eine schnelle und sensible Methode zum Nachweis von *M. pluton* in Brut und adulten Bienen dar. Die Nachweisgrenze ist mit $10^5$ Zellen pro ml doppelt so hoch wie die beschriebene Kulturmethode.

*M. pluton*-Isolate verschiedener geographischer Herkünfte sind zwar serologisch sehr ähnlich, zeigen aber deutliche Variationen (Allen und Ball, 1993).

### 2.2.6.3. Bacillus laterosporus

*Bacillus laterosporus* bildet Antibiotika und tritt als sekundärer Erreger der Europäischen Faulbrut auf. Früher wurde er häufig als „Bacillus orpheus" bezeichnet. Es hat die Form eines geraden Stäbchens mit abgerundeten Ecken (2,5–5,0 µm × 1,0–1,2 µm). Die Spore tritt seitlich aus dem Stäbchen, das sich eng um diese krümmt (1,2–2,0 µm × 0,7–1,2 µm). Dies ist charakteristisch für *B. laterosporus* und erleichtert die mikroskopische Differentialdiagnose (Abb. 4). An das Kulturmedium stellt er keine besonderen Ansprüche. Die meist gräulichen Kolonien besitzen eine rauhe Oberfläche und einen unregelmäßigen Rand.

Eine Differentialdiagnose gegenüber anderen *Bacillus*-Spezies kann mit der Lecithinase-Reaktion erfolgen. Sie ist, abgesehen von *B. anthracis*, *B. mycoides*, *B. thuringiensis* und dem sehr weit verbreiteten *Bacillus cereus*, nur noch bei *B. laterosporus* positiv. Die Differenzierung ist auf dem Cereus-Selektiv-Agar nach Mossel (s. Anhang) möglich, auf dem es aufgrund des Abbaus von zugesetztem Eigelb-Lecithin zur Bildung eines Niederschlags kommt. Weiterhin ist *B. cereus* im Gegensatz zu *B. laterosporus* mannitnegativ, was an einer Rosafärbung des Nährbodens sichtbar wird.

Zur weiteren Differentialdiagnose gegenüber *B. alvei* kann genutzt werden, daß *B. laterosporus* Nitrat nicht reduziert und die Voges-Proskauer-Reaktion positiv verläuft (s. 2.2.6.1.).

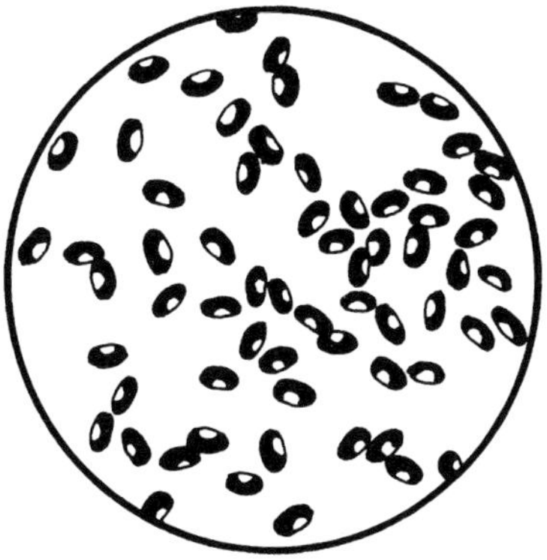

Abb. 4. Mikroskopisches Bild des *Bacillus laterosporus*. 1 000fache Vergrößerung.

## 2.2.6.4. Achromatobacter eurydice

*Achromatobacter eurydice* wurde früher als „Bacterium eurydice" bezeichnet. Das Bakterium tritt als sekundärer Erreger der Europäischen Faulbrut auf (s. 5.2.), kann aber auch in geringer Zahl in gesunden Larven vorkommen. An das Kulturmedium stellt es keine besonderen Ansprüche. Auf dem für *M. pluton* verwendeten Bailey-Agar (s. Anhang) wächst das Bakterium dagegen kaum. Auf HCB-Agar (s. Anhang) bildet es gräuliche, große, glänzende Kolonien mit glattem Rand und konvexer Oberfläche. Abhängig vom verwendeten Kulturmedium, bildet es Stäbchen mit eckigen Enden, einzeln oder in Ketten (Abb. 5), manchmal auch in Form von Kokken.
Das Bakterium ist dem bei Vertebraten pathogen wirkenden *Actinomyces pyogenes* (früher: *Corynebacterium pyogenes*) sehr ähnlich (Jones, 1975). Dieses besteht aus grampositiven, kurzen bis kokkoiden Stäbchen und bildet kleine, durchsichtige, glattrandige Kolonien.

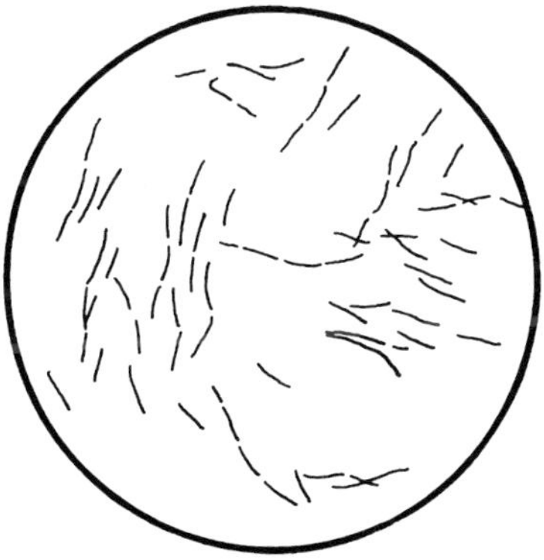

Abb. 5. Mikroskopisches Bild des *Achromatobacter eurydice*. 1 000fache Vergrößerung.

### 2.2.6.5. Streptococcus faecalis

*M. pluton* wird häufig mit *Streptococcus faecalis* verwechselt, da er diesem sehr ähnlich ist (Abb. 6). Früher bezeichnete man ihn als *Streptococcus apis*. Der Erreger ist als sekundärer Erreger der Europäischen Faulbrut sehr verbreitet und für deren sauren Geruch verantwortlich. Er wächst im Gegensatz zu *M. pluton* auf gewöhnlichen Nährböden (meist weißliche Kolonien mit glattem Rand) und kann von diesem serologisch eindeutig unterschieden werden.

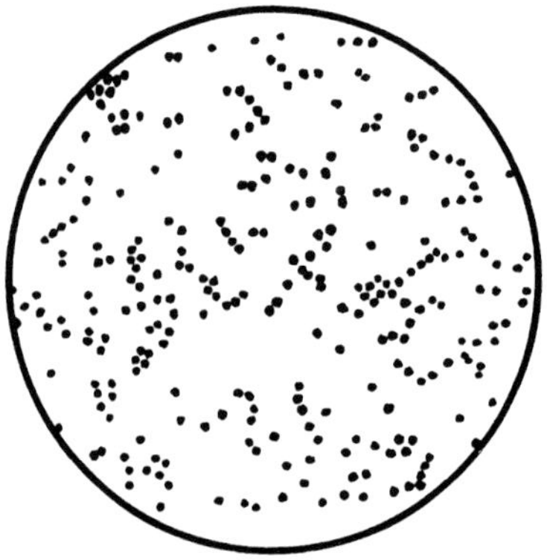

Abb. 6. Mikroskopisches Bild des *Streptococcus faecalis*. 1 000fache Vergrößerung.

### 2.2.6.6. Bacillus alvei

*Bacillus alvei* ist ein verbreiteter sekundärer Erreger der Europäischen Faulbrut und vermutlich auch der Sackbrut (Bailey et al., 1973). Er wirkt nicht pathogen, sondern ernährt sich als Saprophyt von den Überresten der toten Larven (White, 1912). Sporen werden rasch gebildet und sind sehr resistent.

- **Makroskopische Untersuchung**

Das Brutbild wird im wesentlichen durch den primären Erreger bestimmt. Typisch ist der faulige Geruch.

- **Mikroskopische Untersuchung**

Das Bakterium ist gramlabil. Die geraden, kettenbildenden Stäbchen haben abgerundete Ecken, eine Länge von 2 bis 5 µm sowie einen Durchmesser von 0,5 bis 0,8 µm (Abb. 7). Im aufgeschwollenen Sporangium liegen die elliptischen Sporen sowohl zentral als auch terminal und subterminal.

- **Biochemische Untersuchungen**

*NaCl-Test*

Der Bacillus wächst nicht in 7%iger NaCl-Lösung. Dazu wird Nährbouillon für 10 bis 14 Tage auf Trübung beobachtet.

Abb. 7. Mikroskopisches Bild des *Bacillus alvei*. 1 000fache Vergrößerung.

*Nitratreduktion*
Der Test auf Nitratreduktion (s. dort) verläuft negativ.

*Katalase-Test*
Der Katalase-Test (s. dort) verläuft wie bei den meisten *Bacillus*-Arten positiv.

*Voges-Proskauer-Reaktion*
Die Voges-Proskauer-Reaktion (s. dort) ist positiv.

● **Kulturverfahren**
Die Differentialdiagnose mit *M. pluton* ist einfach, da das Bakterium unter denselben Kulturbedingungen nur wenig wächst und unter anaeroben Bedingungen keine Sporen bildet.
Als Nährböden haben sich der Blut- und der Polymyxin-Blut-Agar bewährt. Die Kolonien sind unregelmäßig und flach mit radiär angeordneten Streifen. Einige Kolonien sind freibeweglich und bilden Bögen über der Oberfläche des Nährbodens. Wegen der großen Beweglichkeit von *B. alvei* kann es zu rotierenden Mikrokolonien kommen. Sehr typisch ist der saure Geruch.

## 2.2.6.7. Pseudomonas spp.

Die Bakterien der Gattung *Pseudomonas* sind in der Natur sehr weit verbreitet. Die gramnegativen, nicht fermentierenden Stäbchen sind obligat aerob, bilden keine Sporen und stellen an das Nährmedium keine besonderen Ansprüche. Das Bakterium wächst schlecht und stets nur bei Temperaturen unter 36 °C.
*Pseudomonas apiseptica* konnte neben anderen Erregern in der Hämolymphe von toten Bienen identifiziert werden. Vermutlich ist er jedoch fakultativ pathogen.
*Pseudomonas fluorescens* wirkt bei Vertebraten selten pathogen. Der Erreger konnte aus der Hämolymphe von Bienen isoliert werden, die an Schwarzsucht erkrankt waren (Horn und Eberspächer, 1976). Offensichtlich waren Bienen, die Honigtau eintrugen, besonders anfällig für eine Infektion. Ein Zusammenhang mit dem CP-Virus ist aber ebenso wahrscheinlich.

#### 2.2.6.8. Bacillus pulvifaciens

*Bacillus pulvifaciens* tritt als Erreger der seltenen „Powdery scale disease“ auf. Das Bakterium wächst auf normalen Nährböden. In der Regel kommt es auch zur Ausbildung von Sporen. Seine charakteristischen Merkmale in der Kultur ähneln sehr dem *Bacillus larvae* (Claus und Berkeley, 1986).

#### 2.2.6.9. Hafnia alvei

Gattung Haffnia mit der einzigen Spezies *H. alvei* ist weit verbreitet. In der Umwelt kommt es im Wasser und Boden vor. Bei Bienen konnte es häufig in mit *Varroa jacobsoni* befallenen Bienenvölkern nachgewiesen werden. Die Milbe überträgt es in die Hämolymphe der Bienen, bei denen es eine Septikämie hervorruft. Es wächst auf allen nicht selektiven Nährböden zu flachen, farblosen Kolonien. Es vergärt Glukose unter Gasbildung. Dagegen ist der Test für Saccharose und Laktose negativ.

## 2.3. Spiroplasmen

Spiroplasmen sind prokaryotische Mikroorganismen, die anstelle einer Zellwand eine dreischichtige Membran besitzen. Taxonomisch bilden sie eine Gattung in der Ordnung Mycoplasmatales. In ihrer Form und Größe sind sie sehr variabel (pleomorph).
Es treten helikale Formen (Durchmesser 120 nm) und unter bestimmten Bedingungen Spiralformen auf, die bis zu 5 000 nm lang sein können. Die Arten dieser Gattung leben meist saprophytisch auf Pflanzen. Nur wenige sind Erreger von Pflanzenkrankheiten. Sie konnten jedoch auch bei Honigbienen und anderen Insekten nachgewiesen werden. Die Insekten nehmen sie vermutlich an der Pflanzenoberfläche auf. Manche Formen gelangen beim Saugakt der Insekten direkt in das Phloem der Wirtspflanze.
Im folgenden soll nur auf die für Insekten wichtigeren Spiroplasmen eingegangen werden. Die Spiroplasmen werden über den Verdauungstrakt aufgenommen. Wegen ihrer Membranähnlichkeit werden sie offensichtlich nicht als Fremdstoffe erkannt. Sie können in fast allen Organen der Insekten nachgewiesen werden: Verdauungstrakt, Malpighische Gefäße, Labialdrüsen, Bindegewebe, Fettgewebe, Ovarien, Nervensystem und Hämolymphe. Viele der auf Pflanzen vorkommenden Spiroplasmen vermehren sich in der Hämolymphe von Insekten und Bienen. Sie wirken daher nur pathogen, wenn sie injiziert werden. Über den Verdauungstrakt scheinen sie nicht in die Hämolymphe gelangen zu können. Eine Übertragung mit Hilfe der ektoparasitischen Milben wie *Varroa jacobsoni* birgt daher eine besondere Gefahr.

### 2.3.1. Morphologische Untersuchung

Spiroplasmen sind in der Gramfärbung positiv. Andere Färbeverfahren zu ihrer Darstellung sind in der Regel ungeeignet, da sie ihre Zellform während der Präparation verändern. Proben aus Flüssigkeitskulturen und z. B. der Hämolymphe lassen sich bei 1 000facher Vergrößerung im Phasenkontrast oder Dunkelfeld untersuchen. Be-

sonders die Beweglichkeit von Spiroplasmen kann zur Differenzierung dienen. Die Oberflächenstrukturen von Spiroplasmen kann man rasterelektronenmikroskopisch darstellen. Nach der Fixierung (Glutaraldehyd und Osmiumtetroxid), Dehydrierung (Aceton oder Alkohol) und Trocknung (verschiedene Kühlmittel) wird die Probe auf einen Träger montiert und mit Metall bedampft.
Spiroplasmen können auch in der Transmissionsmikroskopie dargestellt werden. Die Spiroplasmen in Kultur werden in 12,5%igem Glutaraldehyd fixiert. Wenige Tropfen der fixierten Probe läßt man in Agar einziehen. Agarstückchen werden auf einen Objektträger überführt und mit Procelloidinlösung befilmt. Der Film kann nach der Trocknung abgezogen und auf das Trägernetz (Grid) übertragen werden.

### 2.3.2. Analyse des Proteinmusters

Spiroplasmen können anhand der Analyse des Proteinmusters identifiziert und taxonomisch klassifiziert werden. In der Regel verwendet man hierfür die Elektrophorese mit Polyacrylamidgelen.

### 2.3.3. Serologische Untersuchung

Die serologische Untersuchung dient vornehmlich zur Identifizierung und Klassifizierung der einzelnen Spiroplasmentypen. In der Regel werden die üblichen Tests angewandt (s. 2.4.2.).

### 2.3.4. Kulturverfahren

Spiroplasmen sind fakultativ anaerob und wachsen auf sehr komplexen Nährböden, denen Cholesterol oder andere Sterole zugesetzt wurden, z. B. PPLO-Nährboden (s. Anhang). Am besten wachsen die für Insekten wichtigen Formen bei Temperaturen unter 30 °C; bei 40 °C werden sie inaktiviert.

## 2.4. Viren

Viren sind sehr kleine Krankheitserreger ohne Zellwand und eigenen Stoffwechsel. Ein Virion (Viruspartikel) besteht aus Nukleinsäure und einer Hülle, dem Kapsid, das sich aus einzelnen Proteinkomplexen (Kapsomeren) zusammensetzt. Dieses schützt die Nukleinsäure und ermöglicht die Adsorption und Penetration in die Wirtszelle. Gleichzeitig sind dort die Antigenität und Wirtsspezifität festgelegt. In der Zelle gibt das Virion seine morphologische Integrität auf, und Nukleinsäure und Hülle trennen sich. Viren können sich nur in lebenden Zellen vermehren.

### 2.4.1. Morphologische Untersuchungen

Viren unterscheiden sich in ihrer Größe. Im Gegensatz zu sphärischen Formen mit einem Durchmesser von 15 bis 300 nm sind fadenförmige Strukturen mit 100 bis 2 000 nm Länge und 10 bis 20 nm Durchmesser deutlich größer. Die morphologische Einteilung der Viren erfolgt aber vor allem aufgrund der Gestalt des Kapsids. Man unterscheidet Viren mit Ikosaedersymmetrie (kubisch-symmetrischer Polyeder mit 20 gleichseitigen Dreiecken), Helixsymmetrie (helikal-symmetrisch, enge zylindrische Spiralen) und solchen mit komplexem, oft kompliziertem Aufbau (große Viren wie Bakteriophagen)

Zusätzlich kann das Kapsid von einer polymorphen, deformierbaren Hülle (Peplos) umgeben sein, die im wesentlichen Membranbestandteile der Wirtszelle und viruseigene Enzyme enthält. Man bezeichnet diese als behüllte Viren und unterscheidet sie von den nackten.

Eine weitere Einteilung erfolgt nach den biochemischen Eigenschaften in die beiden Nukleinsäuretypen der RNA- und DNA-Viren. Im Gegensatz zu anderen Organismen kommen im reifen Virion beide Nukleinsäuren nicht nebeneinander vor. Die Nukleinsäure kann wie überwiegend bei RNA-Viren als Einzelstrang (ss = single strand) oder wie überwiegend bei DNA-Viren als zwei komplementäre Doppelstränge (ds = double strand) vorliegen.

Die systematische Einteilung der Viren erfolgt nach ihrem chemischen und morphologischen Aufbau, d. h. Art und Polarität der Nukleinsäure, Fehlen oder Vorhandensein einer Hülle und der Struktur des Kapsids.

In diesem Zusammenhang kann nur auf Insektenviren eingegangen werden. Man unterscheidet zahlreiche für Mensch, Tier und Pflanze pathogene Viren, für die das Insekt nur als Zwischenwirt oder Vektor fungiert, von den echten Insektenviren. Von diesen werden primär Insekten befallen und rufen bei diesen *Insektenvirosen* hervor. Erst seit 1940 sind Virosen bei Insekten bekannt. Ihre Erforschung ist aber immer noch äußerst lückenhaft. Am häufigsten treten sie bei Insektenlarven auf. Adulte scheinen dagegen eine starke Resistenz zu besitzen.

Die meisten Insektenviren rufen eine Einschlußkörperkrankheit hervor. Dabei werden die Viren nach ihrer Vermehrung im Insekt von einer Proteinmatrix eingeschlossen, die offensichtlich als Schutz vor Umwelteinflüssen dient. Derartiges ist nur bei Insektenviren bekannt.

Wegen ihrer geringen Größe können Viren nur mit dem Elektronenmikroskop sichtbar gemacht werden (Abb. 8). Hierbei können jedoch nur Viren unterschiedlicher Morphologie und nicht einzelne Virustypen differenziert werden. Die Proben werden im wesentlichen wie bei der Isolierung aufgearbeitet. Wichtig ist dabei die Anreicherung durch Zentrifugation.

Bei der Immunelektronenmikroskopie werden Viruspartikel mit Antikörpern gemischt und auf Netzobjektträgern angetrocknet, um anschließend im Elektronenmikroskop ausgewertet zu werden. Diese Methode eignet sich besonders, um morphologisch identische, aber serologisch verschiedene Viren zu differenzieren. Wegen der geringen Aussagekraft bei gleichzeitig großem Aufwand werden diese Verfahren in der Routinediagnostik jedoch selten verwendet.

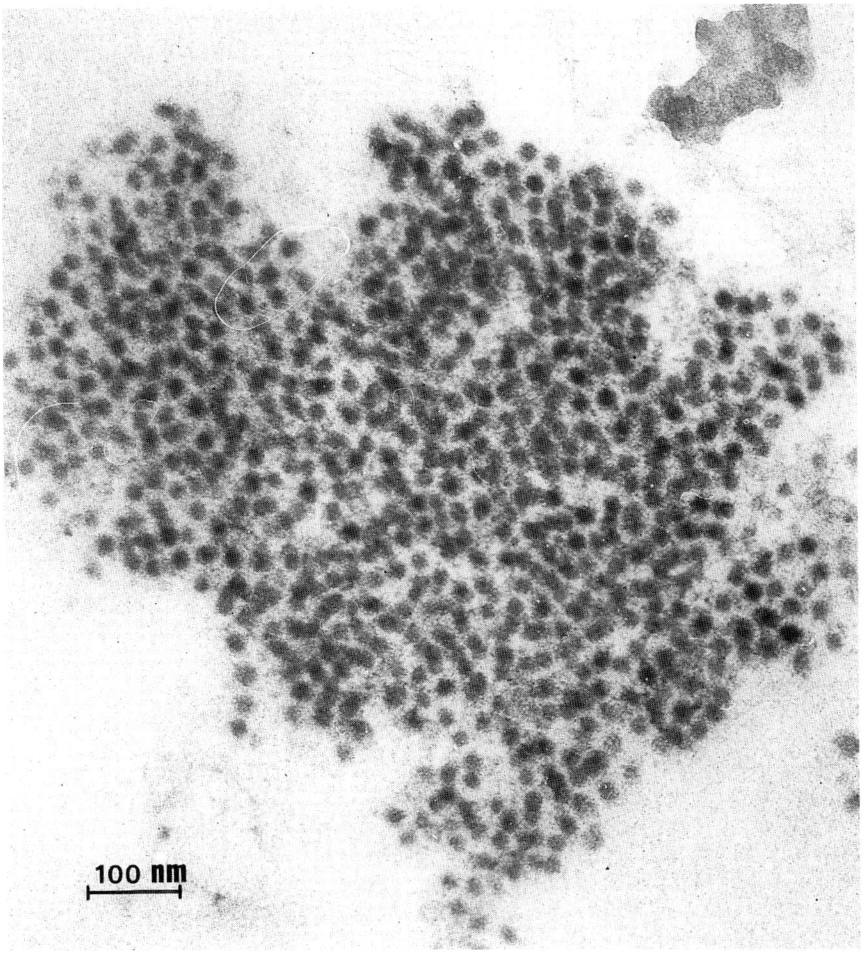


Abb. 8. Elektonenmikroskopisches Bild eines Akute-Paralyse-Virus. Foto: Koch.

## 2.4.2. Serologische Untersuchungen

Zum Nachweis von Viren (und Antikörpern) werden vorwiegend serologische Verfahren verwendet. Sie haben den Vorteil, sehr spezifisch zu sein, schon nach kurzer Zeit Ergebnisse zu liefern und eine von der Viruskonzentration abhängige Reaktion zu zeigen.

*Herstellung von Antiseren*
Die Qualität der Antiseren hängt wesentlich von der Reinheit der Virussuspension ab. Die Isolierung der Viren kann mit Hilfe verschiedener Methoden erfolgen.

Eine weitgehend gereinigte Virussuspension wird in mehrwöchigem Abstand wiederholt intravenös, intramuskulär oder intraperitoneal, z. B. in Hasen, injiziert. Bei einer intramuskulären Injektion muß die Immunreaktion durch zugesetzte Adjuvantien verstärkt werden. Nach der Immunisierung wird Blut abgenommen und das Serum nach dem Absetzen der Erythrozyten zentrifugiert.

*Immunfluoreszenz*
Virale Antigene können mit Antikörpern nach deren Kopplung mit Farbstoffen (z. B. Fluorescein-Isothiocyanat) direkt im Probenmaterial nachgewiesen werden. Für die Betrachtung ist ein Fluoreszenzmikroskop notwendig. Die Technik ist sehr spezifisch und kann schnell durchgeführt werden. Sie erfordert jedoch wegen der möglichen unspezifischen Fluoreszenz einige Erfahrung des Untersuchers.

*Antigennachweis mit dem Enzymimmunoassay (ELISA)*
Der Enzymimmunoassay (EIA), auch als Enzyme Linked Immunosorbent Assay (ELISA) bekannt, wird in der klinischen Mikrobiologie häufig angewandt.
Käufliche Testkits sind für Bienenviren nicht erhältlich, daher wird im wesentlichen das Vierschrittverfahren verwendet. Dabei wird zunächst das spezifische Antigen an den Kunststoff (Polystyren) der Mikrotiterplatte (Festphase) gebunden und dann das aufgearbeite Probenmaterial zugegeben. Danach gibt man einen nicht markierten Antikörper zu, der von einer anderen Tierart stammt. Schließlich kann nach Zugabe eines chromogenen Substrats die Farbreaktion photometrisch ausgewertet werden. Nach jedem Bindungsschritt muß gründlich gewaschen werden. Das Verfahren kann weitgehend automatisiert und somit auch eine größere Probenmenge bearbeitet werden. Dieser indirekte ELISA ist sehr genau mit einer maximalen Nachweisgrenze von 1 ng Protein/ml und kann sowohl mit monoklonalen als auch polyklonalen Antikörpern erfolgen.

*Radioimmuntest*
Im Radioimmuntest werden die Antigene im Unterschied zum ELISA nicht mit Enzymen, sondern radioaktiv markiert. Da sich beide Methoden in ihrer Empfindlichkeit nicht unterscheiden, kann wegen des Entsorgungsaufwandes auf den Radioimmuntest im Routinelabor verzichtet werden.

*Gen-Sonden*
Mit Hilfe von Gen-Sonden können virale Genomabschnitte in infizierten Zellen nachgewiesen werden. Die Einzelstränge der denaturierten Bienen-DNA bilden mit der einsträngigen DNA-Sonde doppelsträngige Hybridmoleküle, sofern die Basensequenzen homolog sind. Die Sonden werden entweder radioaktiv ($^{32}P$) oder mit Biotin markiert und die Hybridisierung mit Autoradiographie bzw. EIA nachgewiesen. Derartige Sonden sind für Bienenviren noch nicht entwickelt worden.

*Immunpräzipitation*
Bei der Immunpräzipitation reagieren Antigene mit Antikörpern. Sie bilden Immunkomplexe, die bei Erreichen einer bestimmten Größe als Präzipitate ausfallen. Dieser Vorgang hängt wesentlich von der Konzentration der miteinander reagierenden Antigene und Antikörper ab. Sobald einer der beiden im Überschuß vorhanden ist, bilden sich lösliche und daher nicht zu erkennende Komplexe.

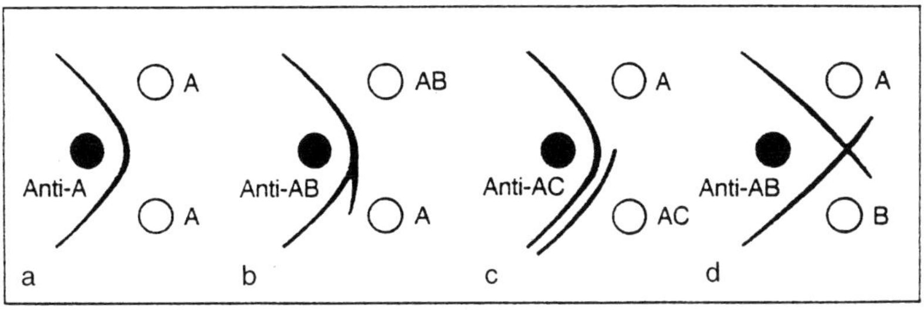


Abb. 9. Ouchterlony-Doppeldiffusionstest (verändert nach Burkhardt, 1992).
a Die Banden verlaufen kontinuierlich bei identischen Antigen A.
b, c Bei Teilidentität werden neben den kontinuierlichen Linien zusätzliche Banden einseitig (c) oder nur im Kurvenscheitel sichtbar (b).
d Die Präzipitationslinien schneiden sich, wenn die Antigene fremd, d.h. nicht identisch sind.

Der Immundiffusionstest nach Ouchterlony beruht auf der zweidimensionalen Präzipitation in Agar. Dieser Test wird im Routinelabor immer seltener verwendet. Er bietet aber eine gute Möglichkeit, Antigene zu identifizieren und sie auf ihre Reinheit und auf Kreuzreaktion zu prüfen (Abb. 9).

## 2.4.3. Ätiologie und virologische Diagnostik

Die meisten Bienenviren gehören zu den kleinen, unbehüllten Picornaviren. Das rikkettsiengroße Filamentousvirus ist das einzige bei Hymenopteren bekannte F-Virus. Dies gilt in gleicher Weise für das bei *Apis cerana* gefundene Iridescent-Virus aus der Gruppe der Iridoviren. In Tabelle 2 sind die wichtigsten Daten für die einzelnen Viren angegeben.

Tabelle 2. Charakteristika von Bienenviren (verändert nach Bailey und Ball, 1991)

| Virus | Symmetrie | Nukleinsäuretyp | Größe (nm) | Sedimentationsgeschwindigkeit (Svedberg-Einheit, $S_{20w}$) | CsCl-Dichte (g/ml) | Strukturproteine | |
|---|---|---|---|---|---|---|---|
| | | | | | | Zahl | Molekulargewicht |
| APV | isometrisch | ssRNA | 30 | 160 | 1,37 | 3 | 24; 33; 35 |
| BQV | isometrisch | ssRNA | 30 | 151 | 1,34 | 4 | 6; 29; 32; 34 |
| CPV | anisometrisch | ssRNA | 20×30–60 | 80–130 | 1,33 | 1 | 23,5 |
| CPVAV | isometrisch | ssRNA | 17 | 41 | 1,38 | 1 | 15,0 |
| CWV | isometrisch | ssRNA | 17 | 49 | 1,38 | 1 | 19,0 |
| DWV | isometrisch | ssRNA | 30 | 165 | 1,37 | 1 | unbekannt |
| KBV | isometrisch | ssRNA | 30 | 172 | 1,37 | 5 | 25; 33; 36; 40; 44 |
| SBV | isometrisch | ssRNA | 30 | 160 | 1,35 | 3 | 26; 28; 31 |
| VF | | dsDNA | 150×450 | unbekannt | 1,28 | ca. 12 | 13 bis 70 |
| VX | isometrisch | ssRNA | 35 | 187 | 1,35 | 1 | 52,0 |
| VY | isometrisch | ssRNA | 35 | 187 | 1,35 | 1 | 50,0 |

#### 2.4.3.1. Immundiffusionstest

Der Immundiffusionstest stellt einen häufig gebrauchten Standardtest dar. Obwohl diese Methode mit einer Nachweisgrenze von etwa $10^{10}$ Viruspartikeln pro ml (Bailey und Milne, 1969) nicht besonders empfindlich ist, reicht sie für das Routinelabor in der Regel aus.

- Zur Herstellung des Immundiffusionsagars 2,5 ml Agar auf einen Objektträger geben. Aufgrund der Oberflächenspannung entsteht eine gleichmäßig ebene Schicht.
- In dem erstarrten Agar eine vorgegebene Lochanordnung einstanzen (s. Seite 205).
- Die Agarstücke aus den Löchern mit Hilfe einer Wasserstrahlpumpe absaugen.
- In die einzelnen „Wells" jeweils 10 µl der verschiedenen Lösungen pipettieren. Folgende Anordnung ist möglich:
  A: die zu prüfende Suspension oder ein bekanntes Antigen,
  B: die zu prüfende Suspension oder ein bekanntes Antigen,
  C: einzelne Antiserumkonzentrationen. Die Antiseren können mit 0,35%igem NaCl im Verhältnis 1 : 32, 1 : 64 und 1 : 128 verdünnt werden. Soll auf verschiedene Viren untersucht werden, so können die „Wells" auch mit den einzelnen Antiseren beschickt werden.
- Der Objektträger wird anschließend in eine Petrischale gegeben und an einem lichtgeschützten Platz bei Raumtemperatur über Nacht stehengelassen.
- Die Probe ist positiv, wenn eine Präzipitationsbande zwischen den „Wells" mit der Probe und den Antiseren sichtbar wird (s. Abb. 9.). Die Intensität der Bande hängt von der Zahl der Viruspartikel in der Probe und der Verdünnung des Antiserums ab.
- Zur Färbung die „Wells" mit destilliertem Wasser ausspülen.
- Den Immundiffusionsagar mit einem Filterpapier bedecken und trocknen lassen.
- Den Objekträger für 5 Min. in die Färbelösung, z. B. Amidoschwarz (s. Anhang), geben.
- Anschließend 5 mal hintereinander für jeweils 10 Min. in die Entfärbelösung aus einem Ethanol/Essigsäure-Gemisch (s. Anhang) geben.

Der Immundiffusionstest ist auch als Schnelltest, besonders zum Nachweis des AP-Virus, geeignet. Da dieses Virus im Cerebralganglion besonders konzentriert vorkommt, können für die Untersuchung ausschließlich die Köpfe der Bienen verwendet werden.

- Etwa 10 Bienenköpfe in einem Mörser mit 0,5 ml 0,01 M Kaliumphospatpuffer (KPP) und einigen Tropfen DIECA und Ether zerreiben.
- Immundiffusionstest wie beschrieben durchführen.

Wenn ganze Bienen oder Brut untersucht werden sollen, rechnet man 1 ml KPP pro Individuum.

#### 2.4.3.2. ELISA

Eine gegenüber dem Immundiffusionstest ungefähr 1 000 000fach sensiblere Untersuchungsmethode mit einer Nachweisgrenze von 3 ng/ml Viruspartikel stellt der ELISA-Test dar. Da verschiedene Arbeitsschritte automatisiert und zahlreiche Proben nebeneinander untersucht werden können, findet er im Routinelabor immer häufiger Verwendung.

Für den Nachweis der Bienenviren, insbesondere des AP-Virus, eignet sich ein nicht-kompetitiver ELISA, dessen einzelne Arbeitsschritte hier beschrieben werden sollen.

- Jeweils 100 µl der verdünnten Extrakte von der zu prüfenden Bienenbrut in die einzelnen „Wells" der Mikrotiterplatte pipettieren.
- Zur Kontrolle ein APV-Antigen in absteigender Konzentration ebenfalls in eine Reihe der Platte geben. Die äußeren Reihen der Platte müssen zur Vermeidung von Platteneffekten frei bleiben.
- Die ELISA-Platte über Nacht in eine Feuchtekammer bei 4 °C geben.
- Am nächsten Tag die Virus-Antigen-Lösung abklopfen und dreimal mit PBS-Tween waschen.
- Um die nicht besetzten Bindungsstellen mit einem Blockpuffer abzudecken, in jedes „Well" BSA pipettieren.
- Jeweils 100 µl des in Kopplungspuffer gelösten Antiserums in jedes „Well" geben. Anschließend die ELISA-Platte in eine feuchte Kammer und für eine Stunde in einen Wärmeschrank bei 37 °C stellen.
- Das Antiserum abklopfen und dreimal mit PBS-Tween waschen.
- 50 µl des Konjugats (Anti-Kaninchen-IgG – alkalische Phosphatase) in einer Verdünnung von 1 : 5 000 (PBS-Tween) zugeben und wiederum für eine Stunde in der feuchten Kammer in den Wärmeschrank bei 37 °C geben.
- Nach dreimaligem Waschen mit PBS-Tween 100 µl des Substrats (10 mg Substrat in 10 ml Substratpuffer) pipettieren. 45 Minuten die Platte bei Zimmertemperatur in die feuchte Kammer geben.
- Zum Abschluß die Extinktion bei 405 nm im Fotometer bestimmen.

Nur wenn monoklonales Serum verwendet wurde, kann die Viruskonzentration direkt abgelesen werden. Bei polyklonalen Antiseren können Reaktionen mit wirtsspezifischen Proteinen das Ergebnis verfälschen. In diesem Fall müssen die Werte der Eichkurve um den „Bienenbackground" bereinigt werden (Clark, 1981).

## 2.5. Protozoen

Zu den wichtigsten Parasiten der Wirbeltiere, aber auch der Honigbiene gehören die Protozoen. Die Protozoen sind einzellige, nicht-photosynthetisierende, eukaryotische Organismen ohne echte Zellwand.

Eine systematische Gliederung in verschiedene Klassen ist nicht aufgrund eines phylogenetischen Systems möglich, sondern erfolgt meist auf Grundlage der Fortbewegungsart der Protozoen. Die *Rhizopoda* (Amöben) bewegen sich mit Hilfe von Pseudopodien und damit einhergehend mit einer ständigen Veränderung ihrer Gestalt. Durch die Bewegung einer oder mehrerer Geißeln bewegen sich die *Flagellaten* fort. Dagegen leben die meisten *Sporozoa* intrazellulär. Sie können sich außerhalb der Zelle gleitend bewegen. Typisch ist die Bildung von Sporozysten, über die die Neuinfektion des nächsten Wirtes erfolgt. Die *Ciliata* (Wimperntierchen) bewegen sich durch den synchronen Wimpernschlag der die Zelloberfläche bedeckenden Cilien.

Die meisten parasitischen Protozoen nehmen ihre Nahrung über ihre Körperoberfläche auf. Sie machen dies teilweise möglich, indem sie zunächst Verdauungssäfte ausscheiden, mit denen das Wirtsgewebe in der Umgebung aufgelöst wird.

Die Vermehrung der Protozoen kann sehr einfach durch Teilung erfolgen. Oft sind aber in sehr komplexen Vorgängen neben der asexuellen Vermehrung auch sexuelle Vorgänge eingeschaltet.

## 2.5.1. Morphologische Untersuchungen

- **Makroskopische Untersuchung**

Die Protozoen sind zu klein, um sie mit Hilfe der makroskopischen Untersuchung zu erkennen. Konsistenz und Farbe des Stuhls können aber einen wichtigen Hinweis geben.

- **Mikroskopische Untersuchung**

Identifizierung und Differenzierung der einzelnen Protozoen erfolgen meist mit Hilfe des Lichtmikroskops anhand der morphologischen Merkmale. Meist reicht die Betrachtung eines Nativpräparats im Hellfeld oder Phasenkontrast aus. In der Routineuntersuchung werden darüber hinaus Jodpräparate angefertigt, um insbesondere Zysten nachzuweisen. Andere Färbeverfahren dienen der Identifizierung einzelner Amöben.

- **Sedimentationsverfahren**

In der parasitologischen Diagnostik setzt man häufig zur Isolierung von Oozysten und Helmintheneiern Sedimentationsverfahren ein. Im einfachsten Fall wird die Probe mit Leitungswasser aufgeschwemmt und – nachdem die überstehende Flüssigkeit mehrfach dekantiert wurde – das Sediment mikroskopisch bei 100facher Vergrößerung untersucht.
Bei der Sedimentationsmethode von Path wird der Kot mit einer Mischung aus Formalin und einem Detergens (z. B. Spülmittel) verrührt. Die Protozoenzysten sinken unverändert zum Boden des Gefäßes und können von dort mit einer Pasteurpipette aufgenommen und auf einen Objektträger überführt werden.
Neben diesen einfachen Verfahren sind verschiedene aufwendigere möglich, mit denen der Nachweis von geringen Sporenmengen gelingt (u. a. MIFC-Verfahren).

## 2.5.2. Kulturverfahren

Mit frischem Material gelingt die Kultur auf speziellen Nährböden. Am häufigsten wird ein Nährboden nach Dobell und Laidlaw verwandt, dessen Grundlage Pferdeserum darstellt (Burkhardt, 1992).

## 2.5.3. Serologische Untersuchungen

Für verschiedene Amöben wurden spezifische serologische Tests entwickelt (s. weiterführende Literatur).

## 2.5.4. Ätiologie und parasitologische Diagnostik

Protozoen parasitieren in vielen Insektenarten. Die mit Honigbienen assoziierten, pathogen wirkenden Protozoen stammen aus der Gruppe der Microspora (*Nosema apis*) und der Sarcomastigophora (*Malpighamoeba mellificae*). Daneben kommen verschiedene Vertreter der Flagellaten und Apicomplexa (Gregarinen) als harmlose Kommensalen vor.

### 2.5.4.1. Nosema apis

Die *Nosema*-Sporen sind oval mit einer Länge von 5–7 µm und einer Breite von 3–4 µm. Am häufigsten erfolgt der Nachweis lichtmikroskopisch anhand der morphologischen Eigenschaften.

● **Makroskopische Untersuchung**
Das Abdomen der Bienen kann aufgetrieben sein. Der Kot ist braun. Der aus der Biene herausgezogene Darm erscheint bei einer stark befallenen Biene wesentlich heller als bei einer gesunden.

● **Mikroskopische Untersuchung**
Zur Untersuchung eignen sich sowohl ganze Abdomen als auch herauspräparierte Därme.
Die Abdomina von etwa 20 Bienen werden in einem Mörser zusammen mit 2 bis 3 ml Wasser zerrieben. Drei Tropfen werden auf einen Objektträger überführt und bei 400facher Vergrößerung unter dem Mikroskop betrachtet. Anhand der Sporenzahl im Gesichtsfeld kann der Verseuchungsgrad grob eingeteilt werden (Abb. 10):

| | |
|---|---|
| < 20 Sporen | schwach, |
| 20–100 Sporen | mittel, |
| > 100 Sporen | stark. |

Zur genaueren Bestimmung des Befallsgrades sollten die Mitteldärme aus frisch abgetöteten Bienen herauspräpariert werden. Am einfachsten ist dies mit Hilfe einer Pinzette möglich. Dabei wird der Darm mit dem letzten Abdominalring herausgezogen und in einem kleinen Mörser zusammen mit 1 ml Wasser zerrieben. Ein Tropfen wird auf eine Blutzellkammer gegeben, und bei 400facher Vergrößerung werden zehn mittlere Gruppenquadrate ausgezählt. Hieraus wird der Mittelwert des Befalls pro Biene berechnet.

● **Filterverfahren**
Die Abdomina von maximal 60 Bienen werden in einem Mörser mit etwas Wasser zerkleinert. Die Suspension wird anschließend durch einen Filter mit einer Porenweite von zunächst 100 µm und dann 40 µm geleitet. Die *Nosema*-Sporen, Amöben-Zysten und Stücke der Malpighischen Gefäße gelangen mit Pollen und anderen Bestandteilen ähnlicher Größe in den feineren Filter und können von dort auf einen Objektträger überführt werden. Bei etwa 400facher Vergrößerung kann man im Präparat neben den *Nosema*-Sporen die ähnlich aussehenden Hefezellen und die et-

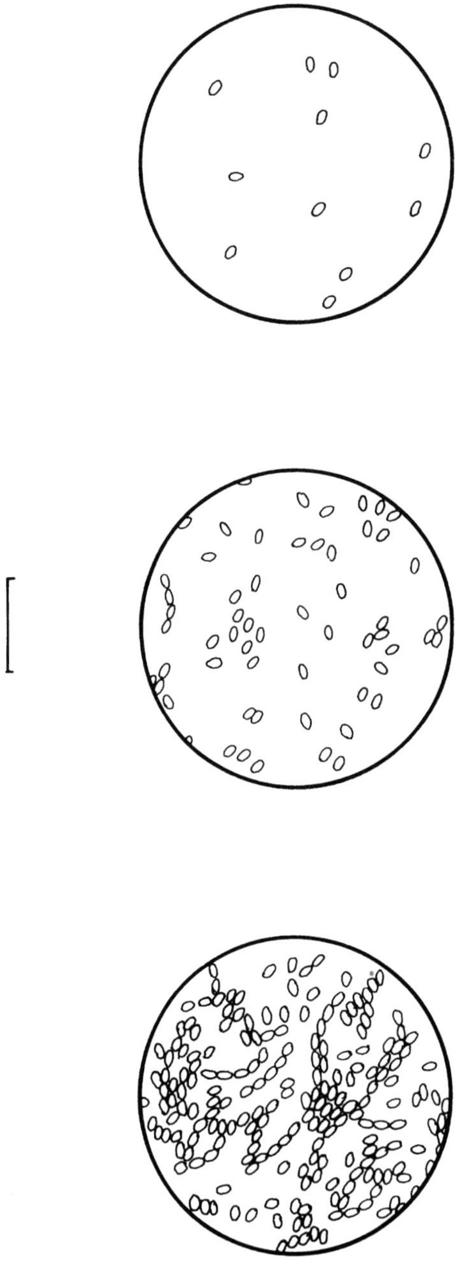

Abb. 10. Abschätzung des Befallsgrades mit *Nosema*-Sporen anhand des mikroskopischen Bildes. Maßangabe: 40 µm.

Oben: schwacher Befall, Mitte: mittelstarker Befall, unten: starker Befall.

was kleineren, aber nicht gleichmäßig ovalen Pilzsporen erkennen. Nicht immer eindeutig zu differenzieren sind die etwas größeren, aber kreisrunden, in der Mitte mit einer Delle versehenen Zysten der *Malpighamoeba mellificae*.
Pollenkörner können dagegen wegen ihrer unregelmäßigen Gestalt leicht differenziert werden.
Man kann auch das Innere der Sporen anfärben. Hierzu eignen sich verschiedene Färbeverfahren, wie die Giemsa- oder Ziehl-Neelsen-Färbung (s. 2.2.1.).

● **Biochemische Untersuchung**
Biochemische Tests sind nicht bekannt, aber auch nicht zur Identifizierung im Routinelabor notwendig.

● **Kulturverfahren**
Zur Zeit sind keine Methoden zur Aufzucht von *Nosema apis* auf Nährböden bekannt.

● **Serologische Untersuchung**
Zur Zeit ist kein serologischer Test bekannt.

### 2.5.4.2. Malpighamoeba mellificae

*Malpighamoeba mellificae* bildet als Dauerform runde Zysten mit einem Durchmesser von 6–7 µm.

● **Makroskopische Untersuchung**
Der Kot der Bienen ist dünnflüssig und gelb.

● **Mikroskopische Untersuchung**
Die Untersuchung einer Suspension aus Abdomina von Bienen bringt im Gegensatz zu *Nosema*-Sporen nur selten Erfolg. Die Zysten der *M. mellificae* sind zwar stark lichtbrechend, jedoch besitzen die Chlamydosporen des Pollenschimmels *Bettsia alvei* ein ähnliches Aussehen. Am besten eignet sich daher die Identifizierung der Zysten in den Tuben der Malpighischen Gefäße. Hierzu muß der Darm aus der Biene präpariert werden. Dazu öffnet man die Biene entweder dorsal (Abb. 11), oder man zieht den Darm vorsichtig mit einer Pinzette am Ende des Abdomens heraus. Mit wenigen Tropfen Wasser wird er auf einem Objektträger ausgebreitet. Entweder legt man ein Deckgläschen auf die Malpighischen Gefäße am Übergang von Mittel- zum Dünndarm oder man zupft sie mit einer feinen Pinzette heraus und legt sie auf einen anderen Objektträger. Bei 400facher Vergrößerung kann man die Zysten in den Tuben der Malpighischen Gefäße leicht erkennen (s. Abb. 12).

● **Filterverfahren**
Das zur Isolierung von *Nosema*-Sporen verwendete Filterverfahren kann auch für die Zysten der *Malpighamoeba mellificae* verwendet werden (s. 2.5.4.1.). Am sichersten kann man sie in den Tuben der Malpighischen Gefäße identifizieren.

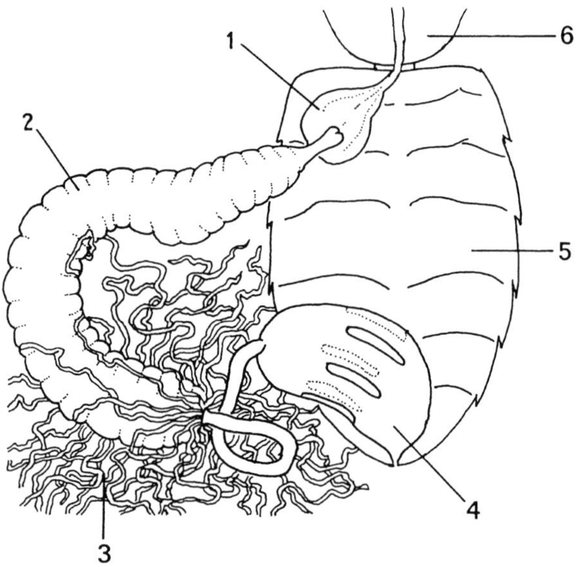


Abb. 11. Präparation der Malpighischen Gefäße.
Der dorsale Teil des Abdomens wurde entfernt und der Darm seitlich herausgenommen.

1 Proventriculus, 2 Mitteldarm (Ventriculus), 3 Malpighische Gefäße, 4 Rektum, 5 Abdomen, 6 Thorax.

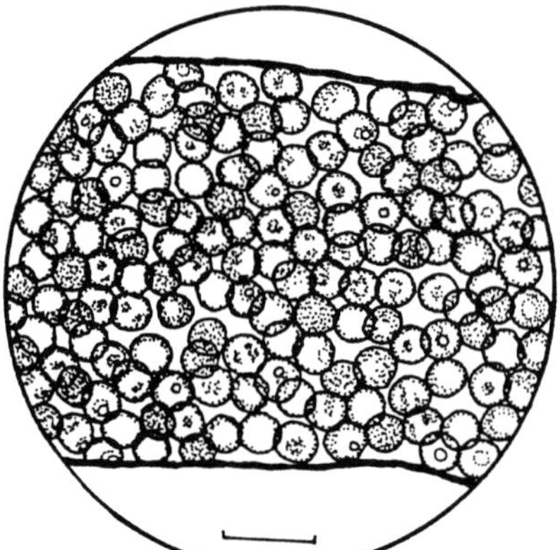

Abb. 12. Mikroskopisches Bild eines Befalls der Tuben der Malpighischen Gefäße mit Zysten der *Malpighamoeba mellificae*. Maßangabe: 20 µm.

#### 2.5.4.3. Gregarinen

Gregarinen (*Leidyana* spp. und andere) haben eine Größe von 70 µm und sind Kommensalen. Sie können mikroskopisch im Lumen und am Epithel des Mitteldarms gefunden werden.

#### 2.5.4.4. Flagellaten

*Crithidia mellificae* (Langridge und McGhee, 1967), früher auch *Leptomonas apis* (Lotmar, 1946) genannt, sind geißellose Flagellaten von etwa 5, aber auch 20 µm Länge und unterschiedlicher Gestalt. Sie können vor allem am Epithel oder frei im Pylorus oder Rektum gefunden werden. Mikroskopisch erfolgt der Nachweis meist anhand des dunklen Schorfes am Pylorus. Sie können auf speziellen Nährböden vermehrt werden (Fyg, 1954).

## 2.6. Pilze

Pilze besitzen eine große Vielfalt an Formen und Vermehrungstypen. Die Pilzzelle entspricht der Zelle eines typischen Eukaryonten, unterscheidet sich jedoch von der Pflanzenzelle u. a. durch das Fehlen von Chloroplasten. Die runde oder ovale Pilzzelle wächst zu langen Fäden, den Hyphen, aus, deren Gesamtheit das Myzel bilden. Meist wechselt die asexuelle mit der sexuellen Fortpflanzung. Man spricht in diesen Fällen vom Generationswechsel.
Die Klassifizierung der Pilze erfolgt aufgrund ihrer Wuchsform und Fortpflanzung (s. weiterführende Literatur). Die meisten Pilze sind jedoch in der Veterinärmedizin ohne Bedeutung. Pilze befallen viel häufiger Pflanzen als Tiere.

### 2.6.1. Morphologische Untersuchungen

● **Makroskopische Untersuchung**
Das makroskopische Bild ist für viele Mykosen sehr typisch und muß daher besonders beachtet werden.

● **Mikroskopische Untersuchung**
Die mikroskopische Differenzierung erfolgt im wesentlichen nach der Art der Sporenbildung, aber auch anhand der Größe und Anordnung des Myzels.
Zur Untersuchung der Mikromyzeten werden meist ungefärbte Nativpräparate verwendet.

- Das Pilzmaterial mit einer Pinzette entnehmen und auf einen Objektträger in 0,9%ige NaCl-Lösung geben.
- Das Myzel vorsichtig auseinanderzupfen.
- Das Deckglas seitlich schräg auf den Tropfen aufsetzen.
- Bei starker Luftblasenbildung an den wenig benetzbaren Hyphen den Vorgang wiederholen und das Myzel vorher kurz in 90%igen Alkohol legen.
- Im Mikroskop im Phasenkontrast, Hell- oder Dunkelfeld bei zunächst 100-facher, später 400facher Vergrößerung betrachten.

Spezielle Färbungen sind selten notwendig. In manchen Fällen, besonders beim Nachweis in pilzinfiziertem Material, erleichtert aber die Färbung mit Anilinblau-Lactophenollösung die Differenzierung der Fruchtformen und die Darstellung der Sporenbildung.

- Auf den Objektträger einen Tropfen Anilinblau-Lactophenollösung geben.
- Das Schnitt- oder Quetschpräparat in die Färbelösung legen.
- Mit einem Deckglas abdecken und überschüssige Lösung absaugen.
- Im Mikroskop erscheint das Plasma der Pilze intensiv blau, das der Wirtszellen dagegen meist farblos.

## 2.6.2. Kulturverfahren

Die meisten Pilze lassen sich auf künstlichen Nährböden züchten. Am häufigsten benutzt man zur Kultivierung Sabouraud-Glucose-Agar, Sabouraud-Dextrose-Agar oder Kimmig-Agar. Differentialnährböden, wie sie in der Bakteriologie benutzt werden, finden in der Mykologie wegen der oft fehlenden eindeutigen Reaktion kaum Verwendung. Das pH-Optimum liegt zwischen pH 5,0 und 6,0 und damit deutlich niedriger als das von Bakterien. In vielen Fällen ist es günstig, das Wachstum von Bakterien durch Zusatz von Antibiotika, wie Penicillin, Streptomycin, Chloramphenicol, Gentamicin u. a., zu unterdrücken. Manchmal muß auch das Wachstum von Schimmelpilzen und Hefen durch Zugabe von Actidion (Cycloheximid) unterbunden werden. Die besten Kulturbedingungen werden in der Regel bei 25–28 °C erreicht.
Bei der Gewinnung des Materials für die Anzüchtung muß man besonders beachten, daß die oberflächlich liegenden Keime, insbesondere Bakterien, abgetötet werden. Hierzu müssen diese zunächst von groben Auflagerungen mit einem Skalpell oder einer Pinzette befreit und anschließend mit 70%igem Alkohol unter Verwendung eines Mulltupfers oberflächlich gereinigt werden. Zur Beimpfung werden Proben mit einem mykologischen Haken verimpft. Man kann das Material auch leicht in die Agaroberfläche eindrücken.
Die Identifizierung erfolgt anhand verschiedener Merkmale der Kultur. Neben der Form und Oberfläche hat die Pigmentbildung der Kultur eine Bedeutung. Die mikroskopische Differenzierung erfolgt, wie zuvor beschrieben. Dabei muß jedoch beachtet werden, daß in älteren Kulturen manche Merkmale verlorengehen.

## 2.6.3. Biochemische Verfahren

Biochemische Verfahren werden vor allem zur Differenzierung hefeartiger Pilze verwendet. Neben der Verwertung verschiedener Kohlenstoff- und Stickstoffquellen erfolgt die Untersuchung anhand der Vergärung von Kohlenhydraten, Fett- und Harnstoffspaltung. Oft wird die Abhängigkeit des Wachstums von verschiedenen Zusätzen, wie Vitaminen, geprüft.

## 2.6.4. Serologische Verfahren

Serologische Verfahren werden in der Mykologie noch recht selten angewandt. Insbesondere bei den *Aspergillus*-Arten werden jedoch bestimmte Exoantigene zur serologischen Differenzierung eingesetzt.

## 2.6.5. Ätiologie und mykologische Diagnostik

Insektenpathogene Pilze gehören häufig zu den Zygomyzeten. Die für Honigbienen wichtigen Pilze finden sich jedoch ähnlich wie die für Säugetiere und Vögel wichtigen bei den Askomyzeten und Deuteromyzeten. In der Medizin hat sich die Einteilung der Pilze nach der Art der Lokalisation und der krankmachenden Wirkung durchgesetzt. Da bei Honigbienen nur drei Pilzarten pathogen wirken und diese nur als Erreger von Brutkrankheiten eine Bedeutung haben, ist eine spezielle Gliederung hier nicht notwendig.

### 2.6.5.1. Aspergillus flavus

*A. flavus* ist der wichtiqste Produzent des Mykotoxins Aflatoxin. Bei Honigbienen ist er der Erreger der allerdings seltenen *Aspergillusmykose (Aspergillose, Steinbrut)*. Noch seltener wirkt er bei adulten Bienen pathogen.

● **Makroskopische Untersuchung**

Ungedeckelte und gedeckelte Larven bzw. Streckmaden werden von *A. flavus* abgetötet. Das Myzel hat die Larve und u. U. auch den Zelldeckel durchwachsen. Die Mumien sind gelbgrün und sehr hart. Da das Myzel teilweise die Zellwand durchwächst, können die Mumien oft nur unvollständig aus der Zelle entfernt werden (Dreher, 1953).

Nach einer Infektion mit *A. flavus* abgetötete adulte Bienen weisen ein nicht zerfallendes, hartes Abdomen auf, das äußerlich den Larven-Mumien ähnelt. Die Sporenbildung beginnt unterhalb des Kopfes und ist bei toten Bienen am Übergang zwischen Thorax und Abdomen besonders ausgeprägt.

● **Mikroskopische Untersuchung**

Im Nativpräparat werden bei etwa 200facher Vergrößerung die gießkannenähnlichen Konidienträger mit den in Sterigmen kettenförmig angeordneten Sporen (2,5 × 6 µm) sichtbar (Abb. 13). Die ein- oder zweireihig angeordneten Phialiden kommen nebeneinander vor.

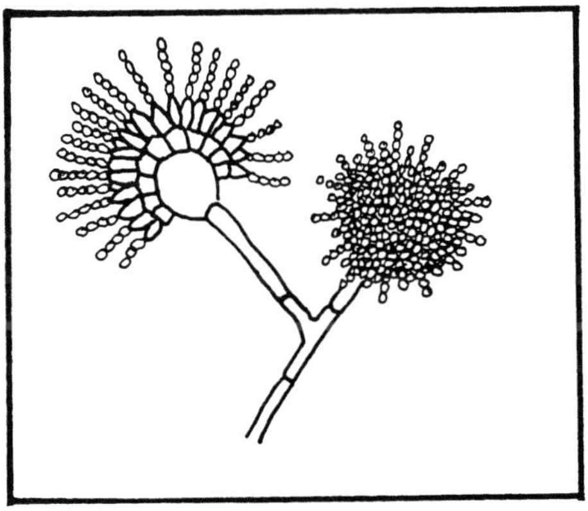

Abb. 13. Bei 200facher Vergrößerung können die gießkannenähnlichen Konidienträger des *Aspergillus flavus* erkannt werden.

- **Kulturverfahren**

*A. flavus* wächst auf Sabouraud-Dextrose-Agar innerhalb von 48 Stunden zu gelbgrünen Kolonien. Bei 36 °C zeigt er gutes Wachstum.

## 2.6.5.2. Aspergillus fumigatus

*A. fumigatus* ist der häufigste humanpathogene Schimmelpilz. Bei Honigbienen kommt er nur vereinzelt als pathogener Keim der Aspergillusmykose bei der Brut und adulten Bienen vor.

- **Makroskopische Untersuchung**

Nach einer Infektion mit *A. fumigatus* wird der Körper der Larven und bei adulten Bienen das Abdomen hart. Das makroskopische Bild entspricht sonst im wesentlichem dem bei *A.-flavus*-Befall. Die Mumien nehmen aber im Unterschied zu diesem eine gelbgrüne Farbe an.

- **Mikroskopische Untersuchung**

Das mikroskopische Bild ähnelt dem bei *A.-flavus*-Infektion. Die Phialiden sind einreihig und gehen vom distalen Vesikelumfang ab.

- **Kulturverfahren**

*A. fumigatus* wächst auf Sabouraud-Dextrose-Agar und auch Blutagar zunächst zu feinen, fädigen Kolonien aus, die sich unter Ausbildung eines Luftmyzels vom Zentrum her verfärben; sie sind grün und werden später zunehmend grau. Der Pilz toleriert Temperaturen bis 48 °C.

- **Serologischer Nachweis**

Die serologische Artdifferenzierung über bestimmte Exogene dürfte für die Diagnostik in Zukunft wichtig sein (Burkhardt, 1992).

## 2.6.5.3. Ascosphaera apis

*Ascosphaera apis* (ursprünglich *Pericystis apis*) infiziert die Larven der Honigbiene und ruft die *Ascosphaerose* (*Kalkbrut*) hervor. Der Pilz ist heterothallisch und bildet nur Sporen bei der geschlechtlichen Fortpflanzung. Sobald sich die getrenntgeschlechtlichen Myzelien berühren, bilden sich neben einer Nährzelle Ascogonien aus, die miteinander verschmelzen. Das Trichogyn wächst zu einem Sporangium aus, das Sporenballen mit jeweils 50% Sporen eines Geschlechts enthält.

- **Makroskopische Untersuchung**

Die Brutfläche ist, abhängig vom Befall, mehr oder weniger lückig. Die Brut ist im Streckmaden- oder Vorpuppenstadium abgestorben. Bei manchen infizierten Zellen ist der Zelldeckel ganz oder teilweise entfernt. Die infizierte Brut liegt locker in den Zellen. Je nach Wachstum des Pilzes erscheinen die Mumien weiß bis grauschwarz und besitzen eine schwammige bis harte Konsistenz.

**● Mikroskopische Untersuchung**

Die an der Körperoberfläche der Mumien gebildeten Fruchtkörper können im Nativpräparat betrachtet werden. Man kann sie mit Anilinblau-Lactophenol anfärben (s. 2.6.1.). Bei etwa 200facher Vergrößerung werden die mit Sporenballen gefüllten Zysten sichtbar (Abb. 14); in älterem Material können sie auch bereits entleert sein. In den Sporenballen befinden sich die ovalen Sporen (3,2 × 1,8 µm).

**● Biochemische Verfahren**

Die Identifizierung von *A. apis* kann aufgrund der enzymatischen Aktivitäten erfolgen. Hierbei hat sich besonders als Mikromethode zum semiquantitativen Nachweis der API ZYM-Test bewährt.

- Die Suspension der zu prüfenden Isolate mit dem Ultraturax homogenisieren.
- Die Konzentration mit der Trübungsreihe nach McFarland Nr. 5 angleichen.
- Aktivität mit der API ZYM-Methode messen.

Valin-Arylamidase ist der beste Marker für *A. apis*. Ebenso kann mit *β*-Galactosidase und *β*-Mannosidase *A. apis* gegenüber anderen bei der Honigbiene vorkommenden Schimmelpilzen abgegrenzt werden.

**● Kulturverfahren**

*A. apis* wächst auf verschiedenen Nährböden. Auf einem Kartoffel-Dextrose-Agar mit einem Zusatz von 0,4% Hefe wächst der Pilz sehr gut (Bailey, 1981). Auf Sabouraud-Dextrose-Agar wird ideales Wachstum bei 30 °C erreicht. Noch bessere Wachstumsbedingungen können bei einer Aufzucht in zwei Stufen erzielt werden. Zunächst werden die Platten unter anaeroben Bedingungen (5% $CO_2$) und 37 °C

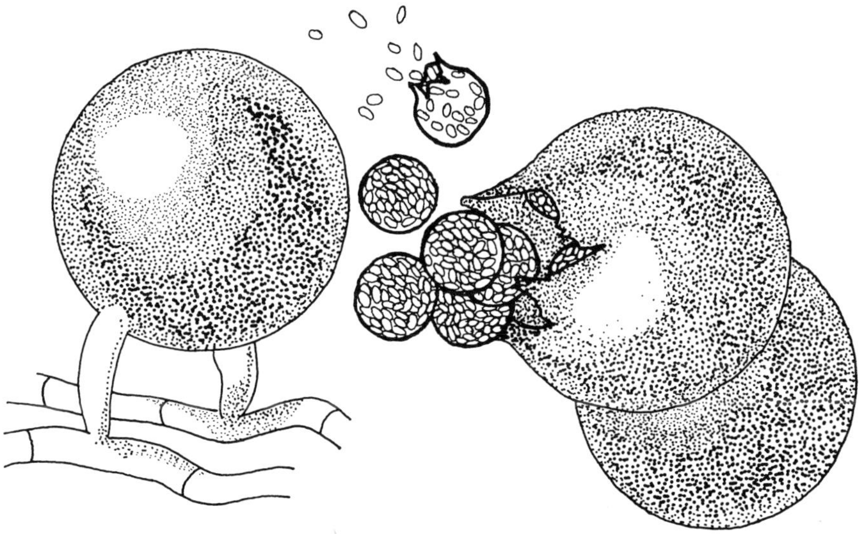

Abb. 14. Bei 200facher Vergrößerung werden die mit Sporenballen gefüllten Zysten von *Ascosphaera apis* sichtbar.

einige Stunden lang und anschließend unter aeroben Bedingungen bei 26 °C bebrütet (Gilliam, 1991). Ein Zusatz von Streptomycin zum Nährboden verhindert eine Hemmung des Wachstums durch Bakterien. Die optimale Temperatur liegt bei 30 °C.

## 2.7. Parasitäre Milben

Die Milben gehören wie die Insekten zum Stamm der Arthropoden. Über die systematische Gliederung der Klasse Acari bestehen bis heute unterschiedliche Auffassungen. Eine einheitliche Klassifizierung wird es wohl in naher Zukunft nicht geben. Allgemein hat sich u. a. die Einordnung nach der Lage und der Zahl der Stigmen durchgesetzt.

Die über 10 000 beschriebenen Milbenarten werden in drei Ordnungen und sieben Unterordnungen eingeteilt. Die Lebensweise der Milben umfaßt alle Formen von einer Symbiose bis zum Parasitismus bei nahezu allen Tiergruppen. Die wichtigsten Parasiten gehören zu den Ordnungen Parasitiformes und Acariformes.

### 2.7.1. Mikroskopische Untersuchung

Die Milben legen ihre Eier meist frei ab. Aus diesen schlüpfen die Larven, denen wiederum zwei bis drei Nymphenstadien (Proto-, Deuto- und Tritonymphe) folgen. Dazwischen liegen jeweils Häutungsphasen, in denen die Tiere unbeweglich sind.
Der Körper der adulten Milben gliedert sich in drei Abschnitte: Gnathosoma, Prosoma und Opisthosoma. Das Gnathosoma umfaßt den gegenüber dem übrigen Körper beweglichen Mundbereich mit Cheliceren und Palpen, die je nach Funktion sehr unterschiedlich aufgebaut sind. Augen fehlen in der Regel oder sind höchstens als Punktaugen vorhanden. Der Vorderkörper (Prosoma) ist mit dem Hinterkörper (Opisthosoma) verschmolzen und unsegmentiert. Charakteristisch ist die Zahl von vier Beinpaaren. Dies wird lediglich von den Larven nicht erreicht, denen das letzte Beinpaar fehlt. Die meisten Milben besitzen Tracheen und Stigmen, wobei die Lage und Zahl der Stigmen wichtige Unterscheidungsmerkmale darstellen.

In den Ordnungen Parasitiformes und Acariformes unterscheidet man folgende Unterordnungen:

| ● **Parasitiformes** | Stigmenpaare | |
|---|---|---|
| | Zahl | Lage |
| Metastigmata | 1 | 4. Beinpaar |
| Mesostigmata | 1 | 2., 3. oder 4. Beinpaar |
| ● **Acariformes** | | |
| Prostigmata | 1 | dorsal unter den Mundwerkzeugen |
| Cryptostigmata | 4 | 2. und 3. Beinpaar |
| Astigmata | 0 | ohne Tracheen und Stigmen |

## 2.7.2. Ätiologie und akarologische Diagnostik

In den Nestern der Honigbiene konnten über 160 Milbenarten bestimmt werden (Haragsim, 1981); die meisten Arten sind jedoch harmlos oder nicht bienenspezifisch. Andere, wie z. B. die Mehlmilbe *Tyroglyphus farinae*, gelten vor allem als Vorratsschädlinge.

### 2.7.2.1. Acarapis spp.

Bei der Honigbiene sind drei zur Familie *Tarsonemidae* gehörende *Acarapis*-Arten bekannt. Neben der in den Tracheen parasitierenden *Acarapis woodi* kommen auf der Körperoberfläche der Biene *A. externus* und *A. dorsalis* vor (siehe Tabelle 3). Die früher häufig in diesem Zusammenhang genannte *A. vagans* ist keine eigene Art, sondern wurde als „nomen dubium" eingeordnet (Delfinado-Baker und Baker, 1982).

Tabelle 3. Differentialdiagnose der *Acarapis*-Arten (verändert nach Zander und Böttcher, 1984)

| Merkmal | *A. dorsalis* | *A. externus* | *A. woodi* |
|---|---|---|---|
| Einkerbung der Coxalplatte | tief | kurz | flach |
| Stigmenabstände | 16,7 µm | 16,5 µm | 13,9 µm |
| Länge der Tarsalglieder des IV. Beinpaares | 7,6 µm | 11,4 µm | 7,5 µm |

● **Makroskopische Untersuchung**
Die Bienen weisen äußerlich keine besonderen Veränderungen auf. Die häufig beobachteten asymmetrisch gespreizten Flügel sind kein sicherer Hinweis.

● **Mikroskopische Untersuchung**
Die einzelnen Arten können weder nach der Form noch nach der Größe ihres Körpers unterschieden werden. Ihre Größe ist sehr variabel und beim Weibchen zusätzlich abhängig vom Grad der Trächtigkeit. Die Männchen erreichen eine Länge (ohne Gnathosoma) von 85 bis 120 µm und eine Breite von 57 bis 85 µm. Die Weibchen sind 80 bis 190 µm lang und 65 bis 85 µm breit.
Am einfachsten lassen sich die *Acarapis*-Arten nach ihrem Vorkommen bzw. ihren Brutplätzen differenzieren (s. 6.2.5.). *A. woodi* parasitiert dagegen in den beiden Hauptstämmen des ersten Tracheenpaares. Um die Milbe dort nachzuweisen, müssen die Bienen zuvor seziert werden.

*Präparation von Einzelbienen*
Bei kleineren Proben mit bis zu 20 Bienen können die Bienen einzeln präpariert und untersucht werden. Die einzelnen Präparationsschritte sind in Abb. 15 dargestellt.

- Am Thorax der Bienen den Hinterleib entfernen.
- Den Thorax unter der binokularen Lupe bei 20- bis 30facher Vergrößerung mit der Ansatzstelle des Kopfes nach oben halten.
- Mit einer Pinzette den Pleuralskleriten des ersten Thorakalsegments mit dem ersten Beinpaar entfernen. In der kreisförmigen Öffnung werden die Hauptstämme der thorakalen Tracheen und die Abzweigung der Kopftracheen sichtbar.
- Mit einer feinen Pinzette den Thorakaltergiten des ersten Thorakalsegments und einen Teil des zweiten Thorakaltergiten entfernen. Nach dem Entfernen der aufliegenden Muskulatur liegen die beiden thorakalen Tracheen frei. Ein mittlerer und starker Befall kann bereits an den dunkel gefärbten Tracheen erkannt werden (Abb. 16).

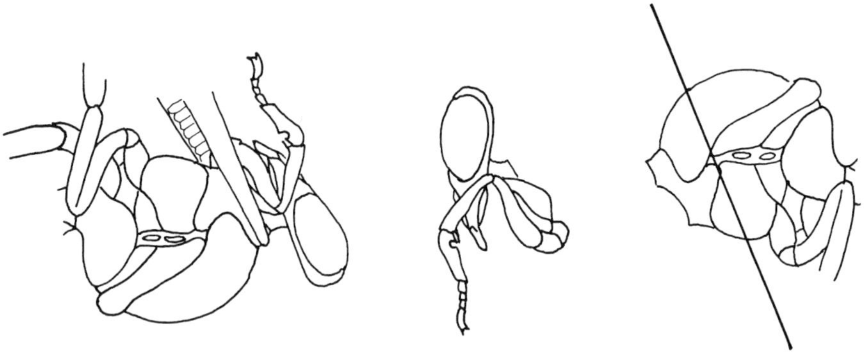

Abb. 15. Präparation der Bienen zum Nachweis von *Acarapis woodi* im ersten thorakalen Tracheenpaar.

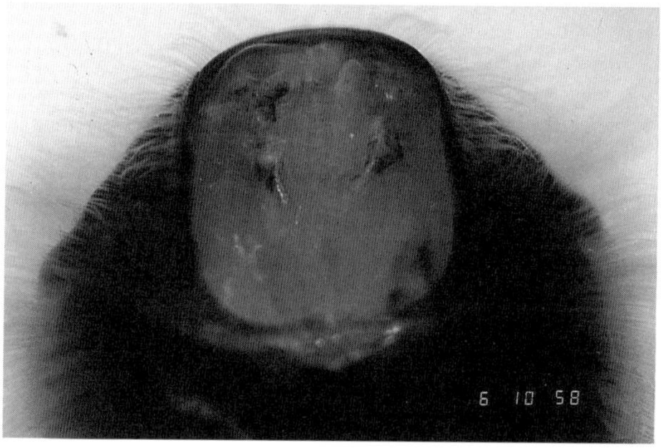

Abb. 16. Nach dem Entfernen der Muskulatur aus dem geöffneten Thorax kann der dunklere, befallene Tracheenast vom hellen, nicht befallenen unterschieden werden.

- Zur weiteren mikroskopischen Untersuchung die Tracheen entnehmen und auf einen Objektträger mit einem Tropfen Wasser legen. Unter dem Mikroskop bei 100facher Vergrößerung können die adulten Milben sowie die einzelnen Entwicklungsstadien erkannt werden (Abb. 17).

*Präparation von Sammelproben*
Zur Diagnose der Milbe in größeren Proben von bis zu 50 Bienen werden die Bienen am besten parallel untersucht.

- Mit einer Schere das erste Beinpaar und den Kopf zusammen mit dem ersten thorakalen Ring abschneiden.
- Mit einem zweiten Schnitt kurz vor den Flügelwurzeln eine etwa 1,5 mm dicke Scheibe des Thorax entfernen.
- Die Thoraxscheiben in einem Gefäß mit 10%iger Kalilauge übergießen, so daß diese gut bedeckt sind.
- Die Kalilauge löst das Muskelgewebe innerhalb von 24 Stunden auf. Der Prozeß kann auf vier Minuten verkürzt werden, wenn man das Gefäß in kochendes Wasser stellt.
- Die Thoraxringe mit einem Sieb trennen und auf einen Objektträger überführen.
- Zum Erkennen eines mittleren und starken Befalls die Tracheen bei 20- bis 30facher Vergrößerung unter der binokularen Lupe untersuchen.
- Ein schwacher bzw. frischer Befall kann anhand der adulten Milben und deren Nachkommen in den freigelegten Tracheen unter dem Mikroskop bei 100-facher Vergrößerung festgestellt werden.

*Zentrifugationsverfahren*
Die Untersuchung größerer Proben von etwa 200 Bienen ist mit Hilfe eines Zentrifugationsverfahrens möglich.

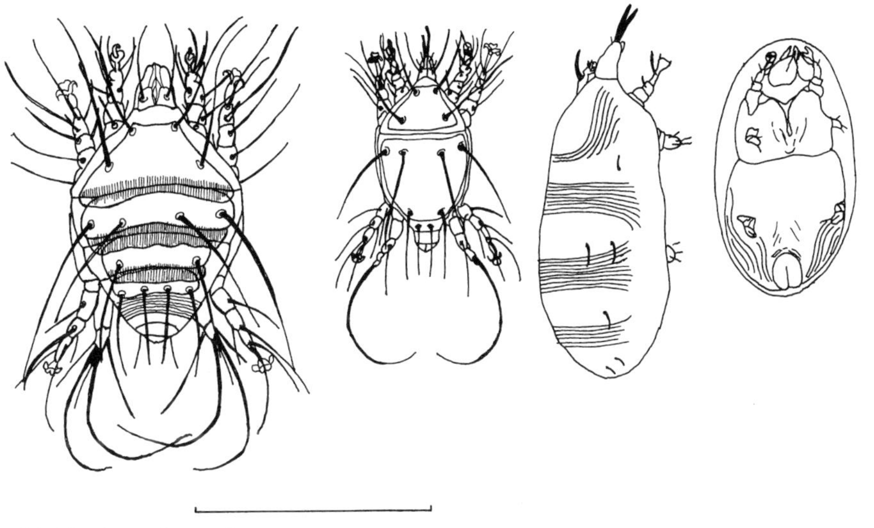

Abb. 17. *Acarapis woodi.*
Von links: adultes Weibchen, adultes Männchen, Larve im Chorion. Maßangabe: 100 µm.

- Die Flügel und Beine sowie den Kopf und das Abdomen vom Thorax entfernen.
- Den Thorax von allen Bienen der Probe in einen Becher zusammen mit 25 ml Wasser geben und mit einem Mixer dreimal mehrere Sekunden (Ultraturax) homogenisieren.
- Die groben Bestandteile mit einem Sieb (Maschenweite 0,8 mm) entfernen. Mit Wasser nachspülen.
- Das Filtrat fünf Minuten bei 1 500 Umdrehungen/Minute zentrifugieren.
- Den Überstand verwerfen.
- Dem Pellet zur Auflösung der Muskeln einige Tropfen Milchsäure zugeben.
- Nach 10 Minuten das Pellet auf einen Objektträger überführen und unter dem Mikroskop bei 100facher Vergrößerung auf Milben prüfen.

Die Methode hat den Nachteil, daß nur bei Milben in den Tracheen oder nach vorheriger Differentialdiagnose (s. Tabelle 3) der Befund eindeutig ist.

**● Serologischer Nachweis**

Zum Nachweis von *A. woodi* in Bienenproben wurde ein ELISA entwickelt (Grant et al., 1993).

- Jeweils 100 der entsalzten und abgetropften Bienen pro Bienenprobe und 500 ml PBST zusammengeben und mit dem Ultraturax homogenisieren.
- Für 30 bis 60 Sek. in einem Becherglas absetzen lassen.
- Der flüssige Überstand kann entweder bei –20 °C für spätere Untersuchungen lagern oder sofort für den ELISA verwendet werden.
- 100 µl der Flüssigkeit in jeweils ein „Well“ pipettieren. Als Nullprobe „Wells“ mit der Flüssigkeit von unbefallenen Bienenproben beschicken. Für die Leerprobe in die erste Reihe (A1) nur PBST geben.
- Jeweils 100 µl der Antikörper-Arbeitslösung (Antibody PBST-FCS) in die „Wells“ der ELISA-Platte geben, die Proben enthalten.
- Die Platte in einen Plastikbeutel geben und über Nacht bei 4 °C inkubieren.
- Die Platte viermal mit PBST waschen.
- Anti-Maus-IgG (horseradish peroxidase) in PBST-FCS zu 1/3 000 verdünnen und jeweils 100 µl pro „Well“ pipettieren.
- Bei 37 °C für eine Stunde inkubieren.
- Die Platte viermal mit PBST waschen.
- 100 µl TMB-$H_2O_2$-Substrat pro „Well“ pipettieren und bei Raumtemperatur 10 bis 15 Min. inkubieren.
- Die Extinktion wird bei 630 nm im Photometer gemessen.

Die Hemmung wird aus mindestens vier Wiederholungen berechnet. Ab 15% Hemmung kann eine Probe als positiv angesehen werden. Dies entspricht etwa 6% von mit Tracheenmilben befallenen Bienen der Probe. Die Sicherheit dieser Methode liegt bei 95%, d. h., bei 5% der Proben wird bei nicht befallenen Proben ein positiver Befund angezeigt. Bei einem positiven Befund wird daher zusätzlich die Sektion der Bienen gefordert.

Der ELISA wird von „Agriculture and Agri-Food Canada“ als fertiges Test-Kit vertrieben.

### 2.7.2.2. Varroa jacobsoni

Die Milbe *Varroa jacobsoni* gehört zur Familie *Varroidae*. Die adulten Weibchen sind dunkelbraun. Ihr transversal-oval abgeplatteter Körper mißt 1,3 bis 1,6 mm in der Breite und 1,1 mm in der Länge. Das Idiosoma ist konvex geformt und verdeckt das Gnathosoma vollständig. Die gewölbte Körperform und die Borsten auf der Ventralseite sowie die zu Sauglappen ausgebildeten Tarsen geben der Milbe einen sicheren Halt auf der Biene.

● **Makroskopische und mikroskopische Untersuchung**

Bienen mit verkürztem Abdomen und mißgebildeten Flügeln können ebenso wie die klinischen Symptome der Europäischen Faulbrut auf einen Befall mit Varroamilben hinweisen. In der Regel können aber die adulten Milben und die Entwicklungsstadien schon mit bloßem Auge in der Brutzelle erkannt, wenn auch nur schwer differenziert werden.

Die adulten Weibchen halten sich sowohl auf adulten Bienen als auch in der Bienenbrut auf (Abb. 18). Außerhalb der Brutzelle findet man die Männchen und Entwicklungsstadien nur selten. Mit Ausnahme der männlichen und weiblichen Protonymphen können die einzelnen Stadien anhand typischer Merkmale unter dem Mikroskop leicht unterschieden werden (Abb. 19).

Anhand der in einer Zelle vorgefundenen Nachkommen kann die Fortpflanzungsfähigkeit der Milben beurteilt werden.

In Einzelfällen kann es notwendig sein, eine Differentialdiagnose durchzuführen. Eine Verwechslung der Varroamilbe mit der Bienenlaus *Braula coeca* ist kaum möglich, da diese eine längsovale Körperform und als Insekt drei Beinpaare besitzt.

Um einen Befall mit Varroamilben in einem Volk zu erkennen, müssen die Proben gezielt gesammelt und entnommen werden. Zur Untersuchung bieten sich das Gemülle, die Bienenbrut und adulte Bienen an.

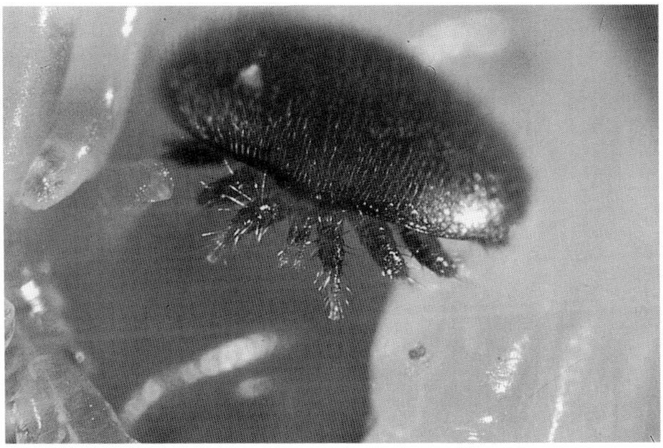

Abb. 18. Adultes Varroaweibchen auf einer Bienenpuppe. Foto: Waltenberger.

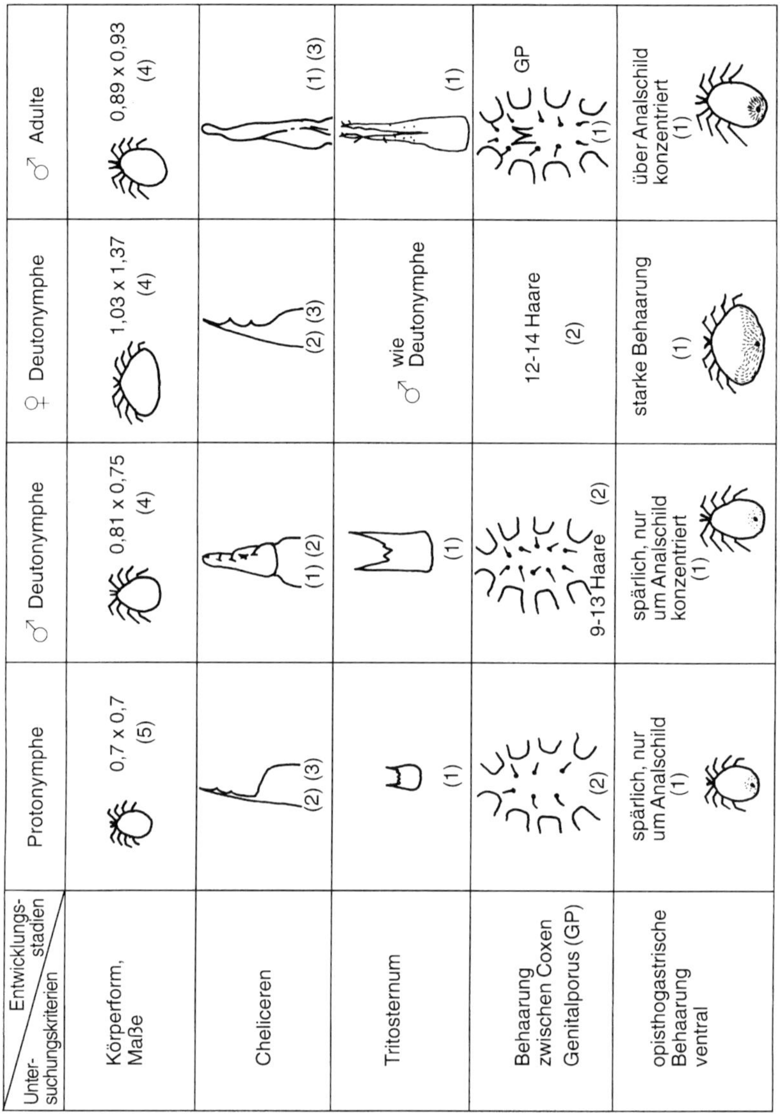

| Untersuchungskriterien / Entwicklungsstadien | Protonymphe | ♂ Deutonymphe | ♀ Deutonymphe | ♂ Adulte |
|---|---|---|---|---|
| Körperform, Maße | 0,7 x 0,7 (5) | 0,81 x 0,75 (4) | 1,03 x 1,37 (4) | 0,89 x 0,93 (4) |
| Cheliceren | (2) (3) | (1) (2) | (2) (3) | (1) (3) |
| Tritosternum | (1) | (1) | ♂ wie Deutonymphe | (1) |
| Behaarung zwischen Coxen Genitalporus (GP) | (2) | 9-13 Haare (2) | 12-14 Haare (2) | GP (1) |
| opisthogastrische Behaarung ventral | spärlich, nur um Analschild (1) | spärlich, nur um Analschild konzentriert (1) | starke Behaarung (1) | über Analschild konzentriert (1) |

Abb. 19. Bestimmung der Entwicklungsstadien von Varroamilben.
(1): Delfinado-Baker (1984), (2): Steiner (1986), (3): Akratanakul (1976), (4): Grobov (1977), (5): Smirnov (1979).

*Gemülle*

In einem befallenen Bienenvolk sterben während des ganzen Jahres Milben auf natürliche Weise ab. Die Mortalität ist im Sommer und Winter am größten. Das Gemülle kann auch nach einer diagnostischen Behandlung mit einem Medikament oder zur Kontrolle des Befalls- und Wirkungsgrades nach der therapeutischen Behandlung eingesetzt werden.

Die abfallenden Milben werden am Boden der Bienenbeute auf einer Einlage aufgefangen (Abb. 20). Um zu verhindern, daß die Bienen die Milben hinaustragen, muß darüber eine Gaze mit einer Maschenweite von etwa 3–4 mm angebracht werden. Zusätzlich kann die Einlage mit Vaseline eingefettet werden. Im Sommer bleibt die Einlage etwa 4 Tage im Volk. Das Gemülle enthält nach so kurzer Zeit neben den Milben meist nur wenige andere Bestandteile. Eine visuelle Untersuchung kann daher vor Ort erfolgen. Für die Untersuchung im Labor wird das Gemülle in ein geeignetes Behältnis, z. B. einen Briefumschlag, überführt. Bei im Winter gesammelten Gemülle ist die Untersuchung im Labor unerläßlich.
*Flotationsverfahren:* Das Flotationsverfahren hat sich bei größeren Gemüllemengen, z. B. bei Sammelproben, bewährt (Brem, 1981).

- Das Gemülle wird auf einem Blech verteilt und für 24 Stunden an einem warmen Ort getrocknet.
- Das getrocknete Gemülle wird in einem Becherglas (500 ml) mit 200 ml vergälltem Alkohol übergossen und 10 bis 20 Minuten gerührt. Während sich die Wachspartikel am Boden absetzen, schwimmen die Milben und andere chitinhaltige Bestandteile, wie Bienenbeine, an der Oberfläche der Flüssigkeit.
- Damit auch beschädigte Milben an die Oberfläche steigen, bis etwa zu 50% mit Wasser verdünnen. Die Milben können mit einem Sieb oder Filterpapier abgeschöpft werden.

*Bienenbrut*
Der Befall kann auch in der Bienenbrut nachgewiesen werden. Am besten eignet sich dafür 18 Tage alte Drohnen- bzw. 13 Tage alte Arbeiterbrut. Nur die bis zu diesem Zeitpunkt abgelegten Eier können sich noch bis zum Schlüpfen der Brut zu adulten Milben entwickeln. Nur diese tragen zur erfolgreichen Reproduktion bei.
Bei kleineren Proben wird man die Zellen einzeln untersuchen. Nachdem man den Zelldeckel und die Bienenbrut entfernt hat, erkennt man in befallenen Zellen an der Zellwand Flächen mit kleinen weißen Pünktchen, den Kot der Milbe (Abb. 21).

Abb. 20. Die mit einer Gaze gesicherte Bodeneinlage wird vorsichtig herausgezogen. Wie hier zu sehen, kann man sie auch problemlos in Hinterbehandlungsbeuten verwenden.

Sonst müssen besonders der Zellboden und die Bienenbrut auf anhaftende Milben untersucht werden. Mit der einzelnen Untersuchung von Zellen kann neben der Reproduktionsrate der Milbe auch ein kritischer Befall leicht erkannt werden. Er liegt immer dann vor, wenn mehr als eine Muttermilbe sich in einer Arbeiterzelle fortpflanzt.
Bei größerem Probenumfang bzw. zur groben Bestimmung des Befalls entfernt man die Zelldeckel des Brutstücks mit einem Messer oder einer Entdecklungsgabel. Anschließend wäscht man die Brutzellen mit lauwarmem Wasser aus einer Handbrause direkt in ein Siebsystem. Mit dem oberen groben Sieb (Maschenweite $>3$ mm) wird die Bienenbrut aufgefangen. Im unteren feinen Sieb (Maschenweite $<2$ mm) sammeln sich die Milben. Den Inhalt dieses Siebs stößt man auf eine helle Unterlage, auf der die Milben leicht erkannt und gezählt werden können.
Bei der Untersuchung der Brut muß man beachten, daß die Milben dort nicht statistisch normal verteilt sind. Es ist daher sinnvoll, aus einem Volk zwei Proben von verschiedenen Brutwaben zu entnehmen. Ein Anfangsbefall kann am leichtesten in Drohnenbrut und dort am besten in Drohnenbrutecken auf Arbeiterbrutwaben erkannt werden.

*Adulte Bienen*
Auf adulten Bienen sind die Varroamilben wie auch in der Brut nicht statistisch normal verteilt. Den höchsten Befall weisen im Sommer die Bienen von Brutwaben mit offener Brut auf. Zunächst vergewissert man sich, daß die Königin sich nicht auf der Wabe befindet.
Für einen einfachen, auch im Feld verwendbaren Test werden 50 bis 100 möglichst junge, am besten frisch geschlüpfte Bienen in einen flaschenförmigen Behälter gegeben und mit einigen Tropfen Äther betäubt. Während die Bienen schnell narkotisiert werden, laufen die Milben an der Glaswand entlang. Deutlich empfindlicher ist der Test, wenn man die Innenseite des Glases mit Pflanzenöl überzieht. Die Bienen werden im Glas geschüttelt. Eine Narkose ist nicht notwendig.

Abb. 21. In der geöffneten Brutzelle werden neben der Muttermilbe verschiedene Entwicklungsstadien und der weiße Milbenkot sichtbar. Foto: Waltenberger.

Um auch einen minimalen Befall nachweisen zu können, stößt man etwa 200 bis 300 Bienen von der Wabe in einen Plastikbeutel. Die Bienen sterben bei –20 °C innerhalb weniger Stunden ab und können anschließend im Labor untersucht werden.

- Die Bienen in einen Erlenmeyerkolben geben.
- Mit Benzin oder Alkohol soweit auffüllen, daß die Bienen gut bedeckt sind.
- Für mindestens 10 Minuten in einen Schüttler geben.
- Die Probe in eine Siebwanne schütten.
- Die Bienen nach mehrmaligem Hin- und Herbewegen mit dem Sieb (Maschenweite 3–4 mm) entfernen.
- Abschließend den Boden der Wanne auf Varroamilben absuchen.

### 2.7.2.3. Andere Milben

Die bisher nur in Südostasien verbreiteten Milben aus der Familie *Laelapidae*, *Tropilaelaps clareae* (Abb. 22) und *T. koenigerum*, sind längsoval und mit einer Länge von 0,9 und Breite von 0,5 deutlich kleiner als *V. jacobsoni*. Da diese Milbe als Ektoparasit der Honigbiene ähnliche Schäden hervorruft wie die Varraomilbe, muß eine sehr sorgfältige Bestimmung vorgenommen werden. Auf adulten Bienen kann man die Milbe nur selten finden. Sonst kann die Milbe mit denselben diagnostischen Methoden erkannt werden, da sie in ihrer Biologie der Varroamilbe sehr ähnelt.

Dies gilt in noch stärkerem Maß für zwei weitere Vertreter aus der Familie *Varroidae: Euvarroa sinhai*, ein Parasit von *Apis florea* (Zwerghonigbiene), und *E. underwoodi*, ein Parasit von der *Apis cerana*, sind nicht nur in ihrer Biologie, sondern auch im äußeren Erscheinungsbild der Varroamilbe sehr ähnlich.
Die Milbe *Melittiphis alvearius* ist fast überall dort verbreitet, wo *Apis mellifera* gehalten wird. Es gibt jedoch keine Hinweise, daß *M. alvearius* ein Parasit der Honigbiene ist und sie in irgendeiner Weise schädigt (Delfinado-Baker, 1994). Trotzdem wird ihr große Bedeutung beigemessen.

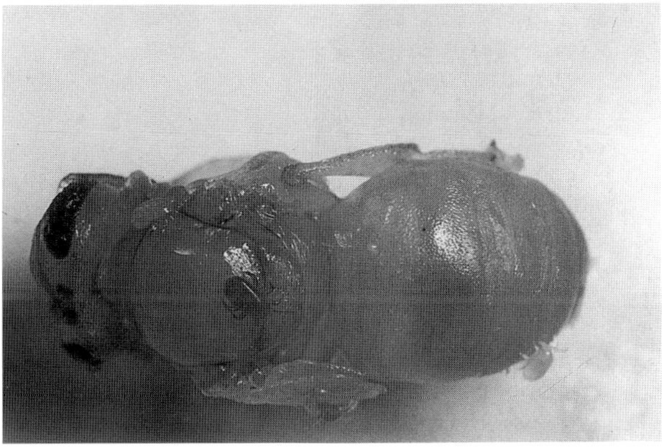

Abb. 22. Die Milbe *Tropilaelaps clareae* kann man mit bloßem Auge auf der Bienenpuppe erkennen.

# 2.8. Bienenvergiftungen

Vergiftungen bei Bienen können sehr unterschiedliche Ursachen haben. Neben der Art des Wirkstoffs und der Applikation können die Dosierung und der Zeitpunkt der Anwendung zu sehr unterschiedlichen Vergiftungserscheinungen führen. Nich zuletzt entscheidet das Verhalten der Bienen und des Imkers selbst, ob bestimmte Umweltgifte eingetragen werden.

## 2.8.1. Makroskopische Untersuchung

Die Bienenprobe wird zunächst auf äußere Auffälligkeiten untersucht. Einen wichtigen Hinweis auf eine Vergiftung durch Kontaktmittel geben tote Bienen mit ausgestrecktem Rüssel und Pollen an den Hinterbeinen („Pollenhöschen").
Enthält die Probe tote Puppen und schlupfbereite Bienen, so kann dies ein Hinweis auf eine mögliche Vergiftung durch Wachstumsregulatoren (Chitinsynthetasehemmer) sein. Dieser Verdacht wird weiter erhärtet, wenn die Brut und Bienen einen verkürzten Hinterleib und mißgebildete Flügel aufweisen. Besonders typisch sind deutlich sichtbare Sicheln am Innenrand der Facettenaugen der Puppen (Abb. 23).

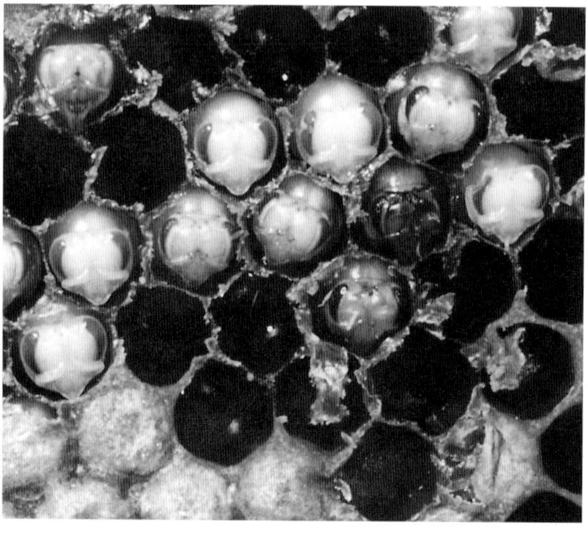

Abb. 23. In den geöffneten Brutzellen weisen einige Puppen eine helle Sichel am Innenrand der Facettenaugen auf. Dies ist ein wichtiger Hinweis auf eine mögliche Vergiftung durch Wachstumsregulatoren. Foto: Gerig.

### 2.8.2. Mikroskopische Untersuchung

Will man andere Krankheiten als Ursache für das Bienensterben ausschließen, müssen die Bienen vor allem auf Nosematose untersucht werden. Um die Ursache für den Bienenschaden besser lokalisieren zu können, wird, falls möglich, der an den Bienen haftende Pollen analysiert. Vermutet man Wachstumshemmer als Ursache, so müssen die Varroatose und ihre viralen Sekundärinfektionen als Ursache ausgeschlossen werden.

### 2.8.3. Biologischer Test

Die eingesandten verdächtigen Bienenproben werden zunächst einem biologischen Test unterzogen. Ebenso wird mit Pflanzenproben verfahren, die als mögliche Ursache der Vergiftung angesehen werden. Diese Untersuchung dient dem unspezifischen Nachweis bienentoxischer Stoffe. In der Regel verwendet man zum Nachweis einer Kontaktgiftwirkung den *Aedes-Test* oder den *Drosophila-Test.*

- **Drosophila-Test**
  - Mindestens 10 g Bienen mit einem Ultraturax oder Mörser homogenisieren.
  - Zweimal mit Aceton ausschütteln.
  - Im Rotationsverdampfer auf etwa 1 ml einengen.
  - Die Acetonlösung auf ein Filterpapier übertragen und in ein Glas geben.
  - Hierauf etwa 100 adulte *Drosophila melanogaster* setzen.
  - Wenn nach wenigen Stunden die Taufliegen gestorben sind, ist der Befund positiv.
  - Wenn über 50% der Taufliegen nach einem Tag noch leben, ist der Befund negativ.

Bei einer Vergiftung durch Wachstumsregulatoren bringt auch der Aedes-Test ein positives Ergebnis (Brasse, 1995). Wesentlich sensibler ist jedoch ein Brut-Test. Hierzu eignet sich sowohl der von Wittmann (1982) vorgeschlagene als auch das von Rembold und Lackner (1981) beschriebene künstliche Aufzuchtverfahren.

### 2.8.4. Chemische Untersuchung

Nur bei positivem Ergebnis eines der beiden biologischen Tests folgt eine chemische Untersuchung der Bienen- und Pflanzenproben. Dabei werden in der Regel kombinierte Verfahren der Gaschromatographie und Massenspektrometrie zum Nachweis der spezifischen Wirkstoffe der Pflanzenschutzmittel oder anderer Stoffe verwendet.

# 3. Allgemeine therapeutische Maßnahmen

## 3.1. Medikamentöse Behandlung

- **Zulassung**

Medikamente zur Bekämpfung von Krankheiten oder Parasitosen bei Honigbienen müssen in fast allen Ländern als *Tierarzneimittel* zugelassen werden.
Der Hersteller erstellt aufgrund seiner Untersuchungen Dossiers u. a. über die allgemeine Toxikologie und Mutagenität, das Rückstandsverhalten sowie die Wirkung und Verträglichkeit des Medikaments. Die Zulassung erfolgt nach der Begutachtung durch die nationale Behörde. In Deutschland ist laut Arzneimittelgesetz (20. Juli 1988 BGBl. S. 1050) das neu gebildete Bundesinstitut für gesundheitlichen Verbraucherschutz und Veterinärmedizin (BGVV) dafür zuständig.

Im Bereich der *Europäischen Union* kann die Zulassung auch in einem sog. *Multistaatsverfahren* erfolgen. Dabei fungiert die Zulassungsbehörde in einem Land als Rapporteur und leitet die Dossiers an die zuständigen Behörden der anderen Länder zur Begutachtung weiter. Falls innerhalb einer Frist keine Fragen offenbleiben bzw. keine Einsprüche kommen, gilt das Medikament in allen befragten Ländern als zugelassen. Für besondere Zulassungsverfahren wurde eine zentrale Behörde in London geschaffen. In der Schweiz werden die Medikamente von der Interkantonalen Kontrollstelle für Heilmittel und dem Bundesamt für Veterinärwesen zugelassen.

Mit der Zulassung werden auch die Gebrauchsanweisung und die Wartezeit (s. u.) festgelegt. Der Beipackzettel enthält die Gebrauchsinformation und damit alle Angaben zu Dosierung und Behandlungszeiten. Nur wenn man dieser folgt, gibt der Hersteller die Gewähr, daß nur zulässige Rückstände auftreten. Jede Abweichnung davon liegt in der Eigenverantwortung des Anwenders. Mit der Wartezeit wird die Zeit zwischen Anwendung des Medikaments und dem unbedenklichen Verzehr des behandelten Tieres bzw. des vom Tier erzeugten Lebensmittels festgelegt. Für alle Bienenarzneimittel beträgt sie null Tage, da die Behandlung erst nach Trachtende erfolgen darf und die nächste Tracht erst im folgenden Frühjahr erwartet wird. „Unbedenklich" heißt in diesem Zusammenhang nicht, daß zu diesem Zeitpunkt keine Rückstände mehr vorhanden sind. Vielmehr liegen die vom Hersteller ermittelten Rückstandswerte in einem Bereich, der aufgrund der Berechnung des ADI-Wertes (daily acceptable intake) unbedenklich ist. Im Gegensatz zu der häufig vertretenen Meinung greift die „Höchstmengenverordnung" in diesem Zusammenhang nicht. In ihr werden die höchsten zulässigen Rückstände für Schadstoffe und Pflanzenschutzmittel angegeben. Selbst unter Fachleuten gibt es darum allerdings sehr widersprüchliche Aussagen. Im wesentlichen resultieren diese aus der unterschiedlichen Einordnung des Lebensmittels Honig als tierisches oder pflanzliches Produkt. Klarheit wird erst durch die geplante Festlegung von Höchstwerten auch für Arzneimittel geschaffen werden können. Derartiges gibt es bereits für Hormone und Antibiotika in der „Verordnung für Stoffe mit pharmakologischer Wirkung".

● **Verschreibung**
Die Medikamente unterliegen in Deutschland automatisch der Verschreibungspflicht, wenn der Wirkstoff noch nicht bei einem anderen Tierarzneimittel zugelassen war. Die zulassende Behörde kann auf Antrag des Herstellers die Verschreibungspflicht aufheben, wenn in einem Zeitraum von mindestens fünf Jahren keine negativen Erfahrungen vorliegen. Die Verschreibungspflicht ist ebenso obligatorisch, wenn Nebenwirkungen oder Dosierfehler zu erwarten sind und das Medikament nur unter Kontrolle des Tierarztes appliziert werden darf. Ist für eine bestimmte Indikation kein Medikament zugelassen, so kann nur der Tierarzt aufgrund einer Indikationserweiterung das Medikament verschreiben. In diesem Fall trägt er jedoch wie bei jeder Änderung der vom Hersteller angegebenen und zugelassenen Gebrauchsinformation die Verantwortung für Schäden und Rückstände.
In seltenen Fällen besitzt der Tierarzt auch imkerliche Kenntnisse. Er wird die Applikation des Arzneimittels entweder dem Tierhalter, d. h. dem Imker, oder dem Bienensachverständigen als Beauftragten des Amtstierarztes überlassen.

● **Applikation**
Bei der Applikation von Medikamenten in Bienenvölkern müssen mehrere Besonderheiten beachtet werden. Der Zeitpunkt der Anwendung muß immer außerhalb der Trachtzeit liegen, d. h., in der Regel kann erst nach Trachtende und Abnahme des Honigraums behandelt werden. Damit wird eine Kontamination der Waben weitgehend ausgeschlossen, die für die Honigernte genutzt werden. Andererseits sterben die Winterbienen im Laufe des Frühjahrs ab, so daß erst später geschlüpfte die Verarbeitung des Honigs übernehmen. Rückstände könnten neben der allgemein kontaminierten Umgebung höchstens über Winterfutter erfolgen, das im Frühjahr in die Honigwaben umgetragen wird. Damit die Bienen das Futter bis zum Frühjahr möglichst verbraucht haben, sollten die Wintervorräte auf die wirklich notwendige Menge begrenzt werden. Im Notfall könnten im Frühjahr Futterwaben zugegeben werden. Ist eine Behandlung während der Trachtzeit nicht zu umgehen, so muß auf die Honigernte verzichtet werden.
Die medikamentöse Therapie bei Bienenvölkern ist immer mit dem Problem von *Rückständen* verbunden. Der Konsument von Bienenprodukten wie Honig erwartet jedoch ein naturbelassenes Lebensmittel und stellt daher sehr hohe Ansprüche an dessen Qualität. Die Anwendung von Medikamenten sollte daher auf das zwingend notwendige Minimum reduziert sein. Grundsätzlich dürfen und sollen nur zugelassene Medikamente angewandt werden. Insbesondere sollten weitgehend Medikamente verwendet werden, deren Wirkstoffe natürlich in der Umwelt, im Honig oder im Bienenvolk vorkommen.

## 3.2. Desinfektion

Mit der Desinfektion werden unerwünschte Mikroorganismen abgetötet, um eine Verbreitung von Infektionskrankheiten zu verhindern. Dabei wird nicht nur der Infektionsherd, sondern auch der Erreger und erregerhaltiges Material vernichtet. Man unterscheidet physikalische und chemische Verfahren.

### 3.2.1. Physikalische Verfahren

- **Gespannter Dampf**

Hier werden im wesentlichen Dampfstrahlgeräte eingesetzt (5–8 atü, 140 °C). Das Verfahren ist wenig arbeitsaufwendig, und da es die Geräte oder Beuten auch reinigt, eignet es sich besonders zur prophylaktischen Desinfektion.

- **Siedendes Wasser**

Die Gegenstände müssen mindestens 15 bis 30 Minuten in siedendes Wasser getaucht werden. Das Verfahren ist zwar wenig arbeitsaufwendig, aber wegen der Größe des notwendigen Behälters nur für kleinere Geräte geeignet.

- **Hitze**

Die Desinfektion durch Hitze kann entweder mit einer offenen Flamme, z. B. einem Gasbrenner, oder mit Heißluft, z. B. einer elektrischen Heißluftpistole, erfolgen.

- **Sonnenlicht**

Der ultraviolette Anteil des Sonnenlichts hat eine stark keimtötende Wirkung. Allerdings muß das Licht mehrere Tage einwirken. Da eine derartige Desinfektion nur unter freiem Himmel möglich ist, besteht bei Infektionskrankheiten die Gefahr der Verschleppung durch die Bienen. Außerdem dürfen Waben wegen der Seuchengefahr nicht im Freien aufgestellt werden.

- **Künstliche Strahlen**

Wirkung und Anwendungsgebiet richten sich wesentlich nach der Art der verwendeten Strahlen. Am häufigsten werden Gammastrahlen einer Cobalt-Quelle zur Desinfektion von mit Sporen verschiedener Krankheiten der Honigbiene kontaminiertem Material verwendet (Hornitzky, 1994). Zur Abtötung von Sporen des *Bacillus larvae* in Waben werden mindestens 12 kGy benötigt (Liu und McRory, 1994). Andere Sporen, wie die von *M. pluton*, werden schon bei geringeren Dosen, z. B. unter 8 kGy, abgetötet.

- **Mechanische Reinigung und Waschung**

Der desinfizierende Effekt ist im allgemeinen nur gering. Da dieses Verfahren einer allgemeinen Reinigung gleichzusetzen ist, eignet es sich vor allem zur Prophylaxe. Andererseits muß es wegen der Verunreinigungen mit Wachs und Propolis in jedem Fall vor einer chemischen Desinfektion durchgeführt werden.

### 3.2.2. Chemische Verfahren

Die chemische Desinfektion hat den Vorteil, daß auch große Flächen oder schlecht zugängliche Teile behandelt werden können. In jedem Fall müssen die den Keim einhüllenden Stoffe, wie z. B. Futter, Propolis und Wachs, zuvor mechanisch entfernt werden. Feuchte Gegenstände sollte man zuvor trocknen, um die Desinfektionsmittel nicht zu verdünnen. Ungeeignet können Materialien mit Rissen und Spalten, wie z. B. Holzteile, aber auch poröses Styropor sein. Andererseits müssen die verwendeten chemischen Substanzen materialverträglich sein. Damit von der Desin-

fektion keine Gefahr für Mensch und Tier ausgeht, dürfen keine toxischen Desinfektionsmittel verwendet werden. Weiterhin muß eine langfristige Kontamination ausgeschlossen sein, denn die desinfizierten Gegenstände kommen in der Regel mit Lebensmitteln und natürlich auch mit den Bienen in Kontakt.
Nicht zuletzt sollte natürlich auch die Wirtschaftlichkeit berücksichtigt werden. Ein wesentlicher Faktor ist dabei der Arbeits- und Materialaufwand, der für die verschiedenen Anwendungsformen notwendig ist. Bei flüssigen Desinfektionsmitteln werden die Gegenstände meist eingetaucht. Abgesehen von großen Gegenständen, ist dies sicherlich das einfachste Verfahren. Arbeitsintensiv sind dagegen das Abwaschen und Abbürsten, allerdings ist damit gleichzeitig eine Reinigung verbunden. Aerosole eignen sich je nach verwendetem Gerät und Tröpfchenspektrum für größere Behälter und u. U. auch Räume. Die Anschaffung von Geräten wird sich nur bei größeren Völkerzahlen lohnen. Dies gilt ebenso für die Verwendung von Gasen, da hierfür die entsprechenden Räumlichkeiten zur Verfügung stehen müssen. Die Gefahren für den Anwender sind sowohl beim Aerosol als auch Gas besonders groß.
Letztendlich sind für die möglichen Gefahren, aber auch den Erfolg der Maßnahme die Eigenschaft und Dosierung des verwendeten Mittels sowie die Widerstandsfähigkeit des zu vernichtenden Keims entscheidend.
Die *Resistenz der Mikroorganismen* kann wie folgt eingeordnet werden:

sehr widerstandsfähig – Bakteriensporen,
Viren ohne Hülle,
Pilze und Pilzsporen,
gramnegative und -positive Bakterien,
Viren mit Hülle;
sehr empfindlich – Mykoplasmen.

Folgende nach ihren Grundsubstanzen geordnete Mittel können zur Desinfektion verwendet werden:

*Aldehyde*
- Formaldehyd/Formalin
  Der Aldehyd der Ameisensäure ist ein stechend riechendes Gas mit hoher Affinität zum Wasser; die wäßrigen Lösungen mit einer Konzentration von 30% und mehr werden als universelle Desinfektionsmittel eingesetzt.

*Alkohole*
- Ethanol
  Ethanol wirkt bakterizid und dient vorwiegend der Desinfektion empfindlicher Materialien.
- Propanol/Optal
  n-Propanol (Handelsname Opal) wirkt bakterizid. Es wird vorwiegend als Hautdesinfektionsmittel eingesetzt.

*Alkalien*
- Kalilauge und Natronlauge
  Eine 3- bis 5%ige Natronlauge (Ätznatron) und Kalilauge (Ätzkali) eignen sich sehr gut zur Abtötung von Sporen des *Bacillus larvae* und anderer Bakterien. Sporen von Pilzen und Protozoen werden ebenfalls abgetötet. Weiterhin besitzen sie eine antivirale Wirkung. Die Viren werden bei einem pH-Wert $>13$ abgetötet.
  Die wäßrige Lösung der Hydroxide verätzt sehr stark Haut und Schleimhäute. Bei der Zubereitung und Ausbringung müssen daher Schutzmaßnahmen getroffen werden (laugenfeste Handschuhe, Schürze, Schutzbrille). Zum Abwaschen können Wasser und 1%ige Essigsäure verwendet werden.

- Soda
  Die wäßrige Lösung von Natriumcarbonat kann als 1- bis 5%ige Lösung zur Desinfektion größerer Gegenstände verwendet werden. Da sie nur einen schwachen basischen Charakter besitzt, reicht ihre Wirkung jedoch in der Regel nicht zur Desinfektion von mit *Bacillus larvae* verseuchtem Material aus.
- Entsorgung
  Nach dem Gebrauch dürfen Laugen nicht über die Kanalisation entsorgt werden. Entweder müssen sie als Sondermüll abgegeben oder mit Essigsäure neutralisiert werden.

*Säuren*

- Ameisensäure
  Ameisensäure wirkt gegen Bakterien und viele Viren. Die stärkste organische Säure ist eine stechend riechende, ätzende Flüssigkeit. Um Verletzungen zu vermeiden, müssen Mundschutz und Schutzbrille sowie säurefeste Handschuhe und Schürze getragen werden. Wasser zum Verdünnen oder Abwaschen muß immer in der Nähe sein. Für die Desinfektion von Waben eignet sich eine mit der Säure getränkte Hartfaserplatte.
- Essigsäure
  Die wasserklare, stechend riechende organische Säure ist leicht brennbar und kann mit der Luft explosive Gemische bilden. Dies gilt jedoch nicht für die häufig verwendeten starken Verdünnungen. Aber auch hier muß man die ätzende Wirkung auf Haut und Schleimhäute beachten. Essigsäure ist sowohl in freier als auch in Form ihrer Salze ein natürlicher Bestandteil vieler Naturprodukte. Sie tötet Sporen von Pilzen und Mikrosporidien ab. Zur Desinfektion kann man Aerosole verwenden, die aber einen Atemschutz erforderlich machen. Eine 60%ige Essigsäure kann auch über eine getränkte Weichfaserplatte oder im offenen Gefäß verdunstet werden. Dieses Verfahren eignet sich besonders zur Desinfektion von Waben.
- Milchsäure
  Milchsäure besitzt als schwache organische Säure nur eine geringe desinfizierende Wirkung.
- Peressigsäure
  Zur Desinfektion von Beuten und Gerätschaften sollte eine 0,5%ige Peressigsäurelösung (z. B. Wofasteril) eine Stunde und bei doppelter Konzentration eine halbe Stunde lang einwirken. Das Mittel ist beim Erwärmen explosionsgefährdet und muß daher von offenen Flammen und anderen Zündquellen ferngehalten werden. Bei der Anwendung sind unbedingt säurefeste Handschuhe, eine Schürze und Schutzbrille zu tragen.
- Schwefelsäure
  Schwefelsäure gehört zu den stärksten anorganischen Säuren und besitzt eine hohe desinfizierende Wirkung. Man sollte sie jedoch wegen der möglichen Zerstörung des zu desinfizierenden Materials und der schwierigeren Entsorgung nur in Ausnahmefällen verwenden. Es sind die bei der Ameisensäure beschriebenen Schutzmaßnahmen zu beachten.
- Entsorgung
  Nach dem Gebrauch dürfen Säuren nicht über die Kanalisation entsorgt werden. Entweder werden sie als Sondermüll abgegeben oder mit Laugen neutralisiert.

## 3.3. Desinfestation

Mit der Desinfestation werden aus den Beuten oder von den Waben Parasiten und Ungeziefer entfernt. Da diese oft auch Träger von pathogenen Keimen sind, wird damit gleichzeitig einer Infektion vorgebeugt. Im wesentlichen kommen hier dieselben Maßnahmen wie bei der Desinfektion, aber auch der allgemeinen Hygiene zur Anwendung. Vorzugsweise werden für die Desinfestation der Beute mechanische Methoden wie das Auskratzen, Abwaschen oder Abflammen sowie Heißluft oder

Dampfdruck verwendet. Die Waben können dagegen nur mit einer kontrollierten Erwärmung bzw. Abkühlung oder mit chemischen Methoden, z. B. Schwefeldioxid, behandelt werden. In Ausnahmefällen können auch biologische Methoden angewandt werden, z. B. *Bacillus thuringiensis* zur Bekämpfung von Wachsmotten. Die jeweils geeigneten Methoden werden bei den einzelnen Krankheiten beschrieben.

## 3.4. Abtötung der Völker

In manchen Fällen ist die Abtötung der Völker nicht zu umgehen. Dies gilt für erkrankte und bereits stark geschwächte Völker, bei denen keine Aussicht auf Heilung besteht. Bei bestimmten Seuchen wie der Amerikanischen Faulbrut kann der Amtstierarzt die Abtötung auch anordnen. In diesem Fall müssen sie, falls eine Entschädigung vorgesehen ist, zuvor geschätzt werden.

Obwohl die Anwendung einer Vielzahl von insektizid wirkenden Mitteln möglich wäre, kann außer Schwefel zur Zeit kein anderes empfohlen werden. Die meisten dieser Mittel kontaminieren die Beute nachhaltig, so daß sie nicht mehr für die Haltung von Bienen benutzt werden kann. Andere Mittel, z. B. Blausäure, sind für den Anwender äußerst gefährlich.

Für eine zweiräumige Beute werden ein bis zwei Schwefelstreifen in eine leere Blechdose gegeben oder in einen im Imkereibedarfshandel erhältlichen Schwefeltopf gehängt. Die Behälter stellt man auf eine nicht brennbare Unterlage in einem aufgesetzten leeren Raum oder, nachdem man durch Herausnahme von Waben entsprechend Platz geschaffen hat, in die Beute. Am Abend, nachdem die Bienen den Flug eingestellt haben, wird das Flugloch geschlossen. Falls hierfür keine Vorrichtung vorgesehen ist, kann man nasse Lappen oder nasses Papier verwenden. Auch sonst sollte die Beute keine größeren Spalten oder Löcher aufweisen, aus denen die Bienen oder das Gas entweichen können. Der Schwefel wird entzündet und die Beute schnell wieder geschlossen. Schwefeldioxiddämpfe sind gesundheitsschädlich. In Bienenhäusern oder Wanderwagen muß die Arbeit daher besonders zügig erfolgen. Aus dem gleichen Grund darf die Beute erst am nächsten Tag geöffnet werden. Normalerweise sterben die Bienen innerhalb weniger Sekunden. In starken Völkern kann es vorkommen, daß die Bienen sich am Beutenboden aufhäufen und darunter ein Teil der Bienen überlebt. Die Begasung muß dann sofort wiederholt werden.

# 4. Klinische Symptome

## 4.1. Erkrankungen der Bienenbrut (s. auch Tafel I–VI, S. 207–212)

- **Amerikanische (Bösartige) Faulbrut** (Abb. 24)
  (1) Es ist ausschließlich gedeckelte Brut betroffen. Die Zelldeckel sind dunkel, eingesunken und oft löchrig.
  (2) Die weißglänzenden Maden verfärben sich zunächst elfenbeinartig, dann milchkaffeefarben.
  (3) Die tote Brut zersetzt sich zu einer fadenziehenen Masse. Zur Untersuchung steckt man in die verdächtige Brutzelle ein Streichholz und zieht es langsam wieder heraus (Streichholzprobe). Die leimartige Massc bildet oft einen 1–2 cm langen Faden.
  (4) Innerhalb etwa eines Monats trocknet die Masse zu einem dunkelbraunen, fest mit der Zellwand verbundenen Schorf ein. Er liegt in der unteren Zellrinne und reicht oft nicht bis zum oberen Zellrand. Man kann ihn in der Wabe am leichtesten erkennen, wenn das Licht von oben schräg einfällt und man die Wabe langsam zum Körper hin und weg dreht.
  (5) Im stark infizierten Volk breitet sich ein fußschweißähnlicher Geruch aus.
  (6) Die Brutfläche ist je nach Befallsgrad unterschiedlich stark ausgeprägt lükkig, und besonders im Spätsommer bleiben mit zurückgehender Brutaufzucht einzelne Zellen mit abgestorbener Brut zurück (stehengebliebene Zellen).

- **Europäische (Gutartige) Faulbrut** (Abb. 25)
  (1) Vier (L 4) bzw. fünf (L 5) Tage alte Larven sind in offenen und seltener in gedeckelten Brutzellen abgestorben. Die Zelldeckel sind dunkel, eingesunken und oft löchrig.
  (2) Larven können sich aus ihrer aufrechten Position gedreht und gelblich braun verfärbt haben. Die zersetzte Brut bildet in der Regel beim Streichholztest keinen Faden (s. AFB). Nur wenn sie mit dem sekundären Erreger *B. alvei* befallen ist, kann sie leicht fadenziehend sein.
  (3) Die Masse trocknet entweder am Zellboden (L4-Maden) oder in der unteren Zellrinne (L5-Maden) zu einem lockeren, braunen bis schwarzen Schorf ein.
  (4) Abhängig von den beteiligten Bakterien, variiert der Geruch der infizierten Brut. Bei *B. alvei* ist er eher faul und bei *S. faecalis* sauer. Ausschließlich mit *M. pluton* infizierte Brut hat dagegen keinen typischen Geruch.
  (5) Die Brutfläche ist abhängig vom Befallsgrad lückig. Die Waben in den äußeren Bereichen des Brutnestes weisen häufig einen höheren Befall auf als die im Zentrum.

(6) Bei chronischem Befall mit *M. pluton* treten keine der genannten klinischen Symptome auf.
(7) Ähnliche Symptome treten häufig im Endstadium der Varroatose, vorwiegend im Spätsommer und Herbst, auf. Die Brut ist durch die sekundäre Infektion mit dem Akuten Paralyse-Virus abgestorben und durch unspezifische Erreger zersetzt worden.

● **Ascosphaerose (Kalkbrut)** (Abb. 26)
(1) Es ist vorwiegend gedeckelte Brut betroffen. Die Brut ist im Streckmaden- (SM) oder Vorpuppenstadium (PP) abgestorben. Häufig haben die Bienen den Zelldeckel restlos entfernt.
(2) Die weichen Mumien sind weiß, die harten mehr gelblich oder grauschwarz.
(3) Die Mumien liegen locker in der Zelle, so daß sie beim Schütteln klappern. Am Beutenboden und vor dem Flugloch liegen harte Mumien aller Farbstufen.
(4) In stark infizierten Völkern verbreitet sich ein modriger Geruch.
(5) Je nach Infektionsstärke ist die Brutfläche lückig. Oft tritt diese Erscheinung auf, ohne daß die anderen klinischen Symptome sichtbar werden.

● **Aspergillusmykose (Steinbrut)** (Abb. 27)
(1) Ausschließlich gedeckelte Brut im Streckmaden- und Vorpuppenstadium ist betroffen. Die Zelle ist entweder mit Propolis verschlossen, oder der Zelldeckel und häufig auch Teile der Zellwände sind entfernt.
(2) Die harten Mumien sind gelb- oder graugrün mit einer pulvrigen Oberfläche.
(3) Die Mumien sind mit der Zellwand mehr oder weniger fest verbunden.
(4) Ein typischer Geruch tritt nicht auf.
(5) Die Brutfläche zeigt meist keine auffälligen Veränderungen.

● **Sackbrut** (Abb. 28)
(1) Die Brut ist im späten Streckmaden(SM)- oder Vorpuppenstadium (PP) betroffen. Tote Brut wird sowohl in offener als auch gedeckelter Brut gefunden. Häufig haben die Bienen den Zelldeckel nur teilweise entfernt. Die Zelldeckel sind rissig und eingesunken.
(2) Der Kopf der Maden bzw. Vorpuppen ist in der Zelle nach oben gerichtet. Sie bilden einen vom hinteren Ende her mit einer wäßrigen Flüssigkeit gefüllten Sack, sobald sie aus der Zelle gezogen werden. Die Vorpuppen sind blaßgelb bis hell- und dunkelbraun verfärbt.
(3) Die zersetzte Masse ist niemals fadenziehend.
(4) Der dunkelbraune Schorf hat eine typische, schiffchenförmige Gestalt und zeigt noch die Segmentierung der Made. Er ist spröde und kann leicht aus der Zelle entfernt werden.
(5) Die Sackbrut besitzt keinen typischen Geruch.
(6) Die Brutfläche ist unterschiedlich stark lückig. Häufig bleiben Zellen um schlüpfende Brut stehen.

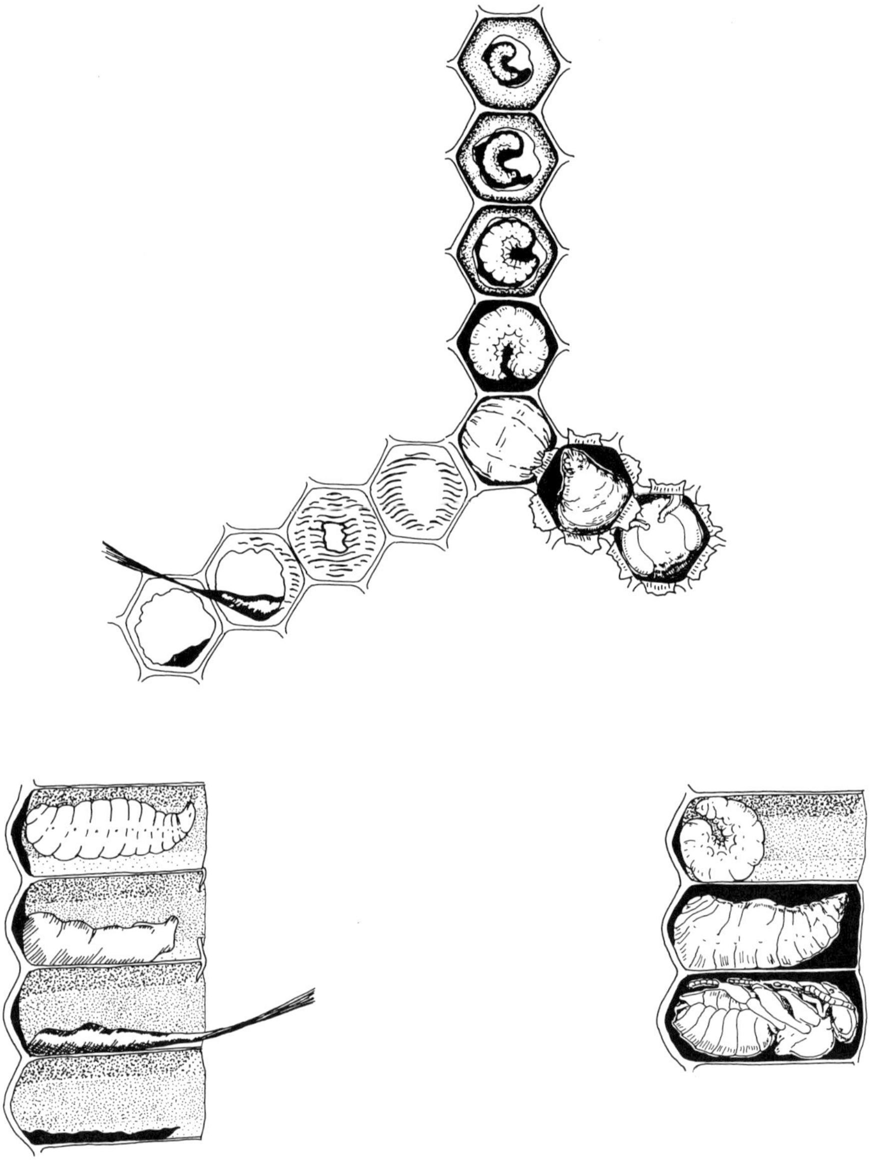

Abb. 24. Klinische Symptome der Amerikanischen Faulbrut.
Links: erkrankte Brut, rechts: normale Brutentwicklung.

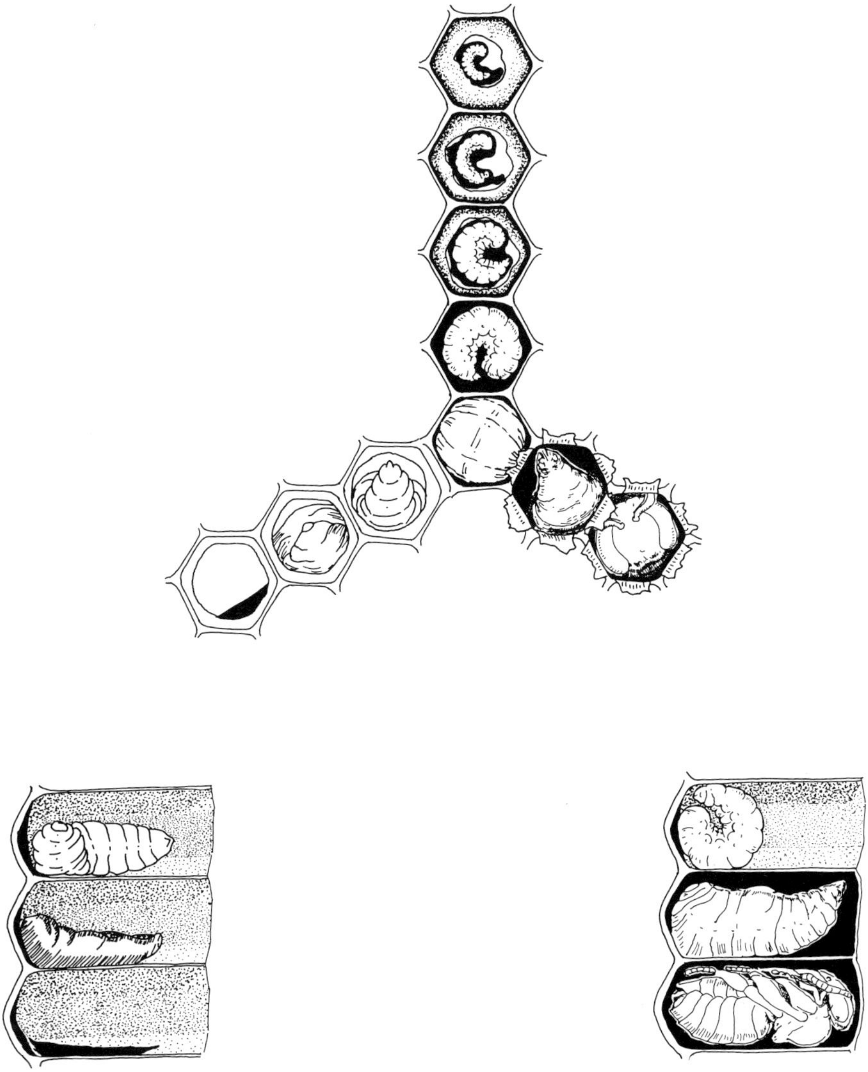

Abb. 25. Klinische Symptome der Europäischen Faulbrut.
Links: erkrankte Brut, rechts: normale Brutentwicklung.

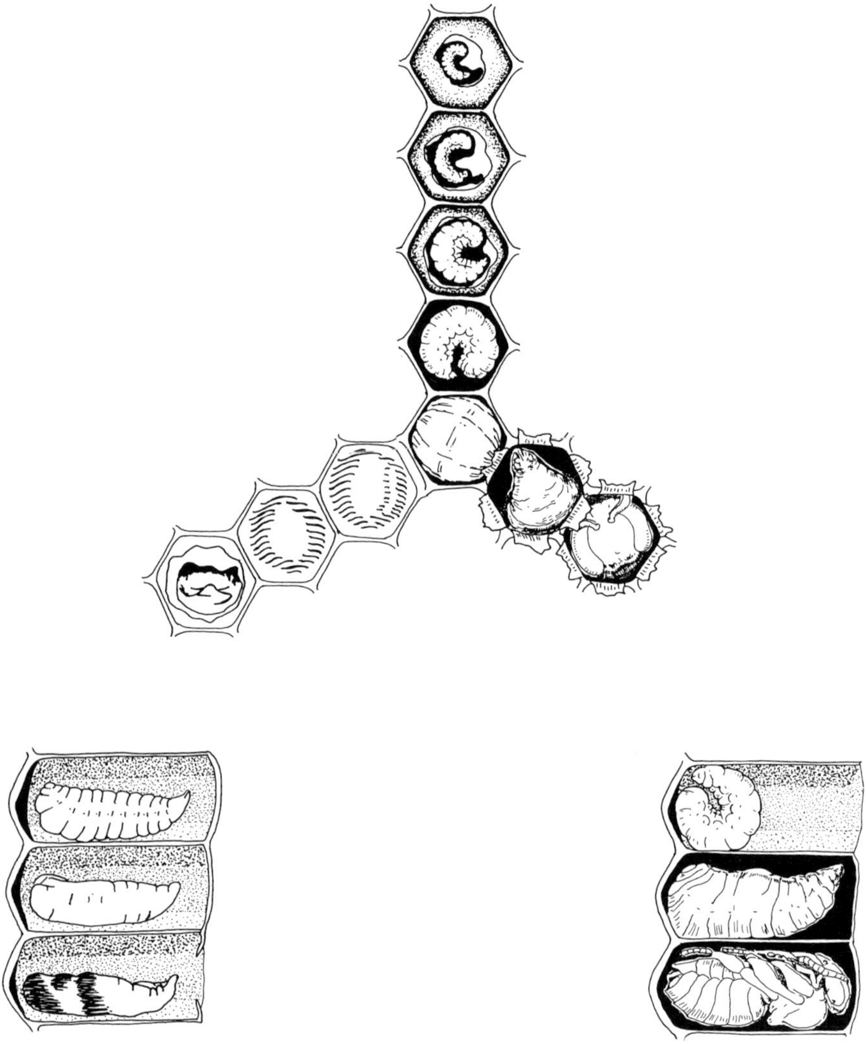

Abb. 26. Klinische Symptome der Ascosphaerose.
Links: erkrankte Brut, rechts: normale Brutentwicklung.

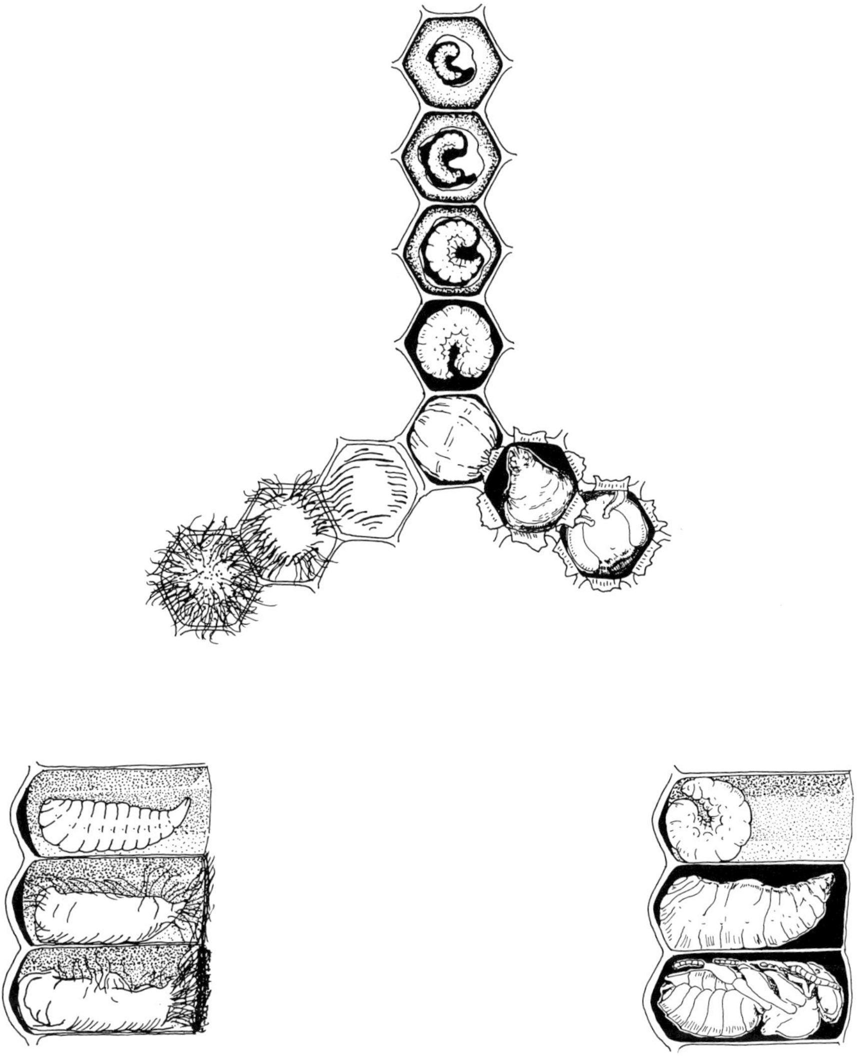

Abb. 27. Klinische Symptome der Aspergillusmykose.
Links: erkrankte Brut, rechts: normale Brutentwicklung.

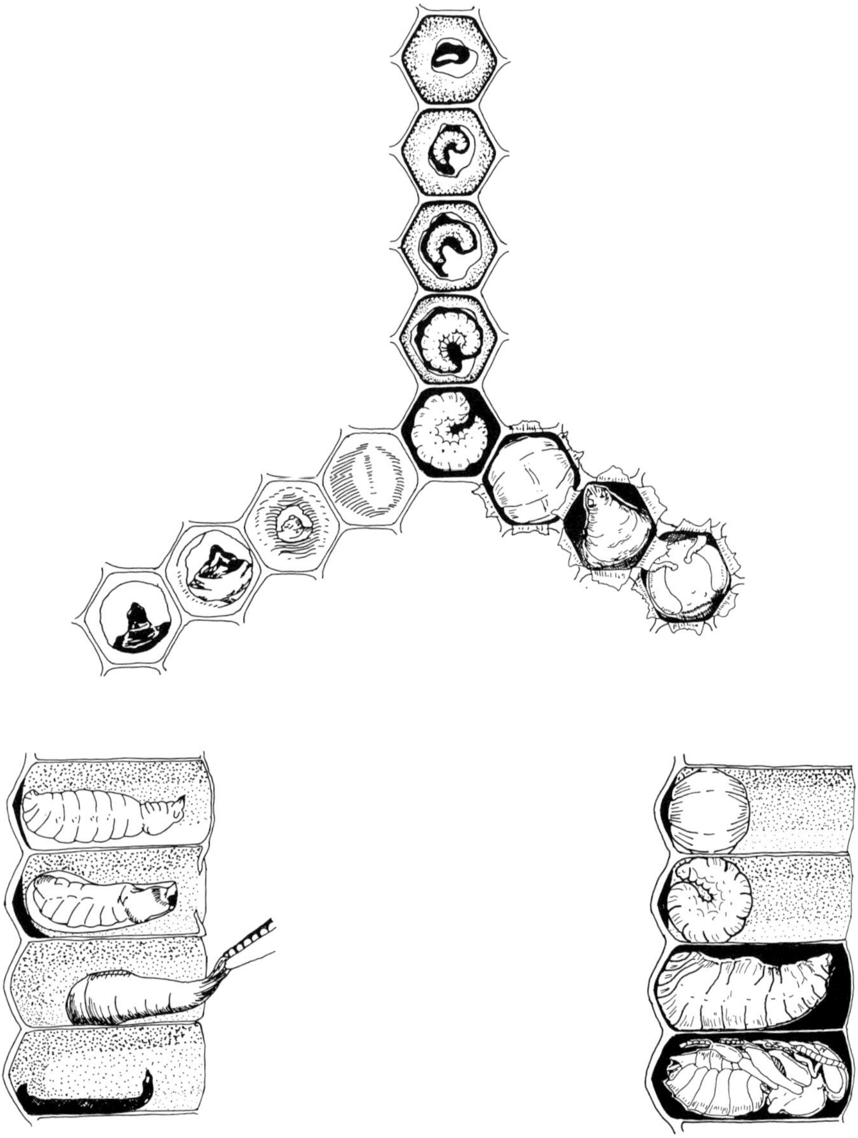

Abb. 28. Klinische Symptome der Sackbrut.
Links: erkrankte Brut, rechts: normale Brutentwicklung.

- **Varroatose**
  (1) Kleine rotbraune Milben können in der Brut kurz vor und nach dem Verdekkeln und auf adulten Bienen gefunden werden.
  (2) Die Brut im Puppenstadium oder schlüpfende adulte Bienen weisen Mißbildungen der Flügel und einen verkürzten Hinterleib auf.
  (3) Die klinischen Symptome können denen der Europäischen Faulbrut sehr ähnlich sein (s. 4.1.).
  (4) Von stark befallenen Völkern bleiben nur wenige Bienen und die Königin in einem sonst intakten Brutnest übrig.

- **Vergiftungen**
  (1) Die Bienen tragen zahlreiche tote Puppen und Larven aus dem Stock.
  (2) Die Erscheinungen können in Intervallen auftreten.
  (3) Bei der abgestorbenen Brut können der Hinterleib verkürzt und die Flügel mißgebildet sein. Ähnliche Symptome treten auch bei einer Verkühlung und starkem Befall mit Varroamilben auf. Bei einer Verkühlung schlüpfen mißgebildete Bienen nur aus dem Randbereich des Brutnestes.
  (4) Die Facettenaugen können am Innenrand eine auffällige helle Sichel aufweisen.

## 4.2. Erkrankungen der adulten Bienen

- **Acarapidose (Milbenseuche)**
  (1) Bienen fliegen im Winter auch bei niedrigen Temperaturen.
  (2) Besonders während oder nach den ersten Reinigungsflügen krabbeln vor dem Flugloch Bienen, die oft kleine, traubenförmige Ansammlungen bilden.
  (3) Die Völker sind allgemein geschwächt.

- **Maikrankheit**
  (1) Im Mai, besonders nach Kälteperioden, verlassen junge Bienen das Nest und krabbeln vor dem Stock.
  (2) Kleine Gruppen bilden traubenförmige Ansammlungen und verenden.
  (3) Die Bienen koten am oder in der Nähe des Fluglochs in gelben bis hellbraunen Würstchen ab.

- **Malpighamöbiose (Amöbenruhr)**
  (1) Das Beuteninnere ist mit dünnflüssigen, gelben Kotspritzern verunreinigt.
  (2) Vor dem Flugloch krabbeln flugunfähige Bienen.
  (3) Die Erscheinungen treten meist zusammen mit denen der Nosematose auf (s. dort).

- **Nosematose**
  (1) Der äußere Bereich des Fluglochs und bei starkem Befall auch das Beuteninnere sind mit großen braunen Kotflecken verunreinigt.
  (2) Bienen hüpfen und krabbeln in der Beute und vor dem Flugloch.
  (3) Der Hinterleib der Bienen ist aufgedunsen.
  (4) Die Völker enthalten im Verhältnis zur Brut zu wenige Bienen. Diese Symptome können auch stark abgeschwächt auftreten (schleichende Form).

- **Ruhr**
  (1) Im Winter oder zeitigen Frühjahr sind die Außenwand und das Innere der Beute sowie das Flugbrett mit braunen Kotflecken übersät.
  (2) Die Bienen sind sehr unruhig und fliegen auch bei niedrigen Temperaturen.

- **Schwarzsucht und Chronische Paralyse**
  (1) Die Bienen am Flugloch sind sehr unruhig.
  (2) Vor dem Flugloch liegen zahlreiche tote Bienen.
  (3) Die Bienen haben einen aufgetriebenen Hinterleib und erscheinen wegen des Haarverlustes schwarz.
  (4) Die Erscheinungen treten während der Waldtracht auf. Entweder sind ausschließlich Flugbienen betroffen (nicht ansteckende Schwarzsucht) oder im Sommer und Herbst adulte Bienen jeden Alters (Chronische Paralyse), oder es schlüpfen bereits haarlose Bienen (ansteckende Schwarzsucht).

- **Septikämie**
  (1) Vor der Beute krabbeln flugunfähige Bienen, vereinzelt mit aufgetriebenem Hinterleib.
  (2) Vereinzelt treten auch schwarzsüchtige Bienen auf.
  (3) Die Völker werden zunehmend schwächer. Die Symptome ähneln denen der Acarapidose, Malpighamöbiose und Nosematose.

- **Aspergillusmykose**
  (1) Einzelne Bienen sind sehr unruhig und zeigen Lähmungserscheinungen.
  (2) Nur wenige tote Bienen können im Stock oder davor gefunden werden.
  (3) Die Cuticula von toten Bienen ist besonders unterhalb vom Kopf mit einem weißlich-gelben Pilzrasen überwuchert.
  (4) Die toten Bienen bilden harte Mumien.

- **Vergiftungen**
  (1) Die Bienen sind sehr unruhig. Am Flugloch kommt es zu heftigen Kämpfen zwischen den Bienen.
  (2) Am Boden vor dem Flugloch krabbeln Bienen am Boden und führen kreiselnde Bewegungen aus.
  (3) Vor der Beute liegen zahlreiche tote Bienen, mit ausgestrecktem Rüssel und mit Pollen an den Hinterbeinen (Pollenhöschen).
  (4) Die Erscheinungen 1 bis 3 treten nicht auf, dafür nimmt die Flugaktivität der Bienen deutlich ab (schleichende Vergiftung).

# 5. Infektionskrankheiten

## 5.1. Amerikanische Faulbrut

### 5.1.1. Pathogenese

Der Erreger der Amerikanischen Faulbrut – *Bacillus larvae* – bildet sehr widerstandsfähige Sporen, die ausschließlich die Larven der Honigbiene über die aufgenommene Nahrung infizieren. Die Zahl der Sporen, die hierzu notwendig ist, hängt wesentlich vom Alter und Gewicht der Larve ab. Bei 24 Stunden alten Larven (L1) sind es noch wenige Sporen, bei zwei Tage alten (L2) bereits zehntausend und bei vier bis fünf Tage alten schon mehr als zehn Millionen. Da im Futter nur selten diese hohen Sporenzahlen erreicht werden, sind Larven ab einem Alter von zwei Tagen mehr oder weniger immun (Woodrow, 1942). Mit dem Futter gelangen die Sporen in den in diesem Stadium noch geschlossenen Mitteldarm. Dort keimen sie innerhalb von 24 Stunden zu der begeißelten, beweglichen vegetativen Form, den Stäbchen, aus. Diese durchdringen das Darmepithel, um sich im übrigen Gewebe der Larve schnell zu vermehren. Nach 9 bis 11 Tagen bilden sich schließlich erneut Sporen aus. Bis zu 2 500 Millionen wurden in einer einzigen Larve gefunden (Sturtevant, 1932). Die Brut stirbt im Streckmaden-(SM)- oder Vorpuppenstadium (PP) und somit in der gedeckelten Zelle ab. Erst jetzt werden die typischen klinischen Symptome sichtbar: der verfärbte, eingesunkene, oft auch löchrige Zelldeckel und die in der Brutzelle verbleibende fadenziehende Masse, die schließlich zu Schorfen eintrocknet. Andere sekundäre Erreger können sich in der Larve nur selten vermehren, da *B. larvae* einen antibiotisch wirkenden Stoff abgibt (Holst, 1946).

● **Ausbreitung im Volk**

Im Anfangstadium können die Bienen die erkrankte Brut noch aus den Zellen entfernen. Jedoch nehmen junge Larven häufig die in der Zelle zurückbleibenden Sporen über das Futter erneut auf. Ebenso werden die Körperoberfläche und insbesondere die Mundwerkzeuge der reinigenden Bienen kontaminiert. Bei der Aufbereitung und dem Austausch (Trophalaxie) von Futter gelangen die Sporen in den Honig. Dieser eignet sich daher besonders gut zur Diagnose, auch wenn keine klinischen Symptome sichtbar sind (s. 2.6.1.). Auf dem gleichen Weg werden auch andere Bereiche der Beute kontaminiert. Je mehr die Bienen abgestorbene Brut entfernen, um so stärker kann sich die Infektion ausbreiten. Nur wenn die infizierten Larven noch vor der erneuten Sporenbildung von den Bienen erkannt und entfernt werden, kann die Infektionskette unterbrochen werden. Dieses Hygieneverhalten der Bienen ist in Völkern verschiedener Zuchtlinien und Rassen unterschiedlich stark ausgeprägt. Ebenso können sich die Bienen in der Fähigkeit, Sporen aus der Honigblase mit Hilfe des

Proventriculus zu entfernen, unterscheiden. Sporen, die in den Mitteldarm gelangen, können nur noch über den Kot abgegeben werden. Da gesunde Bienen ausschließlich im Flug abkoten, ist eine Infektion auf diesem Weg weitgehend ausgeschlossen. Nicht immer scheint das Milieu im Lumen des Mitteldarms der Larven gleich optimal für die Keimung der Sporen zu sein. Der Verlauf der Krankheit unterscheidet sich in den einzelnen Völkern daher wesentlich. Diese unterschiedliche Anfälligkeit der Völker für die Krankheit konnte bisher nur selten erfolgreich für die Züchtung genutzt werden (Rothenbuhler und Thomson, 1956). In der Regel werden die Völker mit zunehmender Infektion der Brut immer schwächer und gehen schließlich ein.

### 5.1.2. Epidemiologie

In trachtarmen Zeiten werden die geschwächten oder toten Völker häufig ausgeräubert. Durch räubernde, aber auch sich verfliegende oder schwärmende Bienen wird der Erreger in andere Völker und Bienenstände verschleppt. Der Imker selbst trägt durch den Austausch von Brut und Futterwaben sowie über Beuten und Geräte zur Ausbreitung bei. Nicht zuletzt gelangt die Krankheit über angekaufte Völker oder Materialien auf den Bienenstand. Eine wesentliche Infektionsquelle stellen fremde, insbesondere Importhonige dar, wenn sie an die Bienen verfüttert oder aus leeren Gebinden (z. B. auf Mülldeponien oder in Glascontainern) aufgenommen werden.

### 5.1.3. Therapie

Verdacht und Ausbruch der Amerikanischen Faulbrut sind anzeigepflichtig. Die Bekämpfung hat nach näherer Anweisung des Amtstierarztes zu erfolgen. Häufig werden die angeordneten Maßnahmen durch seinen Beauftragten, den Bienensachverständigen oder Bieneninspektor, durchgeführt (s. 14.).
Abhängig von Verseuchungsgrad und Jahreszeit, kann zwischen der Abtötung und dem Kunstschwarmverfahren gewählt werden. Eine medikamentöse Behandlung wird, falls sie vom Gesetzgeber zugelassen ist, nur in Ausnahmefällen und häufig nur zur Unterstützung anderer Verfahren durchgeführt.

**Pflegerische Maßnahmen**
Nach Ausbruch der Seuche ist eine Sanierung mit Hilfe pflegerischer Maßnahmen nicht mehr möglich. Man kann diese Maßnahmen aber als Prophylaxe einsetzen (s. dort).

**Kunstschwarmverfahren**
Das Kunstschwarmverfahren sollte bei nicht zu kühler Witterung schon im April möglich sein. In der Regel wird man es aber je nach Trachtangebot von Mai bis Juli anwenden. Bei ausreichenden Spättrachten mit gutem Pollenangebot kann man es auch noch bis September durchführen.
Das Kunstschwarmverfahren hat den Vorteil, daß auch bereits geschwächte Völker erhalten werden können, indem man mehrere zu einem Schwarm vereinigt (Abb. 29). In jedem Fall müssen die Waben vernichtet oder als Seuchenwachs weiterverarbeitet sowie die Beuten und Geräte desinfiziert werden. Die Gefahr des Rückfalls ist bei dieser Methode sehr groß, wenn nicht mit äußerster Sorgfalt vorgegangen wird. Verschiedene Vorgehensweisen sind möglich, jedoch bietet nicht jede die gleiche Sicherheit. Aus diesem Grund sollen hier nur die bewährten Verfahren vorgestellt werden.

Abb. 29. Im Handel erhältliche Kunstschwarmkartons erleichtern die Sanierung wesentlich, da mehrere Völker gleichzeitig behandelt und die Kartons anschließend leicht durch Verbrennen entsorgt werden können.

*Kunstschwarm mit Dunkelhaft:* Die Bienen werden am Abend nach eingestelltem Flug von den Waben in eine Schwarmbox oder einen leeren Behälter abgestoßen. Sie sollten nicht mehr als ein Drittel bis die Hälfte des Raumes einnehmen, um ein „Verbrausen" zu vermeiden. In dem Behälter werden sie dann für zwei bis drei Tage an einem dunklen, kühlen Ort aufgestellt, z. B. im Keller. Am dritten Tag müssen die Bienen entweder mit Zuckerwasser (2 : 3) gefüttert oder in eine entseuchte, mit Mittelwänden versehene Beute geschlagen werden. Diese muß an dieselbe Stelle wie zuvor gebracht werden. Nur wenn die Bienen länger als drei Tage in „Dunkelhaft" waren und ihre alte Nestorientierung verloren haben, kann man die Beute unabhängig vom alten Platz aufstellen. Um eine erneute Kontamination der Beute mit dem Gemülle der Schwarmkiste zu verhindern, läßt man die Bienen über eine vor dem Flugloch ausgelegte Zeitung in die Beute laufen. In gleicher Weise geht man nach einer dreitägigen „Dunkelhaft" vor, allerdings kann dann aus den genannten Gründen ein beliebiger Standplatz gewählt werden. Um die Besiedelung der neuen Beute zu erleichtern, sollte am nächsten Tag für mindestens zwei Tage gefüttert werden.

*Kunstschwarm ohne Kellerhaft:* Die Bienen werden ohne vorherige „Dunkelhaft" am alten Standplatz in eine mit Mittelwänden versehene Beute gegeben. Am besten verwendet man auch hier vor dem Flugloch ein Papier, auf das die Bienen geschlagen werden. Im Gegensatz zum üblichen Kunstschwarmverfahren erhalten die Bienen in den ersten beiden Tagen kein Futter. So ist sichergestellt, daß die Bienen ihren mit

Sporen kontaminierten Honigmageninhalt verbrauchen. Eine Infektionsgefahr könnte von den Sporen in den Haaren der Bienen ausgehen. Dies soll jedoch vermutlich wegen des starken Verdünnungseffektes nicht der Fall sein (Weiß, 1984).

**Umhängverfahren**

Um nicht sicher als befallen erkannte Völker möglichst wenig zu schwächen, können Umhängverfahren angewandt werden. Dabei gibt man in den unteren Raum die Brutwaben und über ein Absperrgitter in den oberen Raum leere Waben oder Mittelwände und die Königin. Futter- und Honigwaben werden vernichtet bzw. ausgeschleudert. Vorübergehend werden ein bis zwei Brutwaben in den oberen Raum gegeben, damit die Bienen auch diesen Teil der Beute besetzen. In trachtlosen Zeiten sollten die Bienen gefüttert werden. Nachdem die gesamte Brut im unteren Raum geschlüpft ist, werden dessen Waben entseucht. Dieses Verfahren hat den Vorteil, daß die Völker nicht übermäßig geschwächt werden und man sie für eine spätere Tracht nutzen kann. Weiterhin kann man es anwenden, wenn das Volk frei von klinischen Symptomen der AFB ist, aber die Untersuchung des Futters einen positiven Befund ergab (s. 2.6.1.).

**Medikamentöse Therapie**

Grundsätzlich ist eine Therapie auch medikamentös mit Antibiotika möglich. Da diese in der Gesetzgebung der meisten Länder aber nicht vorgesehen oder sogar ausdrücklich untersagt ist, muß sie der Amtstierarzt für das jeweilige Volk verschreiben. Das Problem besteht zum einen darin, daß Rückstände im Honig auftreten und zum anderen nur die vegetative Form des *B. larvae*, aber nicht die Sporen abgetötet werden. In Völkern auf Waben bleiben somit in der Beute und vor allem im eingelagerten Futter genügend Sporen zurück, so daß nach kurzer Zeit die Seuche erneut ausbricht. Die Behandlung muß daher in mehr oder weniger kurzen Zeitabständen wiederholt werden. Ein besserer Therapieerfolg mit einer geringeren Gefahr von Rückfällen wird erreicht, wenn man die medikamentöse mit einer biotechnischen Behandlung kombiniert.
Die häufige Anwendung von Antibiotika hat jedoch dazu geführt, daß verschiedene Bakterienstämme bereits gegen Antibiotika resistent sind. Das kann in einem Resistenztest nachgewiesen werden. Aus diesem Grund muß auch deren prophylaktische Anwendung strikt abgelehnt werden. Da die Abtötung der befallenen Völker und die genannten biologischen Methoden bereits eine große therapeutische Sicherheit bieten, besteht in der Regel keine Veranlassung, auf Medikamente zurückzugreifen.

**Kombinierte Verfahren**

In kombinierten Verfahren wird eine Medikation mit der Bildung eines Kunstschwarms oder dem Umsetzen des Bienenvolks in eine neue Beute verbunden. Dies hat den Vorteil, daß die Völker nicht übermäßig geschwächt werden und andererseits die Medikation eine größere Aussicht auf Erfolg hat. Für eine anschließende Tracht können die Völker aber wegen möglicher Rückstände nicht genutzt werden.
Der Kunstschwarm wird entweder während der verschlossenen Aufbewahrung oder nach dem Einlogieren in der neuen Beute mit einem medikierten Zuckerwasser gefüttert. 0,5 g Sulfathiazol kommen auf 4 l Zuckerwasser (1 : 1). Die Wirkstoffmengen sind bei Terramycin mit 0,1 g wesentlich geringer.

*Umhängverfahren:* Das Umhängverfahren, kombiniert mit einer Medikation, wurde zuerst von Schulz-Langner (1956) beschrieben und erfuhr später verschiedene Ab-

wandlungen (Meyerhoff und Seifert, 1962; Borchert, 1966). Das Prinzip beruht wie das bereits beschriebene Umhängverfahren darauf, daß man die nicht zu stark infizierten Brutwaben und die daraus schlüpfenden Bienen erhalten kann. Stark infizierte Brutwaben und alle Futterwaben werden vernichtet, die Beuten sowie Geräte desinfiziert und die weniger infizierten Brutwaben in den Honigraum gehängt. Das Medikament wird in einer Zuckerwasserlösung (1 : 1) verabreicht. Je Volk werden 0,5 mg Terramycin Reinsubstanz gegeben.
Dieses Verfahren kommt, wenn überhaupt, lediglich für eine Behandlung im Herbst in Frage. Nur dann kann eine Kontamination des Honigs eher ausgeschlossen werden. Mit Rückfällen muß jedoch gerechnet werden.

**Abtötung**
Für die Abtötung wird man sich entscheiden, wenn der überwiegende Teil der Völker eines Standes befallen ist oder die Völker erst kurz zuvor an den Standort verbracht wurden. Auch bei schlechtem Zustand der Völker oder bei fortgeschrittener Jahreszeit wird man sie dem Kunstschwarmverfahren vorziehen. Sollen die Völker entschädigt werden, so muß vor der Abtötung ihre Größe anhand der mit Bienen besetzten Wabengassen geschätzt werden.
Die Völker werden am besten mit Schwefeldioxid-Dämpfen abgetötet (s. 3.4.). Die abgetöteten Bienen, Brut- und Futterwaben werden noch am Bienenstand verbrannt. Leerwaben werden, sofern man sie nicht an einen wachsverarbeitenden Betrieb abgeben kann, ebenfalls vernichtet. Man hebt zuvor eine Grube aus, damit das flüssige Wachs und Futter nicht großflächig auseinanderlaufen.

**Desinfektion**
Eine Therapie ist generell nur sinnvoll und langfristig wirksam, wenn sie mit einer umfassenden Desinfektion verbunden ist. Die Sporen des *B. larvae* überstehen selbst hohe Temperaturen und überleben im Honig sogar längeres Erhitzen. Noch nach Jahrzehnten sind sie infektionsfähig. Die Desinfektion muß daher besonders gründlich sein und sämtliche Beutenteile und Gerätschaften umfassen. Sie werden zunächst von allen anhaftenden Wachs- und Propolisresten befreit, indem man sie gründlich aus- bzw. abkratzt. Die Holzteile werden vorzugsweise mit einer Lötlampe oder einem Propangasbrenner abgeflammt. Andere Materialien, wie z. B. Kunststoffe, kann man mit 3- bis 5%iger Natronlauge ausbürsten und abwaschen (s. 3.2.2.). 1%ige Perchloressigsäure (Wofasteril) ist ebenfalls geeignet, wenn man sie eine Stunde einwirken läßt (s. 3.2.2.). Anschließend werden alle Teile mit klarem Wasser abgespült. Zum Schutz des Anwenders müssen Sicherheitsmaßnahmen getroffen werden: Es darf nur mit säurefesten Handschuhen und Schürze sowie einer Schutzbrille gearbeitet werden. Die Perchloressigsäure ist beim Erwärmen explosionsgefährdet. Offene Flammen und andere Zündquellen müssen daher ferngehalten werden. Die Natronlauge muß entweder mit Essigsäure neutralisiert oder als Sondermüll entsorgt werden. Andere Desinfektionsmethoden können zur Zeit nicht empfohlen werden. Die Waben aus den verseuchten Völkern sowie sämtliche Vorratswaben müssen entseucht oder vernichtet werden, da der Imker sie nicht bestimmten Völkern zuordnen kann. Die Vernichtung der Vorratswaben stellt für den Imker einen besonderen Verlust dar. Trotzdem kann gerade hierauf nicht verzichtet werden. Die Holzteile können wie die anderen Beutenteile ebenfalls abgeflammt werden (Abb. 30). Vorzugsweise sollte man sie ebenso wie alte unbrauchbare Beu-

Abb. 30. Die Holzteile werden mit einem Propangasbrenner abgeflammt, bis das Holz leicht gebräunt erscheint.

ten verbrennen. Am einfachsten und sichersten erfolgt dies zusammen mit den Wachswaben in einer zuvor ausgehobenen Grube. Wenn für das Wachs eine Entschädigung gezahlt wird, sollte man diese Vorgehensweise bevorzugen. Brut- und Futterfreie Wachswaben können aber auch, bienendicht in reißfesten Plastikbeuteln verpackt, als Seuchenwachs deklariert, an wachsverarbeitende Betriebe abgegeben werden. Dort wird das Wachs 30 Minuten lang bei einem Bar und 120 °C desinfiziert.
Honig aus verseuchten Völkern kann für den menschlichen Verzehr verwendet, darf aber auf keinen Fall an Bienen verfüttert werden. Der Amtstierarzt kann eine nachträgliche Ernte des Honigs zulassen, wenn der Schleuderraum bienendicht ist und die Arbeiten nach eingestelltem Bienenflug durchgeführt werden. Solange der Stand einer Sperre unterliegt, darf kein Material mit Ausnahme von Honig, der nicht an Bienen verfüttert werden soll, ohne Zustimmung des Amtstierarztes vom Stand entfernt werden.

## 5.1.4. Prophylaxe

Bei der Amerikanischen Faulbrut bestand die einzige Möglichkeit zur Prophylaxe in einer mehr oder weniger permanenten Medikation. Diese Situation hat sich nach der eingehenden Untersuchung von Futter- und Honigproben auf Sporen des *Bacillus larvae* grundlegend geändert. Sporen sind weiter verbreitet, als bisher angenommen und kommen auch in Völkern vor, bei denen keine klinischen Symptome sichtbar werden. Besonders bei Völkern, die prophylaktisch mit Medikamenten behandelt werden, können im Honig und in den Futtervorräten extrem viele Sporen gefunden werden. Damit kann die wiederholte Ansteckung und daher notwendige permanente Behandlung erklärt werden. Wie man auch ohne Medikamente bei im Futter nachgewiesenen Sporen den Ausbruch der Seuche verhindern kann, wird daher immer mehr zu einer zentralen Frage und erfordert spezielle pflegerische Maßnahmen.

**Pflegerische Maßnahmen**
Zunächst sollte man verhindern, daß mit Sporen kontaminiertes Futter in andere, nicht infizierte Völker gelangt. Daher darf man auch eigenen Honig nicht mehr an die Bienen verfüttern. Dies gilt auch für selbst hergestellten Futterteig, dem anstelle von Honig Invertase zugesetzt werden kann. Die Futterwaben sollte man so kennzeichnen, daß sie wieder in das gleiche Volk gelangen. Zur Verstärkung der Völker werden nur noch Brutwaben aus unverdächtigen Völkern verwendet.
Vorratwaben wird man dagegen kaum nach Völkern trennen können. Zur Erweiterung könnten aber überwiegend Mittelwände verwendet werden. Ebenso wird man zumindest auf dem gleichen Stand die gleichen Geräte für die Bearbeitung der Völker verwenden. Sie müssen jedoch in regelmäßigen Abständen desinfiziert werden. Die Beuten flammt man vor jeder Wiederverwendung kurz aus. Nicht zuletzt wird man die Völker in den Trachtlücken füttern, um den Putztrieb und damit die Stockhygiene aufrechtzuhalten. Jede Räuberei muß vermieden werden, insbesondere dürfen die verdächtigen Völker nie zu schwach werden. Bei einer stärkeren Kontamination des Futters mit Sporen muß der Infektionsdruck gesenkt werden. Hierzu eignen sich Kunstschwarm- und Umhängverfahren (s. 5.1.3.).
Zu den allgemeinen prophylaktischen Maßnahmen gehört, die Einschleppung der Seuche nicht zu provozieren. So dürfen grundsätzlich keine fremden Honige oder Pollen an die Bienen verfüttert werden. Dies gilt in gleicher Weise für Futterwaben. Auch bei Futterteigen, die mit fremdem Honig hergestellt wurden, ist Vorsicht geboten. Völker, Beuten und Geräte sollten nie ungeprüft oder ohne Desinfektion auf den eigenen Stand gelangen. Auch einen fremden Schwarm wird man, bis die Untersuchung der Brut möglich ist, in Quarantäne halten. Bei wiederholter Infektion von außen, z. B. über Mülldeponien, sollte man den Standort aufgeben.

**Medikamentöse Prophylaxe**
Obwohl die Medikation weltweit die am häufigsten angewandte Form der Prophylaxe ist, kann sie nicht empfohlen werden. Wie bereits beschrieben, töten die Antibiotika nur die vegetativen Formen, nicht aber die Sporen des *Bacillus larvae* ab. Inwieweit hierdurch die Selbstheilungskraft der Völker gefördert werden kann, ist nicht untersucht, muß aber bezweifelt werden.

# 5.2. Europäische Faulbrut

## 5.2.1. Pathogenese

Die Pathogenese der Europäischen Faulbrut war lange Zeit umstritten. Dies wird u. a. an der sehr widersprüchlichen Namensgebung deutlich: Sauerbrut, Gutartige Faulbrut, Europäische Faulbrut. Der wesentliche Grund sind die verschiedenen, in infizierter Brut nachgewiesenen Erreger. Nach Bailey (1960) sind *Melissococcus pluton* der primäre Erreger und *Achromobacter eurydice*, *Bacillus alvei* und *Streptococcus faecalis* die sekundären Erreger.
*M. pluton* wird in seiner Dauerform, der Kapsel, von den Larven mit dem Futter aufgenommen. Der Erreger ist mikroaerophil bis anaerob und benötigt Kohlendioxid zur Vermehrung (Bailey, 1963). Im mit Nahrung gefüllten Lumen des Mitteldarms einer gut genährten Larve findet er ideale Bedingungen. Nur junge Larven erhalten

Nahrung in dieser Menge. *M. pluton* infiziert daher vornehmlich junge Larven bis zu einem Alter von 48 Stunden (L2). Äußerlich ist dies an einem etwa 2–3 mm großen, durch die Larvenhaut hindurchscheinenden Klumpen am blinden Ende des Darms zu erkennen. Die Larven nehmen in dieser Phase übermäßig viel Futter auf. Erkennen die Bienen dieses Fehlverhalten, so werden die Larven entfernt. Die Brut geht entweder im Rundmadenstadium (L3 oder L4) oder kurz nach der Verdeckelung (L5 oder SM) an den von den Bakterien abgegebenen Toxinen ein. Oft überlebt die Brut eine schwache Infektion. Mit der Öffnung des Mitteldarms im späten Streckmadenstadium gelangt auch *M. pluton* nach außen. Dies wird am Zellboden in Form des „Schwarzen Lackes" sichtbar. Er ist dort mehrere Jahre infektiös.
Aber auch wenn die Larven überleben, kommt es wegen der unterentwickelten Spinndrüsen meist nicht zur Verpuppung der Brut. Obwohl die Brut häufig den eigentlichen Erreger nicht mehr enthält, kann sie kurze Zeit später eingehen. In der zersetzten Brut, aber besonders im Schorf kann *Bacillus alvei* meist in Form seiner Sporen in großer Zahl nachgewiesen werden. Die tote Brut hat einen typisch fauligen Geruch. Eine Vermehrung des *B. alvei* in der lebenden Brut, die wegen des fehlenden Kokons keinen Infektionsschutz besitzt, erscheint eher unwahrscheinlich. *B. alvei* ist vielmehr ein Saprophyt, der sich ausschließlich auf durch andere Erreger – wie *M. pluton* und das SB-Virus – abgetöteter Brut vermehren kann (Bailey, 1973). Ein anderer sekundärer Erreger, *Bacillus laterosporus*, verhält sich sehr ähnlich und ist ebenfalls nicht pathogen. Die Rolle von *Achromatobacter eurydice* ist dagegen umstritten. Man findet dieses Bakterium als natürlichen Bestandteil der Flora des Verdauungstrakts und sehr häufig in mit *M. pluton* infizierter Brut. Nur zusammen mit diesem wirkt es pathogen. Im Bienenvolk kann es nur in frischem, nicht eingelagertem Pollen überleben.
Ein häufiger sekundärer Erreger, *Streptococcus faecalis*, ist im Bienenvolk wenig beständig und wird von den Bienen aus der Umgebung eingeschleppt (Mundt, 1961). Dieses Bakterium besitzt nur eine geringe Pathogenität und soll für den oft sauren Geruch der Europäischen Faulbrut verantwortlich sein. Entsprechend der möglichen sekundären Erreger unterscheiden sich die Verlaufsform und die klinischen Symptome der Europäischen Faulbrut wesentlich.

**● Ausbreitung im Volk**

In einem mit *M. pluton* infizierten Bienenvolk kann über Jahre ein Gleichgewicht zwischen der Vermehrung und der Elimination des Erregers bestehen. Einerseits übertragen die Bienen den Erreger mit dem kontaminierten Futter auf die Brut, andererseits entfernen sie ihn mit der ausgeräumten Brut und der Reinigung der Zellen. Nach trachtlosen oder kühlen Perioden kommt es häufig zu einer Unterbrechung der Brutaufzucht und anschließend zum Ausbruch der Krankheit. Wenn weniger Brut aufgezogen werden muß, steht vorübergehend mehr Futter für die wenigen verbliebenen Larven zur Verfügung (Gontarski, 1953). Jetzt leiden auch infizierte Larven nicht an Futtermangel, so daß der Erreger sich unter optimalen Bedingungen vermehren kann. Gleichzeitig können die Bienen die infizierte Brut schlechter erkennen. Der Ausbruch der Krankheit wird an den zahlreichen nicht ausgeräumten abgestorbenen Larven sichtbar. Kommt es nun zu akutem Nahrungsmangel, so verschwinden die Symptome sehr schnell, da die infizierte Brut zuerst verhungert und von den Bienen entfernt wird (Poltev, 1950). Aber auch wenn die Versorgung des Bienenvolks wieder günstiger wird und die Bienen vermehrt Brut aufziehen, nimmt der Umfang an akut erkrankter Brut ab (Simpson, 1959). Die

Larven erhalten nun weniger Futter, und infizierte Larven werden wegen ihres hohen Futterverbrauchs von den jungen Stockbienen erkannt und entfernt. Nur wenn zu wenige junge Bienen zur Verfügung stehen, wie z. B. in schwachen Völkern, sterben die infizierten Larven ab und bleiben in den Zellen liegen.
Das Hygieneverhalten der Bienen hat somit einen wesentlichen Einfluß auf den Krankheitsverlauf. Die Ausprägung dieses Merkmals ist genetisch bedingt. Ungünstige Haltungsbedingungen, Vergiftungen mit Pflanzenschutzmitteln oder andere Erkrankungen, wie z. B. Varroatose, haben jedoch einen negativen Einfluß. In Völkern mit geringer Widerstandskraft oder bei einer chronischen Infektion schwächt der Brutausfall die Völker soweit, daß sie schließlich eingehen.

### 5.2.2. Epidemiologie

Die erkrankten, geschwächten Völker sind häufig das Ziel von räubernden Bienen. Über das Futter kann es somit zu einer massiven Infektion kommen. Der Verflug von Bienen spielt dagegen zumindest in endemischen Gebieten nur eine untergeordnete Rolle. Unter den pflegerischen Maßnahmen ist besonders der Wabentausch von Bedeutung. Wegen der geringen Widerstandskraft der Dauerformen ist die Übertragung über Beuten und Geräte weitaus seltener als z. B. bei der Amerikanischen Faulbrut. Die brutlose Zeit überlebt der Erreger auf den Waben, im Gemülle und vermutlich auch in der Königin.

### 5.2.3. Therapie

In einigen Ländern muß der Verdacht des Ausbruchs der Europäischen Faulbrut gemeldet werden, um eine Verwechslung mit der Amerikanischen Faulbrut auszuschließen. Die Bekämpfung erfolgt in der Regel nicht unter staatlicher Aufsicht. Wegen des unterschiedlichen Charakters der Krankheit unterscheiden sich die therapeutischen Maßnahmen wesentlich von denen bei der Amerikanischen Faulbrut. Oft bleibt die Erkrankung jedoch unbemerkt und verschwindet ohne besondere Maßnahmen.

**Pflegerische Maßnahmen**
Wenn es nicht spontan zur Selbstheilung kommt, kann man mit einer Reizfütterung den Putztrieb (Hygieneverhalten) der Bienen anregen. Das Übersprühen der einzelnen Waben mit dünner Zuckerwasserlösung ist zwar arbeitsaufwendiger, aber auch effektiver. Am günstigsten ist es natürlich, wenn ein gutes und langanhaltendes Nektarangebot zur Verfügung steht. Die Chancen für einen Erfolg dieser Maßnahmen erhöhen sich, wenn der Infektionsdruck im Volk zuvor gesenkt wird. Am besten entfernt und vernichtet man die am stärksten infizierten Brutwaben. Man kann auch das Volk eine neue Königin aufziehen lassen, damit die Bienen in der entstehenden Brutpause die Waben reinigen können. Wenn die Europäische Faulbrut nur in Völkern bestimmter Zuchtlinien auftritt, ist in jedem Fall die Königin auszutauschen (Umweiseln), am besten gegen eine bereits als besonders widerstandsfähig selektierte.
In nicht zu stark infizierte Völker kann man auch Waben mit offener Brut zugeben. Wie zuvor beschrieben, kommt es nun zuerst bei den infizierten Larven zu Futtermangel. Dies erkennen die Bienen und räumen die Brut aus.

**Kunstschwarmverfahren**
Lediglich bei einem stärkeren Befall wird man ein Kunstschwarmverfahren einsetzen. Ein Erfolg ist aber nur dann gesichert, wenn man gleichzeitig pflegerische Maßnahmen einleitet. Im wesentlichen kann wie bei der Bekämpfung der Amerikanischen Faulbrut vorgegangen werden. Die Gefahr der Verschleppung ist jedoch geringer. Da das Hygieneverhalten eine große Bedeutung hat und die Königin selbst Träger der Erreger sein kann, sollte man sie auswechseln.
Die Bienen werden in eine desinfizierte Beute auf Mittelwände oder desinfizierte Waben überführt und eine neue Königin zugegeben. Wenn stark geschwächte Völker vereinigt werden, muß ein neuer Standort in entsprechender Entfernung (mind. 2 km) gewählt oder die Bienen für drei Tage in „Dunkelhaft" gehalten werden.

**Desinfektion**
Obwohl die Dauerform der Erreger, die Kapsel des *M. pluton* und die Sporen des *B. alvei*, weniger widerstandsfähig sind als die von *B. larvae*, sollten die Beuten und Gerätschaften in gleicher Weise wie bei der Amerikanischen Faulbrut desinfiziert werden. Sie werden am besten mit einer Lötlampe oder Gasbrenner abgeflammt oder mit 3%iger Natronlauge abgewaschen. Andere Desinfektionsmittel können wegen ihrer Gefahr für den Anwender oder von Rückständen nicht empfohlen werden. Dies gilt ebenso für die Desinfektion der Waben. Sie sollten besser eingeschmolzen oder verbrannt werden.

**Medikamentöse Therapie**
Eine medikamentöse Therapie ist nur in Ausnahmefällen, z. B. bei einem seuchenhaften Verlauf, notwendig und darf nur auf Verschreibung des Tierarztes erfolgen. Eine Vielzahl von Substanzen wurde auf ihre Wirksamkeit gegen die Erreger der Europäischen Faulbrut geprüft. Vor allem Oxytetracycline wie Terramycin sind wirksam. Hierzu stäubt man die Bienen mit einem Gemisch aus 0,5 g Reinsubstanz des Wirkstoffes und 100 g Puderzucker ein. Wegen des schnellen Wirkungsabfalls sollten die Antibiotika nicht wie bei der Bekämpfung der Amerikanischen Faulbrut verfüttert werden. Besonders gegen Oxytetracycline bilden sich bei *B. alvei* schnell resistente Stämme.
Die angegebene Dosierung und Wirkung können bei wiederholter Applikation nur selten über einen längeren Zeitraum aufrechterhalten werden. Die Erreger scheinen relativ schnell Resistenzen oder zumindest Teilresistenzen zu entwickeln. Eine ständige Steigerung der Dosis ist zwangsläufig notwendig. Dies kann auch ohne Ausbruch der Europäischen Faulbrut zu krankhaften Veränderungen bei den Bienen und der Brut führen (Wille, 1984).
Andererseits ist die ausschließlich bakterizide Wirkung der Antibiotika gegen die Erreger der Europäischen Faulbrut umstritten. Vermutlich geht der wesentliche therapeutische Effekt von ihrer die Brutaufzucht stimulierenden Wirkung aus (Wille, 1984). Dabei reinigen die Bienen die Zellen, um die Eiablage vorzubereiten. Der erhöhte Putztrieb fördert die Selbstheilungskraft des Volks.

## 5.2.4. Prophylaxe

Die beste Vorbeugung ist ein ständiges gutes Nektarangebot, damit das Hygieneverhalten der Bienen stets aufrechterhalten wird. Wie bei anderen Infektionskrankheiten besteht eine Gefahr der Einschleppung über den Zukauf von Bienen und Waben. Besondere Vorsicht ist bei fremdem Futter, insbesondere Pollen angebracht.

## 5.3. Septikämie

Der Erreger der Septikämie, das Bakterium *Pseudomonas apisepticus*, wurde früher als *Bacillus apisepticus* bezeichnet. Es wird über die Tracheen mit der Atemluft aufgenommen (Burnside, 1928). Im ersten thorakalen Tracheenast kommt es zunächst zur starken Vermehrung und erst dann bricht es in die Hämolymphe ein (Bailey, 1954; Wille, 1964 b). Die im gesunden Zustand klare Hämolymphe wird milchigtrüb und weist entweder gleichmäßig verteilte oder zu Gruppen angeordnete Bakterienzellen auf, vermutlich aufgrund einer Abwehrreaktion der Bienen (Wille, 1984). Proteolytische Enzyme bewirken die schnelle Zersetzung der Muskulatur, so daß die Bienen schon in einer frühen Phase der Infektion flugunfähig sind. Die Bienen gehen innerhalb von ein bis zwei Tagen nach der Infektion ein (Burnside, 1928). Das Bakterium stellt keine besonderen Ansprüche an das Kulturmedium. Vermutlich handelt es sich um einen Saprophyten, der nur gelegentlich Bienen befällt und eigentlich ein typisches Bodenbakterium ist.
Anscheinend handelt es sich bei den bakteriellen Septikämien nicht um primäre Infektionen. Vielmehr müssen die Bienen bereits durch andere Krankheiten wie die Nosematose oder Vergiftungen mit Pflanzenschutzmitteln geschwächt sein. Darüber hinaus scheinen bestimmte Streßsituationen, wie übermäßige künstliche Fütterung, Wabenbau im Schwarm und ungünstige Witterungsbedingungen in einer Periode hoher Brutaktivität, den Ausbruch herbeizuführen.

*P. apisepticus* ist dem Bakterium *P. aeruginosa* sehr ähnlich. Es wird sogar vermutet, daß beide identisch sind, da sie als proteolytische Enzyme die alkalische Protease und Elastase produzieren. *P. aeruginosa* kann jedoch keine Septikämie auslösen (Llanderkin und Katznelson, 1959).
Septikämien können aber auch durch andere Enterobakteriazeen ausgelöst werden: *Aerobacter cloacae*, *Alcaligenes faecalis*, *Proteus vulgaris*, *Serratia marcescens*.

● **Therapie**
Eine spezielle Therapie oder Prophylaxe ist nicht bekannt. Streptomycin führt relativ schnell zu Resistenzen. Ein Zusatz von Citronensäure zum Zuckerwasser soll keine befriedigende Wirkung bringen (Wille, 1984). Überhaupt stellt sich die Frage, ob eine Therapie notwendig und sinnvoll ist.

## 5.4. Pulvriger Schorf

*Bacillus pulvifaciens* (Katznelson, 1950) infiziert nur die Larven der Honigbiene, die eine gelbliche Färbung annehmen und einen pulvrigen Schorf bilden. Deshalb wird die Erkrankung auch als „Powdery scale disease“ bezeichnet. Die meisten Larven werden jedoch vorher von den Bienen entfernt. Die Ursache dieser recht seltenen Erscheinungen ist bis heute nicht eindeutig geklärt.

## 5.5. Rickettsiosen

Rickettsien sollen eine mehr oder weniger schleichende Erkrankung, bei der die Bienen flugunfähig werden und vor dem Stock krabbeln, verursachen. Im Fettkörper von 25% der erkrankten Bienen in der Schweiz sollen sie gefunden worden sein (Wille, 1964 b, 1966).

Der Auffassung, daß es sich hier um „vermutete Rickettsiosen" handelt, wird inzwischen widersprochen, da ein Teil der Erreger als Filamentous Virus identifiziert werden konnten (Clark, 1978). Offensichtlich handelt es sich bei den übrigen Erregern, die im Gegensatz zum Filamentous Virus nicht mit der Nosematose oder einem anderen Erreger assoziiert waren, um den Rickettsien ähnliche Formen (Bailey, 1981). Die Frage, ob Rickettsien neben blutsaugenden Athropoden auch bei Bienen vorkommen und pathogen wirken, bleibt daher offen.

## 5.6. Spiroplasmosen

Spiroplasmen sind helikale, frei bewegliche Formen von Prokaryonten. *Spiroplasma melliferum*, das in das Hämocoel eindringt, konnte in verschiedenen Insekten, wie solitären Bienen, Hummeln und Honigbienen nachgewiesen werden (Hackett und Clarck, 1989). Es scheint jedoch nur bei Honigbienen eine Pathogenität zu besitzen. So konnte es in der Hämolymphe von sterbenden Arbeiterinnen nachgewiesen werden (Clark, 1977). Sie dringen unter Laborbedingungen 7 bis 14 Tage nach der Aufnahme mit der Nahrung in das Hämocoel junger Arbeiterinnen ein und vermehren sich, bis die Biene schließlich stirbt (Clark, 1982). Im Nektar von Tulpenblüten und Magnolien konnten die gleichen Spiroplasmen nachgewiesen werden. Sie scheinen beim Kontakt mit den Blüten aufgenommen zu werden. In Milben waren sie bisher nur bei Zecken bekannt (Clarck und Rorcke, 1979), inzwischen konnten sie auch in *Acarapis woodi* und *Varroa jacobsoni* nachgewieden werden. Mit abnehmendem Milbenbefall nahm auch die Spiriplasmose ab (Bruce et al., 1990). In welcher Form der Parasit und das Bakterium assoziiert sind, ist unbekannt.
In Frankreich trat ein anderes Spiroplasma auf, das *Spiroplasma apis* genannt wurde (Mouches et al., 1982, 1984). Die infizierten Bienen waren flugunfähig, krabbelten am Boden und waren teilweise „moribund". Charakteristisch war der aufgetriebene Hinterleib, der im Gegensatz zu den sonst für die Paralyse typischen Symptomen hart war (Bailey et Ball, 1991). Zudem verschwanden die Symptome im Juli spontan. Serologisch nicht unterscheidbare Formen wurden auf benachbarten Pflanzen gefunden (Mouches et al., 1984). Das bekannte, bei Pflanzen pathogen wirkende *Spiroplasma citrii* wirkte neben anderen bei Pflanzen vorkommenden Spiroplasmen zwar auf Bienen pathogen, ohne jedoch deren Hämolymphe zu besiedeln (Mouches et al., 1982).

## 5.7. Ascosphaerose

### 5.7.1. Pathogenese

Der Erreger der Ascosphaerose, der Pilz *Ascosphaera apis*, bildet 3 µm große, sehr widerstandsfähige Sporen als Dauerform. Sie werden entweder über das Futter oder die Cuticula aufgenommen. Eier und Puppen können nicht infiziert werden. Larven

und Vorpuppen sind dagegen sehr anfällig. Besonders häufig sind drei bis vier Tage alte Larven betroffen (Bailey, 1967). Die mit der Nahrung aufgenommenen Sporen gelangen in den Mitteldarm. An dessen blindem hinterem Ende keimt ein Teil der Sporen aus. Früher nahm man an, daß dies auf die anaeroben Bedingungen im Darm zurückzuführen ist (Bailey, 1967). Neuere Arbeiten zeigen jedoch, daß derartige Bedingungen im Darmlumen einer L5-Larve nicht vorherrschen (Bignell und Heath, 1984). Die Sporenkeimung wird vielmehr durch Kohlendioxid angeregt (Gilliam, 1991). Das Pilzmyzel durchbricht die Epidermis des Darms und durchwächst die Larve nach der Verdeckelung der Brutzelle besonders schnell.
Pilzsporen kommen zwangsläufig auch mit der Körperoberfläche der Larven in Berührung. Ist die Larve bereits aus anderen Gründen abgestorben, so wächst der Pilz auf ihrer Körperoberfläche, ohne die Cuticula zu durchbrechen. Als Saprophyt erzeugt er jedoch keine Mumie. Bei einer lebenden Larve kann der aus der Spore austretende Keimschlauch die Cuticula von außen durchdringen. Auch anhaftendes Pilzmyzel soll perkutan eindringen können (Rath, 1991).
Sobald das Pilzmyzel den gesamten Körper der Larve durchdrungen hat, durchbricht es kurz nach der Verdeckelung das Integument. Das weiße Geflecht besteht, wie für heterothallische Pilze typisch, aus männlichen (–) und weiblichen (+) Myzelien (Claussen, 1921). Morphologische Unterschiede werden jedoch erst sichtbar, wenn sich entgegengesetzt geschlechtliche Myzelien berühren. Das männliche Myzel bildet eine einfache Nährzelle, während das weibliche eine in Nutriozyt (Nährzelle) und Trichogyn (Empfängniszelle) differenzierte Ascogonie bildet (Spiltoir, 1955). Karyoplasma fließt nach der Verschmelzung von der männlichen Zelle in das Trichogyn. Hieraus entwickeln sich über verschiedene Stadien Sporenballen, die schließlich zu Sporozysten heranwachsen. Diese platzen und geben Sporenballen ab, die wiederum männliche und weibliche Sporen im gleichen Verhältnis freigeben.
Die Entwicklung des Pilzes kann an der farblichen Veränderung der Mumie leicht nachvollzogen werden. Zunächst erscheint diese aufgrund des weißen flaumigen Myzels watteartig. Mit der Zeit wird sie gelblich und immer härter. Sobald sich nach der Berührung der getrenntgeschlechtlichen Pilzfäden Sporangien (Fruchtkörper) ausgebildet haben, wird sie graugrün bis grauschwarz. Im Streckmadenstadium, noch bevor das Myzel das Integument durchbricht, stirbt die Brut ab. Die Todesursache sind bei *Ascosphaera apis* nicht wie bei anderen Pilzen Toxine oder Enzyme, sondern Nahrungsmangel.

### ● Ausbreitung im Volk

*Ascosphaera apis* breitet sich im Bienenvolk mit Hilfe seiner Sporen aus. Sie gelangen durch die Luftzirkulation in alle Bereiche der Beute und kontaminieren nicht nur Pollen- und Honigvorräte, sondern auch die offene Brut (Abb. 31). Sie sind sehr widerstandsfähig und wirken mehre Jahrzehnte infektiös (Gilliam et al., 1990). Im Pollen überleben sie ein Jahr, im Honig zwei Jahre. Im Volk werden sie über die Trophalaxie weitergegeben und gelangen so mit dem Futter in die Larven. Eine Übertragung erfolgt auch über die am Bienenkörper haftenden Sporen.
Obwohl *Ascosphaera apis* in Bienenvölkern weit verbreitet ist, muß es nicht zwangsläufig zum Ausbruch der Krankheit kommen. Wie für diese Art von Infektionskrankheiten typisch, müssen bestimmte Faktoren, sog. „Streßfaktoren“ (Gilliam, 1990), zusammentreffen. Das Wachstum des Pilzes wird besonders durch kurzzeitige Unterkühlung angeregt. Vermutlich wird hierdurch der Häutungsablauf der Larve gestört.

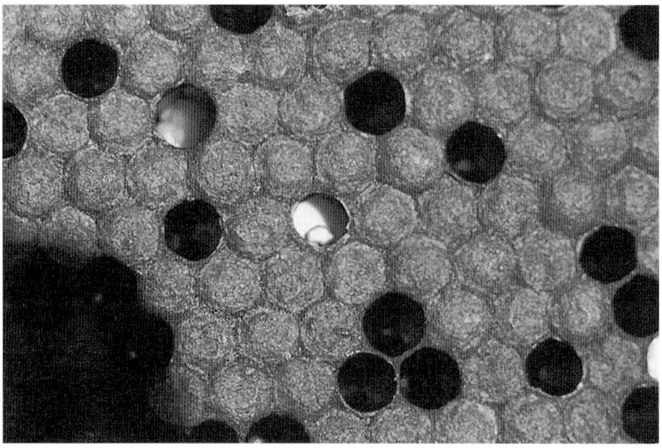

Abb. 31. In einzelnen offenen Brutzellen liegen locker weiße Mumien. Werden sie in diesem Stadium nicht von den Bienen entfernt, so können sich die Sporen des Pilzes *Ascosphaera apis* von hier aus schnell im Volk verbreiten.

Diese Situation tritt besonders häufig bei Kälteeinbrüchen im Frühjahr ein. Zuerst wird die in den äußeren Bereichen des Nestes aufgezogene Drohnenbrut weniger gewärmt. Auch sonst wird sie von den Bienen weniger beachtet und, wenn sie erkrankt, auch seltener ausgeräumt. Von der Drohnenbrut aus kann sich die Infektion über das gesamte Brutnest ausweiten. Aber auch die Arbeiterinnenbrut kann in durch andere Krankheiten oder ungünstige Haltungsbedingungen geschwächten Völkern unterkühlen. Dies wird allgemein als der wichtigste Streßfaktor angesehen. In den USA traten jedoch auch in Gebieten mit Wüstenklima schwerste Infektionen auf (Gilliam, 1990). Es muß daher noch andere „Streßfaktoren" geben. Ein ungünstiges Kleinklima im Nest wegen feuchter Standorte, aber auch falsche pflegerische Maßnahmen wie die häufige Durchsicht der Völker und schlechte Belüftung der Beuten begünstigen die Entwicklung von *A. apis*. Als weiteren „Streßfaktor" vermutet man die Anwendung von Medikamenten. Besonderer Verdacht besteht für die Antibiotika Fumagillin und Terramycin, die zur Therapie der Nosematose bzw. der Amerikanischen Faulbrut verwendet werden. Versuche mit Terramycin konnten dies zwar nicht bestätigen (Gilliam, 1990), aber trotzdem müssen diese Zusammenhänge besonders bei wiederholter Applikation beachtet werden. Eine negative Auswirkung der Varroazide muß daher ebenfalls bedacht werden.
Ist die Ascosphaerose in einem Bienenvolk ausgebrochen, so versuchen die Bienen, die locker in den Zellen liegenden Mumien auszuräumen. Oft werden sie teilweise abgeschrotet und dadurch in großem Umfang Sporen freigesetzt. Aber auch wenn die Mumien vollständig aus der Zelle entfernt werden und auf den Beutenboden fallen, geht von ihnen noch eine Infektionsgefahr aus. Eine Selbstheilung ist daher nur möglich, wenn das Hygieneverhalten der Bienen auch die Reinigung des Bodenbretts einschließt.
Entscheidend für den Erfolg der Hygienemaßnahmen im Volk ist der Zeitpunkt, zu dem die erkrankten Larven entfernt werden. Nur wenn sich noch keine neuen Sporen gebildet haben, d. h. die Zelle noch nicht verdeckelt ist, kann ihre Verbreitung im Volk verhindert werden. Ein stark ausgeprägtes Hygieneverhalten, das sich ausschließlich auf das Öffnen der Brutzelle und das Entfernen der Mumien beschränkt,

wirkt sich ungünstig auf den Verlauf aus, da hierdurch massenhaft Sporen freigesetzt werden. Am schnellsten breitet sich die Infektion im Volk aus, wenn die Bienen nur den Zelldeckel öffnen, ohne die Brut zu entfernen. Ein derart schwaches Hygieneverhalten tritt besonders häufig bei Inzuchtdefekten und bei mit Varroamilben befallenen Bienen auf, deren Verhalten durch das sekundär auftretende Akute-Paralyse-Virus gestört ist. Besonders kritisch wird der Zustand des Volks, wenn mit zunehmendem Befall immer weniger Jungbienen schlüpfen und damit die Gruppe der Putzbienen ausfällt.

Neben dem Hygieneverhalten, das im wesentlichen genetisch bedingt ist, kann die Widerstandskraft der Bienenvölker auch durch antimykotische Substanzen gesteigert werden. Diese werden durch die Mikroflora im Volk produziert. Die stärkste Hemmwirkung zeigten Schimmelpilze, die aus den Pollenvorräten isoliert werden konnten. Aber auch verschiedene Bakterienarten hemmen *A. apis* (Gilliam, 1990).

Diese Zusammenhänge verdeutlichen, warum manche Völker einem hohen Infektionsdruck aus der Umgebung bei denselben Umgebungs- und Haltungsbedingungen mit einer großen Zahl von Kalkbrutsporen widerstehen, ohne daß klinische Symptome sichtbar werden.

### 5.7.2. Epidemiologie

Die Verbreitung in andere Völker und Stände erfolgt wie bei anderen Brutkrankheiten durch sich verfliegende oder schwärmende Bienen und Räuberei sowie durch imkerliche Eingriffe wie das Umhängen von Waben. Aber auch durch das Verfüttern von Pollen und Honig können die Sporen übertragen werden.

### 5.7.3. Therapie

Die als Faktorenkrankeit eingestufte Ascosphaerose tritt entweder sporadisch oder seuchenhaft auf. Im ersten Fall verschwinden die Symptome je nach Ausprägung des Hygieneverhaltens oder der Wirkung antimykotischer Substanzen ohne Eingreifen des Imkers mehr oder weniger schnell.

In neuerer Zeit wird in verschiedenen Gebieten immer häufiger ein seuchenhafter Verlauf beobachtet. Dies führt dann nicht nur zu einer deutlichen Reduktion des Ertrags, sondern vermehrt zu erheblichen Völkerverlusten.

Das Ausmaß der Infektion entscheidet wesentlich über den Umfang der therapeutischen Maßnahmen.

**Pflegerische Maßnahmen**

Die wichtigste pflegerische Maßnahme besteht darin, die zuvor genannten „Streßfaktoren“ so weit wie möglich zu beseitigen. Hierdurch wird eine entscheidende Voraussetzung für den Erfolg der anderen Maßnahmen geschaffen.

Zunächst sollte man sich am Stand einen Überblick verschaffen, wieviele Völker betroffen sind. Wenn ausschließlich Völker bestimmter Zuchtlinien erkranken, kann allein der Austausch der Königin (Umweiseln) zu einer Heilung führen. Das gleiche gilt auch für zu alte Königinnen, die nicht mehr genügend junge Bienen und damit Putzbienen produzieren. Oft hilft die Anregung des Putztriebes mit einer Reizfütterung oder dem Übersprühen der Waben mit stark verdünntem Zuckerwasser. Gleichzeitig sollte der Infektionsdruck im Volk gesenkt werden. Eine hierfür wichtige Maßnahme ist die Reinigung des Bodenbrettes. Stark infizierte Waben werden entweder vernichtet oder desinfiziert.

**Kunstschwarmverfahren**
Bei einem stärkeren Befall geht von den infizierten Waben und Beutenteilen ein so hoher Infektionsdruck aus, daß nur ein Kunstschwarmverfahren Erfolg verspricht. Schwärme kann man während der gesamten Saison bilden, da ausgebaute desinfizierte Waben für den Neuaufbau verwendet werden können.
Die Waben werden im Gegensatz zur Amerikanischen Faulbrut bei den in der Wachsverarbeitung üblichen Temperaturen eingeschmolzen. Auch im Sonnenwachsschmelzer besteht keine Gefahr der Verschleppung.
Die Bienen werden am alten Standplatz in eine desinfizierte Beute auf Mittelwände oder leere desinfizierte Waben gestoßen. Nur wenn der Kunstschwarm aus mehreren Völkern gebildet wird, ist eine dreitägige Dunkelhaft notwendig. Die Bienen sollten in dieser Zeit und nach dem Einlogieren in die Beute gefüttert werden.
Wenn man stark infizierte Brutbereiche zuvor ausschneidet, kann man die Waben auch unter den durch ein Absperrgitter getrennten Brutraum geben und die Brut dort schlüpfen lassen. Diese Waben werden anschließend ebenfalls eingeschmolzen oder desinfiziert.

**Desinfektion**
Die Desinfektion der Waben erfolgt am besten durch die Begasung mit 60%iger technischer Essigsäure. Pro Liter zu behandelnden Raumes sind 2 ml Säure ausreichend. Für einen Raum mit neun bis zehn Waben rechnet man 120 bis 160 ml. Am besten werden mit Säure getränkte Dämmplatten zwischen die Räume (Zargen) gelegt. Man kann die Waben mit den Dämmplatten auch in Plastikbeuteln luftdicht verpacken. Beuten und Geräte können mit 1%iger Natronlauge desinfiziert werden. Der Beutenboden muß besonders sorgfältig behandelt werden. Bei der Anwendung und Entsorgung der Natronlauge müssen verschiedene Vorkehrungen getroffen werden (s. 3.2.2.).

**Medikamentöse Therapie**
Für eine medikamentöse Therapie stehen zur Zeit keine geeigneten Mittel zur Verfügung. Die Wirkung der im Handel angebotenen oder in der Literatur beschriebenen Präparate beruht oft nur auf deren Applikationsform, denn die Fütterung oder das Besprühen der Waben allein regt schon den Putztrieb an und führt oft auch ohne Medikamentenzugabe zur Heilung. Andererseits können viele wirksame Substanzen wegen hoher Rückstandsgefahr nicht empfohlen werden.
Ausreichende therapeutische Erfolge werden mit Thymol (Elbe und Weide 1951) und Ameisensäure erzielt (Kaftanoglu et al. 1992). Beide Stoffe regen den Putztrieb der Bienen an und wirken dabei gleichzeitig desinfiziernd. Die Anwendung von Thymol ist umständlich, da jede Wabenseite mit der 0,7%igen Lösung besprüht werden muß. Ameisensäure kann man dagegen in gleicher Weise wie zur Bekämpfung der Varroatose einsetzen (s. 6.1.4.).

**Abtötung**
Nur stark geschwächte Völker sollten abgetötet werden, u. U. kann man sie aber auch zu einem Kunstschwarm vereinigen. Die Waben und Beuten müssen wie beschrieben desinfiziert werden.

### 5.7.4. Prophylaxe

Die Prophylaxe besteht im wesentlichen darin, die zuvor genannten „Streßfaktoren" auszuschalten. Dabei muß besonderer Wert auf eine ausreichende Volksstärke gelegt werden, um jede Unterkühlung der Brut zu vermeiden. Ebenso muß eine zu hohe Feuchtigkeit im Kleinklima der Beute vermieden werden. Dies kann man durch eine entsprechende Wahl des Standortes und Beutentyps erreichen. Ein guter Bienenumsatz führt zu einem ausgeglichenen Verhältnis zwischen Jung- und Altbienen und fördert damit die Stockhygiene. Dies erreicht man durch eine gute Pollen- und Nektarversorgung besonders im Frühjahr, aber ebenso während der gesamten Saison. Zusätzlich können mit Hilfe der Zucht Bienen mit starkem Hygieneverhalten selektiert werden (Gilliam et. al. 1983).
Da die Ascosphaerose häufig als Sekundärinfektion der Varroatose (Ritter 1994), der Acarapidose (Deans, 1940) und anderer das Bienenvolk schwächender Krankheiten (Wille 1964 a) auftritt, muß man zunächst der Bekämpfung dieser Krankheiten besondere Aufmerksamkeit schenken.

## 5.8. Aspergillusmykose

### 5.8.1. Pathogenese

Aspergillusmykose wird am häufigsten von *Aspergillus flavus* und nur selten von *Aspergillus fumigatus* hervorgerufen. Eine Infektion mit Sporen über die Cuticula der Larven ist selten. Im wesentlichen erfolgt sie durch das mit Sporen der Pilze kontaminierte Futter (Burnside, 1930). Die Sporen keimen im Darm aus. Anschließend durchwächst das Pilzmyzel sehr schnell den gesamten Körper der Larve. Sobald es die Cuticula am vorderen Körperende durchbrochen hat, überwächst es den Körper in ein bis drei Tagen (Bailey, 1981). Die Larve stirbt in der gedeckelten Zelle an den vom Pilz abgegebenen Aflatoxinen noch vor der Verpuppung.
Dort, wo das Myzel an die Körperoberfläche gelangt, bildet es Konidiophoren aus. Die Körperoberfläche erscheint bei *Aspergillus flavus* gelbgrün und bei *Aspergillus fumigatus* graugrün. Der Pilzrasen erscheint wegen der Konidiophoren mit ihren in Sterigmen angeordneten Sporen pulvrig. Schon bei der kleinsten Luftbewegung werden Sporen freigesetzt. Die Bienen können die Mumien nur selten aus der Zelle entfernen, da diese über Luftmyzelien fest mit der Zellwand verbunden sind (Dreher, 1953). Statt dessen verschließen sie sie entweder mit Propolis oder beachten sie weiter nicht. Im Volk werden die Sporen im wesentlichen durch die Luftzirkulation, aber auch über die Körperoberfläche und mit der Nahrung weitergegeben.
Die hochvirulenten Pilze können auch adulte Bienen infizieren. Meist sind bereits durch andere Krankheiten geschwächte Sommerbienen betroffen (Dreher, 1953). Die Bienen nehmen die Sporen ebenfalls mit der Nahrung auf, von wo das Myzel ähnlich wie bei den Larven den gesamten Körper durchwächst, bis es schließlich die Intersegmentalhäutchen durchbricht (Burnside, 1930). Äußerlich fallen unterhalb des Kopfes ein gelblich-weißer Kranz und das mumifizierte Abdomen auf. Obwohl sie weitaus häufiger als die Brut infiziert werden, bleibt ihre Erkrankung meist unbemerkt, da sie außerhalb des Stockes sterben.

## 5.8.2. Epidemiologie

Der Pilz *Aspergillus flavus* ist relativ weit verbreitet, auch wenn die klinischen Symptome nur selten beobachtet werden. Es kommt daher nur bei geschwächten Völkern zu einem seuchenhaften Verlauf. Über die natürliche Verbreitung von *Aspergillus fumigatus* ist nur wenig bekannt.
Da die Bienen aus infizierten Völkern äußerlich mit Sporen kontaminiert sind, ist die Übertragung durch Verflug und Räuberei möglich. Im übrigen erfolgt eine Infektion wie auch bei anderen Brutkrankheiten durch pflegerische Maßnahmen, z. B. das Umhängen von Brutwaben oder das Verfüttern von kontaminiertem Honig (Betts, 1919).

## 5.8.3. Therapie

Die Aspergillusmykose tritt äußerst selten auf. Ebenso wurde nur vereinzelt von gravierenden Schäden berichtet (Dreher, 1953). Wegen der möglichen Gefahr für den Menschen sollte man radikale Maßnahmen vorziehen.

**Pflegerische Maßnahmen**
Die bei der Ascosphaerose wirksamen Maßnahmen zur Erhöhung des Putztriebes bringen bei der Aspergillusmykose keinen Erfolg, da die Mumien zu fest in der Zelle sitzen. Nur in Ausnahmefällen scheint eine Selbstheilung möglich zu sein (Gochnauer et al., 1975).

**Kunstschwarmverfahren**
Wegen der starken Kontamination der Bienen und der möglichen Gefahr für den Menschen ist ein Kunstschwarmverfahren nicht sinnvoll.

**Abtötung**
Obwohl der Nachweis einer für den Menschen schädigenden Wirkung des *A. flavus* fehlt, muß man von einer ähnlichen Giftwirkung wie bei den anderen von Lebensmitteln bekannten Arten ausgehen. Bei eindeutiger Diagnose sollten die infizierten Völker daher abgetötet werden.

**Desinfektion**
Die Waben werden vorzugsweise verbrannt und die Beuten mit 1%iger Natronlauge ausgewaschen oder gründlich ausgeflammt. Der Honig ist weder für die Bienen noch für den menschlichen Verzehr geeignet und sollte daher mit den Waben verbrannt oder gekocht werden. Bei diesen Arbeiten muß unbedingt eine Atemschutzmaske getragen werden (Betts 1919, 1951).

**Medikamentöse Therapie**
Eine wirksame medikämentöse Therapie ist nicht bekannt.

# 5.9. Sackbrut

## 5.9.1. Pathogenese

Das Sackbrutvirus (SBV) kommt im Zytoplasma der Fett- und Muskelzellen sowie in den Tracheolen (Tracheenendzellen) der Larven sowie im Nervengewebe und in den Hypopharynxdrüsen adulter Bienen vor. Die Bienen werden aufgrund dieser Infektion schneller Sammelbienen und dadurch insgesamt kurzlebiger. Mit dem Sekret der Hypopharynxdrüsen gelangt das Virus in die Larve, die im Alter von 16 bis 36 Stunden besonders empfänglich für diese Infektion sind. Das Virus kumuliert in der Exuvialflüssigkeit um das Integument der Larve. Zwischen der Streckmadenhaut und der Puppenhaut bildet sich vom Hinterende her unter zunehmender Zersetzung des Larvenkörpers eine klare, später bräunliche Flüssigkeit. Die transparente Cuticula bleibt erhalten, so daß die aus der Zelle gezogene Larve eine sackförmige Gestalt annimmt (Abb. 32). Schon nach 48 Stunden zeigt die Larve diese typischen klinischen Symptome und stirbt kurze Zeit später im Streckmadenstadium (SM) noch vor der er-

Abb. 32. Die aus der Zelle gezogene Larve nimmt bei einem Befall mit dem Sackbrutvirus eine sackförmige Gestalt an.

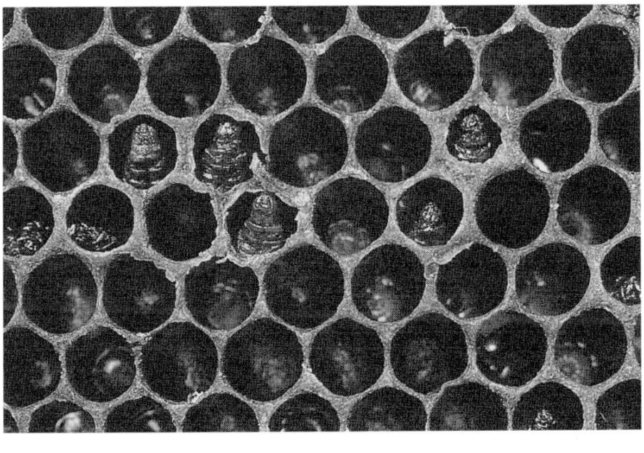

Abb. 33. Die abgestorbenen Larven verfärben sich und trocknen ein, indem der Kopf nach hinten abknickt. Foto: Liebefeld.

sten Puppenhäutung ab. Noch bevor sie abstirbt, verfärbt sich die in der unteren Zellrinne liegende Larve von vorn nach hinten zunehmend dunkel. Gleichzeitig knickt der Kopf nach hinten ab (Abb. 33). Sobald sich die Larve zersetzt hat, trocknet sie zu einem schwarzbraunen, schiffchenförmigen Schorf ein. Der locker in der Zelle liegende Schorf zeigt oft noch die ursprüngliche Segmentierung der Larve.
Das Virus wird von den Bienen aufgenommen, wenn sie infizierte Brut pflegen oder entfernen. Da die Bienen durch diese Infektion nicht wesentlich geschädigt werden, stellen sie neben der Brut eine wesentliche Infektionsquelle dar. Vor allem in ihren Hypopharynx- und Mandibeldrüsen kann das Virus auch brutlose Perioden überleben. Über kontaminierten Nektar, aber besonders Pollen wird das Virus im Volk zusätzlich verbreitet. Nur im sackförmigen Zustand ist die Brut infektiös. Im Frühjahr, wenn die Zahl der infizierten brutpflegenden Bienen besonders groß ist, tritt die Krankheit sehr häufig und massiv auf. Hauptsächlich sind Völker, die unter Futtermangel leiden, anfällig. Bei ausreichender Tracht kommt es in der Regel schnell zur spontanen Selbstheilung. Dieser Prozeß hängt wesentlich vom Hygieneverhalten der Bienen ab, d. h. davon, in welchem Umfang eingegangene Brut ausgeräumt wird. Dieses Verhalten kann wesentlich gestört sein, wenn das Akute-Paralyse-Virus als Sekundärinfektion der Varroatose auftritt. Aber auch wenn die Bienen mit der Abwehr anderer Brutkrankheiten zusätzlich beschäftigt sind, kann der Befall zunehmen. In seltenen Fällen kommt es auch zur Mischinfektion mit *Bacillus larvae*.

## 5.9.2. Epidemiologie

Das Sackbrutvirus infiziert in größerer Zahl andere Völker nur über die im sackförmigen Integument enthaltene Körperflüssigkeit. Die Zahl der Viruspartikel einer Larve reicht aus, um sämtliche Larven in 1 000 Völkern anzustecken (Bailey, 1981). Pflegerische Maßnahmen wie das Umhängen von Waben sind daher die wesentliche Form der Übertragung in andere Völker. Wenn die Bienen versuchen, die sackförmige Brut zu entfernen, werden sie auch äußerlich kontaminiert. Der Verflug von Bienen und Räuberei sind damit zwar keine entscheidenden, aber doch mögliche Wege der Verbreitung.

## 5.9.3. Therapie

Bei der Sackbrut handelt es sich um eine typische Faktorenkrankheit, die selten seuchenhaft auftritt und daher auch nicht staatlich bekämpft wird. Tritt die Sackbrut als Sekundärinfektion der Varroatose auf, so steht die Bekämpfung dieser Parasitose im Vordergrund der therapeutischen Maßnahmen. Zur Eindämmung der Krankheit sollten vor allem die pflegerischen Maßnahmen genutzt werden. In den meisten Fällen, wenn es zur Selbstheilung kommt, treten die klinischen Symptome nur vorübergehend auf.

**Pflegerische Maßnahmen**
Sofern es nicht spontan zur Selbstheilung kommt, wird man diese durch pflegerische Maßnahmen fördern. Hierzu gehört neben dem Einengen des Volkes die Anregung des Putztriebes mit Hilfe einer Reizfütterung. Eventuell ist es notwendig, die Königin auszutauschen (Umweiseln), am besten mit bereits nach dem Hygieneverhalten selektierten Königinnen. Zusätzlich kann man den Infektionsdruck vermindern, indem stark befallene Waben vernichtet werden.

**Kunstschwarmverfahren**
Bei extrem starkem Befall können ein Kunstschwarmverfahren und die gründliche Reinigung der Beute sinnvoll sein. Sie können während der gesamten Saison angewandt werden, da für den Aufbau der Völker ausgebaute Waben verwendet werden können.

**Desinfektion**
Eine besondere Desinfektion kann nicht empfohlen werden. Eine Infektion ist aber nur bei frisch abgestorbener Brut möglich. Trotzdem sollten alle stärker betroffenen Waben eingeschmolzen werden. Da das Virus hitzeempfindlich ist, reicht es, die infizierten Waben bei den bei der Wachsverarbeitung üblichen Temperaturen zu verarbeiten.

**Medikamentöse Therapie**
Eine medikamentöse Bekämpfung ist zur Zeit nicht möglich und in den meisten Fällen auch nicht sinnvoll.

**Abtötung**
Nur wenn ein Volk wegen des Befalls bereits stark geschwächt ist oder die Sackbrut in einem Gebiet seuchenhaft auftritt, kann die Abtötung vorgesehen werden.

### 5.9.4. Prophylaxe

Im wesentlichen sollte der bereits bei den pflegerischen Maßnahmen genannten Vorgehensweise gefolgt werden. Gute Haltungsbedingungen mit einem ständigen Nektarangebot oder einer Reizfütterung in den Trachtlücken verhindern, daß sich das Virus in an Nahrungsmangel leidender Brut ausbreiten kann.

## 5.10. Chronische Paralyse

### 5.10.1. Pathogenese

Die adulte Biene kann über die Nahrung oder über Wunden mit dem Chronischen Paralyse-Virus (CPV) infiziert werden. Wenn eine Virussuspension subkutan direkt in die Hämolymphe injiziert wird, reichen in der Regel weniger als 100 Viruspartikel aus, um die Symptome der Paralyse hervorzurufen (Bailey und Ball, 1991). Im Futter müssen mehrere Millionen Partikel enthalten sein, da der Verdauungstrakt der Bienen durch seine teilweise chitinöse Auskleidung einen passiven Schutz gegen Virusinfektionen bietet. Direkt in die Hämolymphe könnte das Virus auch über saugende Parasiten gelangen. Für *Acarapis woodi* kann dies ausgeschlossen werden, dagegen wird es bei *Varroa jacobsoni* häufiger beobachtet (Bailey und Ball, 1991).
Das Virus kann im Nervengewebe, vornehmlich im Cerebralganglion und in den thorakalen Ganglien (Giauffret et al. 1967), aber auch im Darmepithel, Fettkörper und in verschiedenen Drüsen, u. a. auch den Hypopharynxdrüsen, nachgewiesen werden. Über das Sekret dieser Drüsen gelangt es in das Futter. Die Partikelzahl im Honigmagen von an Paralyse erkrankten Bienen reicht aus, um auf dem Weg der Trophalaxie andere Bienen zu infizieren. Beim Verkleben des Pollens für den Transport wird auch dieser kontaminiert. Obwohl eine Infektion der Brut über das Futter erfolgt, kann sich das Virus in Larven nicht vermehren (Bailey, 1976). In adulten Bienen hängt die Vermehrungsgeschwindigkeit von der Temperatur ab. Sie ist unterhalb der Bruttemperatur am höchsten (Bailey und Milne, 1969).

Trotz infizierter Bienen, muß es nicht zur Paralyse kommen. Ebenso sind keine bestimmten Jahreszeiten bekannt, in denen starke Infektionen auftreten. Diese nehmen jedoch zu, wenn die Bienen längere Zeit im Stock zusammengedrängt sind. Durch den engen Kontakt der Bienen können die Viren übertragen werden. Vermutlich gelangen die Viren auch über Poren im Integument, die von abgebrochen Borsten stammen, in die Hämolymphe (Bailey et al., 1983). Alle Faktoren, die die Bienen am Ausflug hindern bzw. diesen einschränken, sind wesentlich für den Ausbruch der Paralyse. Hierzu zählen Schlechtwetterperioden oder Zeiten mit fehlender Tracht, aber auch Weisellosigkeit und häufige Räuberei. Nicht zuletzt scheint auch die Bienendichte im Flugradius einen wichtigen Einfluß zu haben. Vermutlich fördern bei hoher Bienendichte das geringere Nektarangebot und die verstärkte Räuberei wie zuvor beschrieben die Ausbreitung des Virus. Mit dem drastischen Rückgang der Bienendichte in England zwischen 1947 und 1967 aufgrund der Acarapidose nahm auch der Befall mit dem CP-Virus ab (Bailey et al., 1983). Eine hohe Bienendichte ist vermutlich auch für das gehäufte Vorkommen des Virus in Florida und in Süddeutschland (Ball und Allen, 1988) verantwortlich. Allerdings kommt im Schwarzwald noch die einseitige Tracht als weiterer Faktor hinzu.
Während der Tannentracht kommt es sehr häufig zur „*Schwarzsucht*" (Bailey und Ball, 1991). Die infizierten Bienen erscheinen aufgrund ihrer Haarlosigkeit schwarz (Abb. 34). Bei der Rückkehr in den Stock werden sie von den anderen Bienen oft als fremd angesehen und abgewiesen. Meist sind sie flugunfähig und hüpfen am Boden vor dem Nesteingang. Schon nach wenigen Tagen gehen sie zitternd ein. Diese als „ansteckende Schwarzsucht" bezeichnete Krankheit hat auch eine nicht ansteckende Variante (s. 7.1.).
Bei der eigentlichen Chronischen Paralyse (nach Bailey und Ball, 1991: Typ 1) muß nicht unbedingt Haarlosigkeit auftreten. Das Verhalten der Bienen ähnelt dem bei der Schwarzsucht; auch hier kann man flugunfähige, zitternd krabbelnde Bienen mit teilweise asymmetrisch gespreizten Flügeln vor dem Stock beobachten. Manche haben auch ein angeschwollenes Abdomen. Diese Völker erkranken häufig zusätz-

Abb. 34. Die infizierten Bienen erscheinen aufgrund des Haarverlustes schwarz. Ursache kann sowohl die Chronische Paralyse als auch die Waldtrachtkrankheit sein.

lich an Ruhr. Stark befallene Völker gehen im Sommer meist innerhalb weniger Wochen ein. Zurück bleiben die Königin und wenige Bienen (Bailey, 1969). Beide Formen der Paralyse können auch nebeneinander im selben Volk auftreten, gewöhnlich überwiegt aber eine der beiden.
Selbst wenn 30% der Bienen von der Chronischen Paralyse betroffen sind, wird dies nicht immer erkannt, denn die meisten infizierten Bienen sterben während des Fluges (Bailey, 1967). Häufig kommt es selbst bei stärker infizierten Völkern zur spontanen Selbstheilung.

### 5.10.2. Epidemiologie

Das Virus wird wie die meisten Erkrankungen der adulten Bienen über deren Verflug, Räuberei und Schwärme verbreitet. Eine hohe Bienendichte fördert somit nicht nur die Verbreitung des Virus im Volk, sondern auch in anderen Völkern. Der Imker selbst trägt mit der Verstärkung oder dem Vereinigen einzelner Völker sowie mit dem Verbringen von Völkern zur Verbreitung des Virus bei.

### 5.10.3. Therapie

Häufig bleibt die Erkrankung unerkannt, oder es kommt zur spontanen Selbstheilung. Sofern die Chronische Paralyse als Sekundärerkrankung der Varroatose auftritt, müßte der Schwerpunkt der Therapie in der Bekämpfung des Parasiten bestehen.

**Pflegerische Maßnahmen**
Die pflegerischen Maßnahmen beruhen darauf, daß junge, frisch geschlüpfte Bienen nicht infiziert sind und stark infizierte während des Fluges absterben. Bei einseitigen Trachten und bei hoher Bienendichte sollte man die Gebiete verlassen und solche mit guter Pollen- und Nektartracht anwandern. Dies fördert einerseits den Bienenumsatz, andererseits die Flugaktivität der Bienen.

**Kunstschwarmverfahren**
In besonders schweren Fällen kann man den Völkern die Brut entnehmen und diese nicht infizierten Völkern zuhängen. Man kann die Brut auch im Brutschrank schlüpfen lassen und mit den Bienen und einer Königin einen Kunstschwarm bilden.

**Medikamentöse Therapie**
Ein wirksames Medikament ist nicht bekannt. Eine gewisse Wirkung sollen Oxytetracycline haben (Fritzsch, 1984).

**Abtötung**
Nur stark befallene und bereits übermäßig geschwächte Völker sollten abgetötet werden.

### 5.10.4. Prophylaxe

Für die Prophylaxe gilt im wesentlichen dieselbe Zielrichtung wie für die pflegerischen Maßnahmen.

### 5.10.5. CPV-Satelliten (Associated virus)

Zusammen mit dem CP-Virus treten virusähnliche Partikel auf. Diesen Virussatelliten, die auch bei Pflanzen und höheren Tieren bekannt sind, fehlt die genetische Information zur Vermehrung. Sie benötigen hierzu ein anderes Virus, mit dem sie assoziiert sind. Bei der Vermehrung in der adulten Biene konkurrieren beide miteinander. Die Satelliten hemmen die sehr infektiösen größeren CP-Viruspartikel (Ball et al., 1985). Diese Wechselwirkung hat offensichtlich bei der Abwehr der Biene gegen die Paralyse eine Bedeutung und ist bei der Königin ausgeprägter als bei Arbeiterinnen (Bailey et al., 1980 a).

## 5.11. Akute Paralyse

Das Akute-Paralyse-Virus (APV) wurde gleichzeitig mit dem CP-Virus entdeckt (Bailey et al., 1976). Der Infektionsweg und die im einzelnen notwendige Viruspartikelzahl entsprechen weitgehend dem CP-Virus (s. 5.10.). So sind für die Infektion über das Futter mehrere Millionen und über eine subkutane Injektion nur 100 Partikel notwendig. Die Vermehrung ist im Gegensatz zu CPV bei 35 °C besser als bei 30 °C. Es tötet aber die Bienen bei niedrigeren Temperaturen schneller.

Das Virus kommt vornehmlich in den Labialdrüsen im Thorax und in verschiedenen Geweben wie dem Fettkörper der Biene vor. Eine Biene kann über 10 Millionen Viruspartikel enthalten, ohne Erscheinungen der Paralyse zu zeigen (Bailey und Gibbs, 1964). Offensichtlich hat sich das Virus dann in für Bienen weniger wichtigen Geweben vermehrt, so daß die Bienen äußerlich gesund erscheinen. Andererseits reicht es aus, daß nur 100 Viruspartikel in die Hämolymphe gelangen, damit die Biene innerhalb von vier Tagen abstirbt (Koch, 1989). Dann hat sich das Virus im Cerebralganglion angereichert.

Mit der Verbreitung von *Varroa jacobsoni* erlangte auch das AP-Virus zunehmende Bedeutung. Sobald die Milbe zur Nahrungsaufnahme das Integument der Biene zwischen Abdominalskleriten verletzt, gelangt auch das Virus in die Hämolymphe. Entweder wird es aus dem verletzten Gewebe in die Hämolymphe geschleust (Koch, 1989) oder die Milbe dient als Vektor (Batuev, 1979). Grundsätzlich könnten auch die von der Milbe abgegebenen Verdauungssekrete die Vermehrung des bereits in der Hämolymphe subletal vorhandenen Virus anregen (Ball, 1988, 1989). Zumindest konnte gezeigt werden, daß bienenfremde Proteine hierzu in der Lage sind (Bailey und Gibbs, 1964).

Infizierte Bienen verbreiten das Akute-Paralyse-Virus über das Sekret ihrer Hypopharynxdrüsen (Ball und Allen, 1988). Über das Futter gelangt das Virus somit auch in die Brut, ohne diese jedoch abzutöten. In Brut, die in der pupalen Phase mit Varroamilben befallen war, konnten dagegen fast immer AP-Viren nachgewiesen werden (Bailey und Milne, 1969). Der Infektionsweg über das Futter ist daher bei der Brut ebenfalls sehr unwahrscheinlich. Vielmehr scheint die Milbe auch hier als Vektor oder Aktivator bzw. beides zu wirken. Injiziert man in eine Puppe subletale Virusdosen, so leben diese Bienen als adulte deutlich kürzer als nicht infizierte. Darüber hinaus zeigen sie verschiedene Veränderungen des Verhaltens. So ist u. a. die Phase, in der sie Brut inspizieren und füttern, signifikant kürzer (Ritter und Ponten, 1992). Bei höheren Virusdosen stirbt die Brut in einem frühen Puppenstadium (Koch und Ritter, 1993). Der Zersetzungsprozeß erfolgt anschließend durch unspezifische Bakterien. Äußerlich

ist dies am klinischen Bild der Europäischen Faulbrut zu erkennen (Koch und Ritter, 1993). Die Akute Paralyse als Sekundärinfektion der Varroatose ist in ihrem Krankheitsbild sehr vielfältig. Das Akute-Paralyse-Virus scheint somit die wesentliche Ursache für die Pathogenität der Varroamilbe zu sein.
Eine Infektion über *Acarapis woodi* ist grundsätzlich auf dem gleichen Weg möglich, so daß man ähnliche Zusammenhänge erwarten könnte. Bisher konnte dies aber nicht nachgewiesen werden (Bailey, 1976).

### 5.11.1. Epidemiologie

Die Übertragung des Virus in andere Völker scheint lediglich im Zusammenhang mit der Varroatose von Bedeutung zu sein. Nur dann verändert das Virus das Verhalten der Bienen. Die mit AP-Virus befallenen Bienen verfliegen sich häufiger und verteidigen ihr Volk nur ungenügend, so daß es häufig das Ziel von Räuberei ist. Dies scheint der häufigste Weg der Verbreitung zu sein. Der Imker kann über Bienentransport und Brutwabentausch ebenfalls dazu beitragen.

### 5.11.2. Therapie

Eine Therapie ist nur im Zusammenhang mit der Varroatose notwendig. Da die Zahl der Viren direkt mit dem Milbenbefall positiv korreliert ist, besteht die Therapie zur Zeit ausschließlich in der Reduktion der Milbenpopulation (s. 6.1.4.).

### 5.11.3. Prophylaxe

Die einzige prophylaktische Maßnahme besteht in der rechtzeitigen Reduktion der Milbenpopulation, so daß die Brut möglichst wenig parasitiert wird.

## 5.12. Infektion durch das Deformed-Wing-Virus

Dieses Virus, auch Flügeldeformationsvirus genannt, ist dem Ägyptischen Virus sehr ähnlich und konnte bisher nur bei gleichzeitiger Parasitierung der Völker mit *Varroa jacobsoni* festgestellt werden. Das Virus wird wie das Akute-Paralyse-Virus von der Milbe übertragen (Ball, 1989). Es vermehrt sich langsam in der Brut. Wenn eine Puppe im Pw-Stadium infiziert wird, schlüpft die Biene mit mißgebildeten Flügeln.

## 5.13. Infektion durch das Bienenvirus X

Das Bienenvirus X infiziert adulte Bienen ausschließlich über das Futter. Hierzu sind $10^6$ bis $10^9$ Partikel notwendig (Bailey, 1976). Wenn man das Virus subkutan injiziert, kann es sich jedoch nur vermehren, wenn die Bienen bereits mit dem Sackbrutvirus (SBV) infiziert sind. In adulten Bienen vermehrt sich das Bienenvirus X zwar langsam, aber bei niedrigen Temperaturen besser als bei 35 °C (Bailey, 1976), was auf eine geringere Infektion der jüngeren brutpflegenden Bienen hinweist. Die saisonalen Schwankungen mit einem Peak im Dezember und einem Minimum im Juli/

August unterstützen diese Aussage und belegen eine hohe Vermehrung in der Wintertraube (Bailey et al., 1981). Andererseits tritt das BV-X häufig zusammen mit *Malpighamoeba mellificae* auf und kann neben diesen im Wintertotenfall nachgewiesen werden (Bailey et al., 1983). Die Verbreitung erfolgt offensichtlich wie bei der Amöbe über das mit Faeces kontaminierte Nest.
Im Gegensatz zum Bienenvirus Y vermehrt es sich auch, wenn die Biene nicht mit Amöben befallen ist. Trotzdem verkürzt sich auch in diesem Fall die Lebenserwartung der Bienen im gleichen Umfang (Bailey et al., 1983). Zusätzlich beschleunigt das Virus den Tod der Biene, wenn diese bereits mit Protozoen befallen ist. Wenn Völker im Winter oder Frühjahr eingehen und *M. mellificae* nachgewiesen wird, ist das Bienenvirus X oft die primäre Ursache. Obwohl *M. mellificae* häufig zusammen mit *Nosema apis* vorkommt, ist das Virus nicht mit diesem Protozoon assoziiert (Bailey, 1976).

## 5.14. Infektion durch das Bienenvirus Y

Das Bienenvirus Y infiziert wie das BV-X Bienen ausschließlich über das Futter und nie subkutan und vermehrt sich unterhalb der Bruttemperatur besser. Im wesentlichen kann es im Verdauungstrakt nachgewiesen werden. Im Gegensatz zum BV-X sind die Bienen im Frühsommer am stärksten befallen, trotzdem treten selten Schäden auf. Das Virus wirkt erst zusammen mit *Nosema apis* pathogen, mit dem es aber nicht direkt assoziiert ist. Die Protozoen zerstören vielmehr mit dem Darmepithel auch die natürliche Barriere der adulten Biene gegen eine Virusinfektion.

## 5.15. Infektion durch das Black-Queen-Cell-Virus

Das Black-Queen-Cell-Virus ist in adulten Bienen weit verbreitet. Das Virus befällt aber vornehmlich tote Vorpuppen oder Puppen der Königin. Die abgestorbene Brut zeigt äußerlich ähnliche Symptome wie die Sackbrut. Wenn sich diese zersetzt, färben sich die Wände der Weiselzelle dunkelbraun bis schwarz. Besonders häufig treten diese Erscheinungen in weisellosen oder künstlich für die Königinnenzucht entweiselten Völkern auf (Laidlaw, 1979).
Der Infektionsversuch mißlingt sowohl über das Futter als auch über die Injektion (Bailey und Woods, 1977). Trotzdem sind auch adulte Bienen mit dem BQC-Virus befallen. Das Virus ist eng mit *N. apis* assoziiert und verstärkt aus denselben Gründen wie das BV-Y dessen pathogene Wirkung.

## 5.16. Infektion durch das Cloudy-Wing-Virus

Das Cloudy-Wing-Virus (Trübe-Flügel-Virus) gelangt über die Atemluft in die Tracheen der adulten Bienen und von dort zwischen die Muskelfibrillen (Bailey und Ball, 1991). Stark infizierte Bienen verlieren die Transparenz ihrer Flügel und gehen nach kurzer Zeit ein. Das weit verbreitete CW-Virus zeigt keine saisonalen Änderungen des Infektionsgrades.

## 5.17. Infektion durch das Kaschmir-Bienen-Virus

Das Kaschmir-Bienen-Virus identifizierte man ursprünglich nur auf *Apis cerana*. Ein anderer Typ des Virus fand man in Neuseeland und Australien (Bailey et al., 1979; Anderson, 1985). Beide unterscheiden sich nur wenig in ihrer Pathogenität. Sie können *A. mellifera* sowohl über die Körperoberfläche als auch subkutan infizieren. Die adulten Bienen sterben nach wenigen Tagen. Larven, die das Virus über das Futter aufgenommen haben, zeigen als Adulte keine Symptome (Anderson und Gibbs, 1989). Das Virus ist vermutlich weiter verbreitet, als bisher angenommen. Letale Effekte treten aber erst dann auf, wenn es zusammen mit *Nosema apis* oder *Melissococcus pluton* vorkommt. Das Virus gelangt dann über das geschädigte Darmepithel in andere Gewebe (Anderson, 1991). Vermutlich kann das Virus ähnlich wie das AP-Virus durch die Varroamilbe übertragen werden. Wegen der außerordentlichen Pathogenität des KB-Virus besteht eine große Gefahr, wenn sich beide Verbreitungsgebiete überschneiden.

## 5.18. Infektion durch das Apis-Irideszenz-Virus

Das Apis-Irideszenz-Virus ist ein Vertreter aus der Familie Iridoviridae. Den Namen erhielten die Iridoviren von dem blaugrünen, irideszierenden Leuchten infizierter Insektenlarven. Das AI-Virus ist mit der „clustering disease“ bei der asiatischen Biene *Apis cerana* assoziiert und äußert sich in inaktiven, flugunfähigen Bienen, die kleine, separierte Trauben bilden oder am Boden krabbeln (Bailey und Ball, 1978). Das Virus vermehrt sich in verschiedenen Geweben: Pharynxdrüsen, Ovarien, Fettkörper und Verdauungstrakt. Entsprechend vielfälltig ist die Möglichkeit der Übertragung. *A. woodi* ist dagegen nicht wie vermutet ein Vektor. Bisher wurde das Virus nur auf *A. cerana* in der Himalaya-Region gefunden, es kann sich jedoch auch in *A. mellifera* vermehren.

## 5.19. Infektion durch das Filamentous Virus

Das Filamentous Virus, das ursprünglich für Rickettsien gehalten wurde (Wille, 1967), vermehrt sich im Fettkörper und in den Ovarien der adulten Bienen. Im Mai erreicht die Infektion ein Maximum und sinkt bis zum September auf ein Minimum ab. Die Hämolymphe der infizierten Bienen wird milchig-weiß. Das Virus ist zwar mit *N. apis* assoziiert, verändert aber im Gegensatz zum BQC-Virus und BV-Y dessen Virulenz nicht (Bailey et al., 1983).

## 5.20. Andere Virusinfektionen

Neben den oben beschriebenen wurden noch eine Reihe anderer Viren isoliert und klassifiziert: Langsame-Paralysis-Virus, das Ägyptische Virus, das Arkansas-Bienen-Virus und andere. Die Bedeutung dieser Viren ist nicht immer eindeutig.

# 6. Parasitosen

## 6.1. Varroatose

### 6.1.1. Pathogenese

Das querovale, etwa 1,5 × 0,5 mm große Milbenweibchen gelangt auf jungen Bienen in die Nähe der Brut und schlüpft in die Brutzelle, um sich dort fortzupflanzen.

● **Reproduktion**

Die Varroamilbe sucht bevorzugt Drohnenbrut zur Reproduktion auf. Im Durchschnitt dringen 92% der Milben in Drohnenbrut ein. Einer der Gründe ist die dort im Vergleich zur Arbeiterinnenbrut achtmal höhere Aktivität der brutpflegenden Bienen (Fuchs, 1989). Entscheidend sind aber vermutlich Zusammenhänge, die sich aus der Anpassung zwischen Parasit und Wirt im Laufe der Evolution ergeben haben. So sollen Stoffe auf der Larvencuticula (Methylpalmitate und Methyllinolenat), an denen die Bienen den Zeitpunkt der Zellverdeckelung erkennen, auch den Milben zum Auffinden geeigneter Zellen dienen. In Drohnenbrut sind diese Ester in doppelter Konzentration vorhanden (Trouiller et al., 1991). Die Milbe dringt in Arbeiterinnenzellen 15 bis 20 Stunden und in Drohnenbrut 40 bis 50 Stunden vor der Verdeckelung ein. Dabei schiebt sich die Milbe zwischen Larve und Zellwand hindurch zum Zellboden. Dort wird sie vom Futter der Larve umschlossen. Über die ausgestülpten Peritreme kann die Atmung aufrechterhalten werden. In dieser Position kann die Milbe von den Bienen nicht entdeckt und entfernt werden.
Die Oogenese beginnt, nachdem die adulte Milbe in die Brutzelle eingedrungen ist (Steiner, 1991). Bei manchen Milben entwickeln sich keine Oozyten. Sie sind infertil. Hierzu kommt es häufiger in Arbeiterinnen- als in Drohnenbrut. Die Infertilitätsrate von 10 bis 20% kann mit der Saison und bei den verschiedenen Bienenrassen oder Zuchtlinien variieren. So ist der Anteil von infertilen Milben bei *A.m.mellifera* im April und von *A. m. carnica* im September höher (Otten, 1990). Eine zunächst infertile Milbe kann aber im nächsten Reproduktionszyklus in Eilage gehen (de Ruijter, 1988). Die Infertilität wird wesentlich von der Dauer der phoretrischen Phase bestimmt. Um so länger diese z. B. in brutlosen Völkern dauert, um so mehr Milben sind infertil (Stürmer und Rosenkranz, 1994). Eine hohe Infertilitätsrate weisen neben dem ursprünglichen Wirt *Apis cerana* manche varroatolerante Linien und Rassen auf (Ruttner et al., 1984; Ritter und de Jong, 1984; Ritter et al., 1981). Welche Stimuli die Entwicklung der Oozyten und die Eiablage herbeiführen, ist zur Zeit noch unbekannt. Der Einfluß von äußeren Bedingungen und wirtsspezifischen Faktoren läßt sich nicht klar voneinander trennen.
Schon wenige Stunden nach dem Eindringen in die Zelle verletzt die Milbe die Larvencuticula, um Hämolymphe aufzusaugen. Ursprünglich nahm man an, daß das

hierbei aufgenommene Juvenilhormon III die Oogenese bei der Milbe initialisiert und ein zu niedriger Titer dieses Hormons zur Infertilität führt (Hänel, 1983; Hänel und Koeniger, 1986). Der Titer unterscheidet sich bei den einzelnen Gruppen jedoch nur geringfügig und steigt im Laufe der Entwicklung der Larve bzw. Puppe zu spät an, um noch einen Einfluß auf die Eiablage zu haben (Rosenkranz et al., 1992). Als weiteren zur Infertilität führenden Faktor diskutierte man die Temperatur in der Brutzelle (Le Conte et al., 1990). Unter Laborbedingungen kamen die Milben bei kurzzeitigen Temperaturerhöhungen auf über 38 °C nicht zur Ablage von Eiern. Unter natürlichen Bedingungen ist die Bruttemperatur jedoch relativ konstant, und derartige Peaks treten selbst unter extremen Umgebungstemperaturen nur selten auf. Ein möglicher Stimulus könnte jedoch die Dauer der phoretrischen Phase sein. In Völkern der *Apis cerana*, in denen die Milbe auf die Reproduktion in der Drohnenbrut angewiesen ist, ist sie besonders lang (Rath, 1991). Ob Veränderungen in der Milbe oder äußere Einflüsse die Entwicklung der Oozyten und die Eiablage verhindern, bleibt damit weiter unbekannt.

Die erste Oozyte entwickelt sich 10 bis 15 Stunden nach der Verdeckelung der Brutzelle. Die ausgewachsenen Oozyten werden in das Ovidukt ausgestoßen, und die Embryogenese beginnt (Steiner, 1992). Das erste Ei wird 60 Stunden nach der Verdeckelung abgelegt. In Normalfall ist es haploid und daher männlich determiniert (Rehm und Ritter, 1989). Weitere Eier folgen im Abstand von 26 bis 32 Stunden. Sie sind diploid und entwickeln sich somit zu Weibchen. Insgesamt werden bis zu fünf, selten sechs Eier abgelegt (Martin, 1994). Die sechsbeinige Larve entwickelt sich im Chorion (Steiner, 1992). Aus ihr schlüpft die Protonymphe, die sich zur Deutonymphe und schließlich zur adulten Milbe häutet. Noch in der Zelle kommt es zur Begattung.

Mit Ausnahme der Larven und Protonymphen können die Geschlechter anhand morphologischer Merkmale unterschieden werden (s. Abb. 19, S. 66). Man kann dies für die Bestimmung der Entwicklungszeiten der einzelnen Stadien nutzen (Abb. 35). Die Angaben in der Literatur variieren zum Teil erheblich. So gehen ältere Angaben grundsätzlich von einer falschen Reihenfolge der Geschlechter aus, und häufig wurde auch nicht präzise gemessen. Nach neueren Untersuchungen dauert die Entwicklung zum Männchen 154 Stunden und zum Weibchen 134 Stunden (Martin, 1994).

Die Zahl der adulten Töchter hängt wesentlich von der Dauer der Verdeckelung der Brutzelle ab. Bei europäischen Rassen der *A. mellifera* dauert diese bei der Arbeiterinnenbrut 12 Tage, so daß bis zu drei adulte Töchter entstehen. Die Reproduktionsrate von 1,3 bis 1,45 zeigt jedoch, daß die dritte Milbe nicht immer adult wird (Schulz, 1984; Martin, 1994). In der Drohnenbrut können wegen der um drei Tage längeren Verdeckelungszeit mit 2,2 bis 2,6 höhere Reproduktionsraten erzielt werden (Fuchs und Langenbach, 1989; Schulz, 1984). Doch von dem hier dargestellten Normalfall sind Abweichungen möglich; so entwickeln sich in manchen Zellen keine oder nur männliche Milben. Weiterhin nimmt mit der Zahl der in einer Zelle parasitierenden Varroamilben auch die Zahl der abgelegten Eier ab (Fuchs und Langenbach, 1989).

Die im Vergleich zur Zahl der abgelegten Eier niedrige Reproduktionsrate ergibt sich aus der Mortalität der Nymphenstadien nach dem Schlupf der Biene. Vermutlich ist der Wasserverlust wegen der fehlenden Sklerotisierung der Cuticula des Integuments zu hoch. Aus dem gleichen Grund gehen die Männchen ein. Aber auch bei den adulten Milben sind die Pigmentierung und Aushärtung der Cuticula noch nicht abgeschlossen. Dies erklärt die relativ hohe Mortalitätsrate junger Milben.

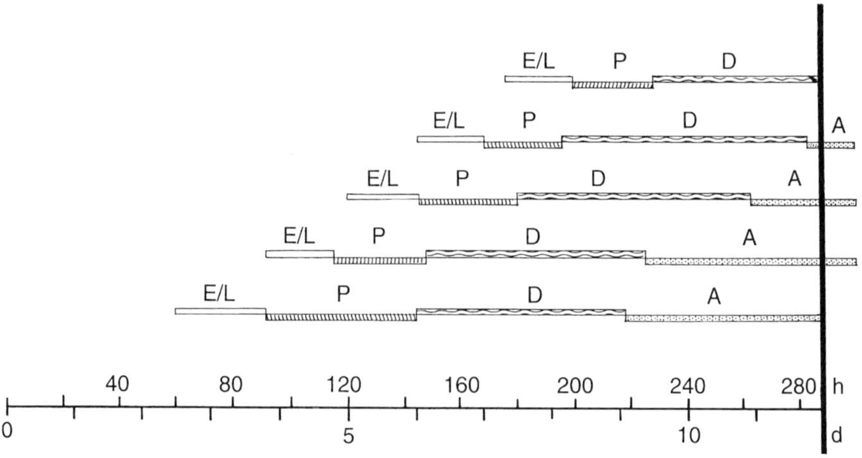


Abb. 35. Entwicklungsdauer (Stunden) der einzelnen *Varroa*-Stadien. Erläuterung im Text. A Adulte, h Stunden, d Tage.

| | | ♀ | ♂ |
|---|---|---|---|
| E/L | Ei/Larve | 22–24 | 30 |
| P | Protonymphe | 26–34 | 52 |
| D | Deutonymphe | 76–86 | 72 |
| | Total | 134 | 154 |

Für die Populationsdynamik der Milben ist jedoch nicht nur die Reproduktionsrate, sondern auch die Zahl der reproduktiven Zyklen und die Dauer der phoretrischen Phase entscheidend. Nur 18% der Milben durchlaufen zwei und 4% drei Zyklen (Grobov, 1977). Nach neueren Untersuchungen reproduzieren sich 13% der Milben mindestens dreimal.

Unter experimentellen Bedingungen konnte die Eiablage aber über sieben Zyklen aufrechterhalten werden (de Ruijter, 1987). Dies unterstreicht, daß die Milben die physiologische Fähigkeit zur mehrmaligen Reproduktion besitzen. Zwischen den Reproduktionszyklen hält sich die Milbe auf der adulten Biene auf (phoretrische Phase) und ist dort verschiedenen Gefahren ausgesetzt, die zu ihrem vorzeitigen Tod führen können. Unter natürlichen Bedingungen kann die Milbe daher nur selten mehr als zwei Zyklen vollenden.

Die Dauer der phoretrischen Phase ist mit 2 bis 22 Tagen sehr variabel (Schulz, 1984) und hängt wesentlich vom Angebot und von der Attraktivität der Brut (Büchler, 1989; Fuchs, 1989), aber auch dem Alter der Milben ab (Calis et al., 1990). Junge nullipare Milben verbleiben auf den Bienen etwa doppelt so lange wie alte (Schulz, 1984). Die phoretrische Phase kann jedoch, wenn Arbeiterinnen die gedekkelte Brut oder nur den Zelldeckel entfernen, verlängert werden, da die überlebenden Milben nach einiger Zeit erneut in die Zelle eindringen.

**● Abwehrmechanismen**

Im Durchschnitt werden in einem Bienenvolk etwa 17% der Zellen von den Arbeiterinnen geöffnet und ausgeräumt (Boeking und Drescher, 1991). Dieses als *Removal*

bezeichnete Verhalten ist bei den Arbeiterinnen verschiedener Völker unterschiedlich stark ausgeprägt. Es beeinflußt das Populationswachstum von *V. jacobsoni* in weitaus stärkerem Maße als die bereits erwähnte Verlängerung der phoretrischen Phase, indem die noch nicht zu Adulten entwickelten Nachkommen absterben und auch die Mortalität unter den adulten Milben ansteigt.
Die Mortalität der Milben auf adulten Bienen steigt, wenn die Bienen durch Auto- oder Gruppenputzen die Milben von ihrem Körper entfernen. Dabei greifen die Bienen die Milben mit den Mandibeln, was häufig zu Verletzungen vorwiegend an den Extremitäten und der Cuticula führt (Ruttner und Hänel, 1992). Im natürlichen Milbenfall können je nach Ausprägung dieses Verhalten bis zu 40% der Milben beschädigt sein. In der Regel sind besonders die jüngeren Milben betroffen (Moosbeckhofer, 1992). Die Zahl der verletzten Milben nimmt im Laufe der Bienensaison mit dem natürlichen Milbenabfall zu. Im Mai kann z. B. ihr Anteil noch 10% und im Juni bereits 64% betragen. Die verletzten Milben sterben entweder auf dem Beutenboden oder werden hinausgetragen. Dieses als „*Grooming*" bezeichnete Verhalten ist bei Arbeiterinnen verschiedener Herkunft unterschiedlich stark ausgeprägt.
Im Laufe der Bienensaison sterben sowohl Milben in der Brut als auch auf adulten Bienen eines natürlichen Todes. Diese Milben fallen auf den Beutenboden. Gelingt es ihnen nicht, auf die Bienen zurückzukehren, so sterben sie je nach Umgebungstemperatur innerhalb von ein bis zwei Tagen ab (Guzman et al., 1993). Auf einer mit einer Gaze gesicherten Bodeneinlage können die abgefallenen Milben gefangen und für diagnostische Zwecke gezählt werden. Dieser natürliche Milbenabfall nimmt im Laufe des Sommers zu. Da sich im Sommer 20 bis 30% der Milben auf Flugbienen aufhalten (Schulz, 1984), geht ein Teil von ihnen verloren, wenn diese nicht in den Stock zurückkehren. Der prozentuale Anteil dürfte aber gering sein, da die Milben sich häufiger auf jüngeren, ausschließlich im Nest lebenden Bienen aufhalten.
Im Winter ist die Mortalitätsrate der Milben mit im Durchschnitt 40% besonders hoch (Moosbeckhofer, 1992). Diese Milben haben entweder ihre natürliche Lebensgrenze erreicht oder sterben mit den von der Wintertraube abfallenden Bienen. Im Gegensatz zum Sommer sterben im Winter mehr Milben außerhalb der Beute. Wesentlich hierfür sind die homogene Verteilung der Milben auf den Bienen der Wintertraube (Ritter et al., 1989) und die extrem hohe Verlustrate von Bienen auf den ersten Reinigungsflügen.

● **Populationsentwicklung**

Die Populationsdynamik von *V. jacobsoni* ist eng mit der Brutaufzucht im Bienenvolk korreliert. Im Frühjahr ist der Befall am geringsten. Mit der Aufzucht der Drohnenbrut nimmt er zeitlich versetzt zu und erreicht den ersten Peak zu Beginn der zweiten Jahreshälfte. Im weiteren Verlauf nimmt er, sofern das Bienenvolk den Befall überlebt und keine therapeutischen Maßnahmen getroffen werden, bis zum Herbst stetig zu und fällt erst im Winter wieder ab. Die in der zweiten Jahreshälfte erreichten absoluten Befallzahlen hängen wesentlich vom Ausgangsbefall im Frühjahr sowie vom Umfang und von der Dauer der Aufzucht von Drohnenbrut ab.
Mit Hilfe der zuvor genannten Faktoren hat man versucht, Populationsmodelle zu erstellen (Fries et al., 1994). Bei einer Ausgangsinfektion von zehn Milben im April bleibt die Population in den ersten beiden Jahren relativ niedrig; im dritten nimmt

sie dagegen auf 4000 und im vierten auf 10000 Milben zu. Ähnliche Daten konnten zu Beginn der Ausbreitung der Varroatose bei Felduntersuchungen ebenfalls ermittelt werden (Ritter et al., 1984). Abweichungen zu später ermittelten Daten ergeben sich vor allem daraus, daß die Zahl der durch Invasion in die Völker gelangten Milben am Beginn der Verbreitung gering war und dieser Parameter wegen der großen Variabilität in einem Populationsmodell nur schwer erfaßt werden kann.

### 6.1.2. Epidemiologie

Die Varroamilbe wird durch pflegerische Maßnahmen wie das Umhängen von Brutwaben in andere Völker übertragen. Die Verbreitung der Milbe über größere Entfernungen erfolgt durch das Verbringen der Völker an neue Standorte und durch Schwärme. Im Flugkreis des Bienenvolks ist die häufigste Form der Übertragung die natürliche Invasion von Milben über sich verfliegende Bienen oder durch Räuberei. Ihr Umfang wird wesentlich von der Bienendichte und dem Befallsgrad der Völker in der Umgebung bestimmt. Aber auch die Rasse bzw. Zuchtlinie sowohl der Invasoren als auch der Empfänger hat einen wesentlichen Einfluß. So verfliegt sich *A. m. carnica* weniger häufig als *A. m. mellifera* und die Buckfast-Biene; andererseits nehmen Völker der *A.m. carnica* fremde Bienen bereitwilliger auf (Hoffmann 1992).

Die Invasion geht im wesentlichen von stark parasitierten Völkern aus. Bienen dieser Völker verfliegen sich doppelt so häufig wie andere. Andererseits sind stark parasitierte Völker häufig das Ziel einer Räuberei. Die Milben wechseln dabei während des Kampfes von der abgestochenen Biene auf die überlebende. Vermutlich wird dieses Verhalten durch die Abgabe des Alarmpheromons, insbesondere dessen Bestandteil 1-Octanol, oder durch das Abkühlen der getöteten Biene ausgelöst (Kraus, 1990). Auf den Räubern verlassen 25 bis 55% der Milben das Volk (Sakovski et al., 1990).

Der Haupteintrag der Milben erfolgt in der zweiten Jahreshälfte. Die Phase der höchsten Invasion fällt daher mit der des maximalen Befalls des Bienenvolks zusammen. Am höchsten ist sie am Ende der Bienensaison, wenn wenig Nektar eingetragen wird. In dieser Zeit werden bis zu 100 Milben pro Tag eingetragen (Milani et al., 1993) Im Spätsommer treten daher Schäden und Totalausfälle besonders häufig auf.

### 6.1.3. Schäden

Die Milbe verletzt die Biene bei der Aufnahme von Hämolymphe zwischen dem zweiten und dritten Adominalsterniten. Mit ihren senkrecht gestellten Cheliceren raspelt sie eine Wunde ins Integument (Strick und Madel, 1988). Aus der 10 bis 15 µm großen Wunde tritt Hämolymphe aus, die die Milbe mit dem Pharynx aufsaugt. Der Verlust an Hämolymphe ist mit 0,1 mg in zwei Stunden, das sind 0,5% des Körpergewichts, gering und kann rasch ausgeglichen werden. Da es relativ schnell durch einen Hämolymphpfropf und die Ausscheidung der Cuticula zu einem Wundverschluß kommt, muß die Milbe die Biene wiederholt verletzen. Der von der

Milbe abgegebene Speichel soll einen toxischen Effekt haben, bei dem es zu Veränderungen des Gewebes kommt. Wegen der zahlreichen Verletzungen erhöht sich für die Biene die Gefahr von Infektionen. Die Milbe selbst ist Träger verschiedener pathogener und ubiquitärer Mikroorganismen. Auf der Cuticula konnten Pilze des Aspergillus- und Ascophaeratyps, im Verdauungstrakt Amöben, Bakterien und Rikkettsien nachgewiesen werden (Liu und Ritter, 1988). Die Hämolymphe adulter Bienen ist jedoch erst ab drei parasitierenden Milben mit Bakterien kontaminiert (Koch und Ritter, 1989). Zu einer derartig hohen Parasitierung kommt es aber erst kurz vor dem Zusammenbruch eines Volks. Die körpereigene Immunabwehr der Bienen scheint somit auch im parasitierten Volk ausreichend wirksam zu sein.

Die in verschiedenen Untersuchungen beobachtete verkürzte Lebenserwartung parasitierter Bienen ist im wesentlichen eine Folge der Infektion mit dem Akuten-Paralyse-Virus (s. 5.11.1.). Seine Übertragung und Vermehrung kann auf verschiedene Weise erfolgen: Bei der Verletzung werden Viren aus subkutanem Gewebe der Biene freigesetzt, der Speichel der Milbe wirkt als Stimulus für die Vermehrung des Virus, oder die Milbe selbst ist dessen Vektor. Die Immunabwehr von Viren scheint bei Insekten im wesentlichen auf den Verdauungstrakt konzentriert zu sein, dabei scheint das chitinöse Darmepithel als Barriere zu wirken. Eine Infektion über das Futter kann somit ausgeschlossen werden. Dies wird an der um ein Vielfaches höheren Zahl von Partikeln deutlich, die zur Infektion über die Nahrung notwendig sind. Aber auch bei einem Befall mit Varroamilben kommt es erst bei einer höheren Parasitierung zu einer Schädigung.

Wesentlich gravierender wirkt sich die Parasitierung während der pupalen Phase aus. Schon eine sich in der Brutzelle reproduzierende Milbe kann bei der schlüpfenden Biene neben der Lebenserwartung das Verteidigungs-, Orientierungs- und Hygieneverhalten verändern. Mit dem Parasitierungsgrad nehmen die Schädigungen zu. Während der Juvenilphase mehrfachparasitierte Bienen haben u. a. unterentwickelte Hypopharynxdrüsen und einen degenerierten Fettkörper (Schneider und Drescher, 1987). Wenn man nichtparasitierter Brut im frühen Puppenstadium (PW) das Akute-Paralyse-Virus in geringer Partikelzahl injiziert, so kann man die gleichen Verhaltensveränderungen und morphologischen Effekte auslösen (Ritter und Ponten, 1995). Bei einer starken Parasitierung des Volks kann die Brut sogar absterben. Die klinischen Symptome sind denen der Europäischen Faulbrut sehr ähnlich, allerdings konnte der spezifische Erreger, das Bakterium *Melissococcus* pluton, in keinem Fall, das AP-Virus dagegen immer nachgewiesen werden (Koch und Ritter, 1989).

Mit der Zahl der in einer Brutzelle parasitierenden Milben ist die Zahl der mit verkürztem Abdomen und deformierten Flügeln schlüpfenden Bienen positiv korreliert (Abb. 36). Mißgebildete Flügel können aber auch durch eine Infektion mit dem Deformed-Wing-Virus hervorgerufen werden (Ball, 1989). Dieses Virus wird vermutlich auf dem gleichen Weg wie das AP-Virus übertragen und die Vermehrung durch ähnliche Stimuli angeregt. Die für eine starke Parasitierung typischen Mißbildungen bei den Bienen treten damit sowohl als Folge der Parasitierung allein wie auch einer Virose auf.

Die Varroatose ist in den meisten Gebieten endemisch. Sekundärinfektionen und die daraus resultierenden Veränderungen des Verhaltens der Einzelbiene, aber auch der Sozialstruktur des Bienenvolks, müssen ebenso wie die morphologischen Veränderungen bei biologischen Untersuchungen berücksichtigt werden.

Abb. 36. Ein verkürzter Hinterleib und mißgebildete Flügel treten aus stark parasitierten Zellen schlüfenden Bienen in der letzten Phase der Varroatose auf.

## 6.1.4. Therapie

Die Entwicklung des Milbenbefalls in den Bienenvölkern macht eine jährlich wiederholte Bekämpfung notwendig. Ihr wesentliches Ziel besteht darin, den Milbenbefall unter die Schadensschwelle zu senken. Die Bekämpfung der Milbe *V. jacobsoni* im Bienenvolk erfolgt zur Zeit fast ausschließlich mit Hilfe einer Chemotherapie. Pflegerische Maßnahmen haben aber besonders in einem integrierten Bekämpfungskonzept eine hervorragende Bedeutung.

### 6.1.4.1. Pflegerische Maßnahmen

Schon mit Beginn der Ausbreitung der Varroamilbe wurden neben der medikamentösen Therapie auch biotechnische Verfahren entwickelt. Das Bannwabenverfahren erreichte als erstes eine Praxisreife.

*Bannwabenverfahren*
In typischen Frühtrachtgebieten in Nord- und Mitteldeutschland fand das Bannwabenverfahren eine gute Akzeptanz. Dabei wird die Königin im Abstand von sieben bzw. neun Tagen auf jedesmal neue Waben gesperrt, so daß sich die Milben ausschließlich in dieser kontrollierten Brut fortpflanzen. Mit der gedeckelten Brut werden auch sie entfernt und vernichtet (Ritter, 1994).

- Königin in eine Wabentasche sperren.
- Nach 8 und 19 Tagen die Wabe gegen eine neue austauschen.
- Die Waben bis zur Verdeckelung der Brut im Volk belassen.
- Verdeckelte Waben ab dem 18. Tag im Abstand von 9 Tagen dem Volk entnehmen.
- Die Waben einer Wärmebehandlung unterziehen (s. dort) oder für die Wachsverarbeitung einschmelzen.

Der Arbeitsaufwand ist jedoch erheblich. Günstiger vor allem bei Nutzung von Spättrachten ist die Bannwabe im Zwischenableger. Dieses Verfahren beruht im wesentlichen auf einer längeren brutfreien Phase im Ableger und dem Entzug der Milben über eingehängte Bannwaben (Ritter, 1994).

- Volk mit Zwischenboden teilen.
- In den oberen Raum sämtliche gedeckelte Brutwaben geben, zuvor sämtliche Schwarmzellen entfernen.
- In den unteren Raum neben der Königin die offenen Brutwaben sowie Leer- und Futterwaben geben.
- Sämtliche Flugbienen gelangen über das alte Flugloch (Bodenbrett) in den unteren Raum.
- Die Bienen des oberen Raums fliegen sich über das entgegengesetzt ausgerichtete Flugloch des Zwischenbodens neu ein.
- Nach einer Woche die Schwarmzellen im oberen Raum bis auf eine ausbrechen.
- Eine Schwarmzelle käfigen.
- Nach insgesamt zwei Wochen aus dem unteren Raum zwei offene Brutwaben in den oberen geben.
- Nach insgesamt drei Wochen die nun gedeckelten Brutwaben entnehmen und wie oben beschrieben weiter verarbeiten.
- Den Zwischenboden entfernen.

Der hohe Arbeitsaufwand wird durch die Kombination von Schwarm- und Varroakontrolle akzeptabel.

*Drohnenbrutentnahme*
Die Präferenz der Varroamilben für Drohnenbrut kann für eine Reduktion des Milbenbefalls in der ersten Jahreshälfte genutzt werden. Soll bereits die erste aufgezogene Drohnenbrut entfernt werden, so hängt man im Spätsommer eine ausgebaute Drohnenwabe neben das Brutnest und entnimmt diese im Frühjahr – meistens Mitte April –, bevor die Drohnen schlüpfen. Am häufigsten und einfachsten werden Drohnenwaben über den Baurahmen erzeugt. Dieser wird entweder im zeitigen Frühjahr, z. B. zur Zeit der Kirschblüte, an den Rand des Brutnests oder bei Hinterbehandlungsbeuten in das Baurahmenfenster gehängt. Bei Bedarf kann der Baurahmen ausgeschnitten und in bestimmtem Rhythmus wiederholt verwendet werden. Der Erfolg dieser Methode wird sehr unterschiedlich bewertet. Sie ist jedoch eine der wenigen nichtchemischen Behandlungen, die schon im Frühjahr einen Teil der Milben aus dem Volk eliminiert (Engels et al., 1984).
Als weitere Möglichkeit der Bekämpfung über die Waben wurde häufig die „ANP-Wabe“ genannt. Bisher konnten aber keine signifikanten Unterschiede im Befall zwischen diesen Kunststoffwaben und Wachswaben gefunden werden.

### 6.1.4.2. Medikamentöse Therapie

Zahlreiche chemische Verbindungen wurden in den letzten Jahren auf ihre akarizide Wirkung und Verträglichkeit für Bienen geprüft. Sie wurden früher als Akarizide im Pflanzenschutz, bei anderen Tierarten oder zur Bekämpfung von *Acarapis woodi* bei Bienen eingesetzt. Nur wenige Substanzen hat man als *Varroazide* neu entdeckt oder für diesen Zweck besonders entwickelt. In einer Zusammenstellung von Wienands (1987) werden 87 derartige Substanzen bzw. Präparate aufgeführt. In der Zwischenzeit sind einige Substanzen hinzugekommen. Nur wenige wurden nach einer staatlichen Prüfung als Tierarzneimittel zugelassen.
Im folgenden soll eine Übersicht sowie eine Beurteilung der verschiedenen Substanzen gegeben werden. Einige der aufgeführten Substanzen werden heute nur noch selten verwendet. Sie werden aber trotzdem aufgeführt, um einen eventuellen illegalen Einsatz beurteilen zu können. Die Praxis hat nämlich gezeigt, daß manche der Substanzen nach einiger Zeit erneut zur Anwendung kommen. Die Kriterien, nach denen die einzelnen Autoren die Wirkung und Verträglichkeit der einzelnen Substanzen ermitteln, unterscheiden sich zum Teil erheblich. Ein Vergleich wird hierdurch erschwert.
Ob die Wirkung eines Präparates als ausreichend eingestuft wird, hängt wesentlich von der Höhe und der Dynamik der Milbenpopulation sowie dem Abstand zwischen den Behandlungsperioden ab. Ein Präparat ist ausreichend wirksam, wenn so viele Milben abgetötet werden können, daß bis zur nächsten Behandlung die Schadensschwelle nicht erreicht wird. Bei einer einzigen Behandlung während der Saison sollte ein Präparat mindestens 90% der Milben abtöten. Bei starker Reinvasion aus umliegenden Völkern wird jedoch selbst nach Abtötung aller Milben die einmalige Behandlung nicht ausreichen. Dies gilt in gleicher Weise für ohne Unterbrechung brütende Völker, wenn die Milben in der Brut nicht oder nur unzureichend abgetötet werden. Die Eignung eines Präparates kann somit nur in Zusammenhang mit einer bestimmten Behandlungsstrategie beurteilt werden.
Andererseits können Präparate, die aufgrund ihrer Zusammensetzung oder ihres Rückstandsverhaltens als unbedenklich eingestuft werden, häufiger eingesetzt werden. Auch wenn nur wenige Milben durch die Behandlung abgetötet werden, kann das Präparat insgesamt ausreichend wirksam sein.
Wesentlich für die therapeutische Wirkung einer Substanz ist die Applikationsform. Die Substanzen werden daher in der folgenden Übersicht nach diesem Kriterium eingeteilt.

● **Aerosol-Nebel**
Aerosole sind kolloidale Verteilungen von flüssigen Stoffen in Luft. In Mikrodiffusern kann mit Hilfe einer rotierenden Scheibe und Wärme ein Aerosol mit einem sehr feinen Tröpfchenspektrum (0,5–5 µm Durchmesser) erzeugt werden. Hierdurch haben die Wirkstoffbestandteile eine lange Schwebfähigkeit in der Luft. Bei Bienenvölkern werden vor allem die Geräte der Firmen Phagogene und Edar eingesetzt (Borneck, 1987). Die Vorteile dieses Verfahrens bestehen darin, daß wäßrige Lösungen des Akarizids verarbeitet werden können und sie in der Regel ohne chemische Umwandlung in das Bienenvolk gelangen. So können auch chemisch instabilere Stoffe wie ätherische Öle und Pflanzenextrakte leicht eingebracht werden.

Im Gegensatz hierzu wird das Akarizid in den Fogger-Geräten mit öligen Formulierungshilfsstoffen bei etwa 60 °C verbrannt und als Nebel in das Bienenvolk geleitet. Die entstehenden Pyrolyseprodukte erschweren die Beurteilung der humantoxischen Eigenschaften der eingebrachten Stoffe erheblich.
Die Vorteile beider Methoden sind neben der guten Verteilung des Akarizids die relativ einfache Anwendung und der geringe Arbeitsaufwand, da das Aerosol von oben oder durch das Flugloch direkt in die Beute geleitet werden kann. Wesentliche Nachteile sind der relativ hohe apparative Aufwand und die möglichen Gefahren für den Anwender, der den Aerosoldämpfen während der gesamten Behandlung mehr oder weniger direkt ausgesetzt ist. Aber auch die Dosierung ist wegen der Abhängigkeit des Aerosolausstoßes von der Außentemperatur und dem Füllzustand des Gerätes schwierig.

*Amitraz*
Das Pflanzenschutzmittel Mitac und das Tierarzneimittel Taktic enthalten jeweils 12,5% des Wirkstoffs Amitraz mit jedoch unterschiedlichen Formulierungshilfsstoffen. Wegen der besseren Verträglichkeit für Bienen wird in der Praxis fast ausschließlich Taktic angewandt. Das wäßrige Aerosol wird aus 20 ml Taktic und 1 000 ml Wasser hergestellt. 25 mg des Wirkstoffs gelangen in das Volk, wenn das Aerosol ein bis zwei Minuten eingeleitet wird. Die Behandlung wird nach vier bis sieben Tagen wiederholt.

Ein mit Taktic identisches Produkt wurde in Frankreich unter dem Namen Antivarroa Schering® als Bienenarzneimittel zugelassen. Der Anwender muß wegen der möglichen Gefahr, die von den Aerosoldämpfen ausgehen kann, während der Anwendung eine Gasmaske tragen.

Amitraz war lange Zeit das am häufigsten verwendete Therapeutikum der Varroatose. Besonders die möglichen Gefahren für den Anwender, aber auch der im Vergleich zu neuen Methoden hohe apparative Aufwand haben es mehr und mehr in den Hintergrund gedrängt.

*Ätherische Öle*
Nur wenige ätherische Öle werden bzw. wurden mit einem Mikrodiffuser vernebelt. Eine Reihe von thymolhaltigen Lösungen brachten ebenso wie das Biologic V (1% *Thymus vulgaris* und 0,5% *Salvia officinalis*) nicht die erwartete Wirkung. Wintergrünöl war nur in kombinierter Anwendung mit Wärme gut wirksam.

● **Sprühmittel**
Das Tröpfchenspektrum bei der Ausbringung von Sprühmitteln ist mit einem Bereich von 50 bis 250 µm relativ groß. Eine ausreichend gute Verteilung kann nur durch direktes Besprühen der Bienen auf den Waben erreicht werden. Da nur die Oberfläche benetzt wird, wirken vor allem Mittel mit geringem Dampfdruck ausschließlich als Kontaktgifte.
Der wesentliche Nachteil dieser Anwendungsmethode ist der große Arbeitsaufwand, da jede Wabe einzeln herausgenommen werden muß. Andererseits können wasserlösliche Substanzen oder Formulierungen ohne größere Vorbereitung und mit geringerem apparativem Aufwand in die Völker eingebracht werden. Verschiedene Wirkstoffe wie Amitraz (Taktic) und Coumaphos (Asuntol, Gubitol) brachten vor allem wegen ihrer systemischen Wirkungsweise einen guten Behandlungserfolg. Wegen der mit dieser Applikationsmethode verbundenen hohen Rückstände muß aber von

ihrer Anwendung abgeraten werden. Dies gilt in noch stärkerem Maße für das Brompropylat (Neoron).

*Milchsäure*
In Feldversuchen wurden 5 ml einer 15%igen wäßrigen Milchsäuresuspension pro mit Bienen besetzten Wabenseite verabreicht. Die akarizide Wirkung lag in Völkern mit Brut bei 20 bis 30% und in brutfreien bei etwa 50 bis 60%. Höhere Dosen waren dagegen toxisch (Koeniger et al., 1983). Eine wiederholte mehrjährige Behandlung mit 15%iger Milchsäure konnte die Varroapopulation weit unter der Schadensschwelle halten (Weiß, 1987). Besonders erfolgreich war die Behandlung bei niedrigen Temperaturen im Herbst oder Winter mit einer Milbenabtötung von über 97% (Kraus, 1991, 1992). Nach der Behandlung liegen die in Honig gefundenen Rückstände zwischen 16 und 70 ppm. In diesem Bereich kommt die Milchsäure auch natürlich im Honig vor. Unabhängig davon können Rückstände von Milchsäure als unbedenklich eingestuft werden, da man sie häufig als Zusatz für Lebensmittel und Antiseptika verwendet.

Anwendung
- Außentemperaturen nicht unter 6 °C.
- 5 ml der 15%igen wäßrigen Lösung pro Wabenseite.
- Keine besonderen Schutzvorkehrungen für den Anwender notwendig.
- Zwei- bis dreimalige Anwendung in brutfreien Völkern im Herbst oder Winter.

*Vorteil:* Da Milchsäure in vielen Lebensmitteln vorkommt bzw. ihnen zur Veredelung zugesetzt wird, kann sie hinsichtlich ihrer Rückstände als unbedenklich eingestuft werden. Allerdings darf das Futter nicht übersäuert werden. Eine Anwendung während der Trachtzeit sollte vermieden werden.
*Nachteil:* Die geringe Wirkung und der hohe Arbeitsaufwand der Applikationsmethode sind wesentliche Nachteile.

*Oxalsäure*
Oxalsäure gehört zu den ersten Mitteln, die man mit unterschiedlichem Erfolg zur Bekämpfung der Varroatose einsetzte. Mehrjährige gute Erfahrungen liegen mit der Verabreichung von 5 bis 8 ml 3%iger Oxalsäure pro Wabe vor, die als einziges Therapeutikum eingesetzt wurde. Hiermit erreichte man schon innerhalb der ersten Woche eine Milbenmortalität von über 90% (Radetzki, 1994).

Anwendung
- Außentemperaturen über 8 °C.
- 5 bis 8 ml einer 3%igen Suspension pro Wabe (Zanderwabe).
- Besondere Schutzvorkehrungen für den Anwender, wie Schutzbrille, Gummihandschuhe und Atemschutzmaske treffen.
- Erste Behandlung im August/September, zweite Behandlung im Oktober/November.
- Eine Kombination mit einer Ameisensäurebehandlung ist möglich: erste Behandlung im August mit Ameisensäure (zwei- bis dreimalige Wiederholung); zweite Behandlung Ende Oktober mit Oxalsäure.

*Vorteil:* Oxalsäure ist ein natürlicher Bestandteil von z. B. Spinat und vor allem Rhabarber. Honig enthält sie in Spuren. Die Rückstände im Winterfutter lagen zwei Monate nach der Anwendung unter der Nachweisgrenze von 25 mg/kg (Radetzki, 1994).

Das Mittel zeichnet sich selbst bei mäßigen Überdosierungen durch eine sehr gute Bienenverträglichkeit aus. Königinverluste wurden nicht beobachtet.

*Nachteil:* Oxalsäure besitzt eine starke Bindungskraft an Calcium. In hoher Dosis wirkt es giftig. Die Einnahme von 3 g Oxalsäure kann für den Menschen tödlich sein. Als Gegenmittel wird Calciumgluconat empfohlen. Bei der Anwendung müssen daher Schutzmasken, Schutzbrillen und Gummihandschuhe getragen werden. Besonders gefährlich ist bei der Zubereitung der Suspension die kristalline Form der Oxalsäure. Schon geringe Mengen können schwerste Komplikationen hervorrufen. In einzelnen Apotheken werden jedoch fertig zubereitete Flüssigkeiten abgegeben.

● **Räuchermittel**

Am häufigsten sind die Wirkstoffe von Räuchermitteln auf Papierstreifen aufgetragen oder in Räuchertabletten bzw. -patronen enthalten. Der Wirkstoff verdampft nach dem Anzünden und setzt sich als Niederschlag ab oder verbleibt für eine Zeit als dichter Rauch im geschlossenen Raum. Die Wirkung dieser Mittel kann man daher wesentlich steigern, wenn das Flugloch mindestens solange geschlossen bleibt, bis sich der Rauch abgesetzt hat. Die Räuchermittel werden entweder von oben in die Bienenbeute gehängt bzw. gestellt oder durch das Flugloch eingeschoben. Man kann sie auch mit Hilfe eines Rauchers durch das Flugloch applizieren.
Räuchermittel haben den Nachteil, daß wegen der hohen Verbrennungstemperaturen unbekannte Pyrolyseprodukte entstehen können und der gesamte Beuteninhalt kontaminiert wird. Häufig ist diese Behandlungsmethode auch sehr arbeitsaufwendig.

*Amitraz*

Als Räuchermittel wird Amitraz meist auf Papierstreifen (Fumilat A, Varrescens oder Varamit) appliziert. Das Mittel wird wegen der ungleichmäßigen Wirkung und der ungeklärten Rückstandssituation heute kaum noch in dieser Form angewandt.

*Brompropylat*

Der in Deutschland zugelassene Folbex-VA-Räucherstreifen (bzw. Folbex-VA Neu®, Varrtox) enthält 370 mg Brompropylat. Mit der viermaligen Anwendung jeweils eines Streifens im Abstand von vier bis sieben Tagen können in brutfreien Völkern über 90% der Milben abgetötet werden. In Völkern mit gedeckelter Brut ist der Behandlungserfolg je nach vorhandener Brutmenge geringer. Aufgrund seiner lipophilen Eigenschaften kumuliert Brompropylat in Wachs, während in Honig zunächst tolerierbare Rückstände auftreten. Die mehrjährige Anwendung führt aber auch im Honig zu höheren Rückstandswerten (Wallner, 1992). Der wesentliche Nachteil besteht daher in der Kontamination der gesamten Beute und den hohen Rückständen in Wachs, Propolis und Honig.
Aus diesem Grund kann nur noch die Anwendung im Kunstschwarm empfohlen werden, in dem zudem eine hohe therapeutische Wirkung erzielt wird.

Anwendung

- Im Kunstschwarm einmal ein Streifen.
- Die Behandlungskiste muß den Bienen ausreichend Platz bieten, wenn sie durch die Einwirkung des Rauchs beunruhigt werden.
- Die Behandlungskiste bleibt für eine Stunde geschlossen, bis die Bienen weiterverarbeitet werden.

*Vorteil:* Das Medikament ist in Deutschland und vielen anderen Ländern zugelassen. Es wurde somit hinsichtlich seiner toxikologischen und mutagenen Eigenschaften geprüft. Bei der Behandlung von Kunstschwärmen entfällt die Rückstandsproblematik. Hier hat das Medikament eine anerkannt gute Wirkung.

*Nachteil:* Die Behandlung im Kunstschwarm ist sehr arbeitsaufwendig und in der Regel nur gerechtfertigt, wenn aus anderen Gründen Bienen ohne Waben verarbeitet werden, z. B. bei der Behandlung von natürlichen Schwärmen. Hierbei muß bedacht werden, daß auch die Cuticula der Bienen den Wirkstoff, wenn auch in geringen Mengen, aufnimmt.

*Tabak*
Für ein normal starkes Volk werden 3 g im Smoker verraucht. Das Flugloch bleibt eine Stunde geschlossen. Die Behandlung wird dreimal wiederholt (de Ruijter et al., 1984). Bei höheren Dosierungen und fehlendem zusätzlichem Raum für die Bienen (Trommelraum) treten Bienenschäden auf. Die Effektivität der Behandlung liegt zwischen 65 und 95% (de Ruijter, 1983). Die akarizide Wirkung des Tabakrauchs beruht vor allem auf seinem Nikotingehalt; jedoch nicht jede Tabaksorte ist geeignet.
Wegen der sehr unterschiedlichen Wirkung, des hohen Arbeitsaufwandes und der ungeklärten Rückstandssituation kommt Tabak kaum noch zur Anwendung.

● **Stäubemittel**
Stäubemittel enthalten neben der akariziden Substanz meist einen Trägerstoff, z. B. Puderzucker oder Gesteinsmehl. Derartige Mittel sind meist fertig formuliert. Sie bestehen entweder nur aus dem Träger oder enthalten Akarizide als Zusätze. Sie werden von oben in die von den Bienen besetzten Wabengassen gestreut. Die Wirkung beruht auf dem Akarazid oder darauf, daß die Milben verkleben und die Bienen sich stärker putzen.
Die Verteilung der 10 bis 50 μm großen Partikel ist sehr ungleichmäßig. Hieraus ergeben sich eine u. U. ungleichmäßige oder auch reduzierte Wirkung sowie eine erhöhte Wirkstoffkonzentration in den oberen Wabenabschnitten. Bei zu feiner Körnung können Bienenschäden auftreten. Von Vorteil sind die relativ einfache, schnelle Anwendung und die auf das Gesamtvolk bezogene genaue Dosierung.
Das am weitesten verbreitete Mittel in dieser Applikationsform war das Malathion. Wegen der hohen Rückstände und der bei häufig wiederholter Anwendung auftretenden Bienenschäden wird es heute nur noch selten verwendet.
Stäubemittel, die als Träger Gesteinsmehl enthalten, haben zwar eine gewisse therapeutische Wirkung. Wegen der starken Verunreinigung der Beuten und Vorräte kommen sie jedoch höchstens für die Behandlung im Kunstschwarm in Frage. In Puderzucker können die Bienen sehr stark verkleben.

● **Verdunstungsmittel**
Verdunstungsmittel haben im allgemeinen einen hohen Dampfdruck und sind daher unter den Temperaturbedingungen im Bienenvolk leicht flüchtig. Die Substanzen werden entweder über den Docht einer Flasche, aus Flüssigkeit absorbierenden Platten oder speziellen Applikatoren im Volk verdampft.
Die Möglichkeit, eine Substanz über einen längeren Zeitraum in das Volk zu bringen, ist sicherlich einer der Vorteile dieses Verfahrens. Andererseits ist die von der

Temperatur und anderen im Bienenvolk kaum kontrollierbaren Faktoren abhängige Verdunstung sehr ungleichmäßig. Es kann daher leicht zu Über- oder Unterdosierungen kommmen.

*Ameisensäure*
Ameisensäure ist die stärkste organische Säure. Die Applikation wurde seit 1980 ständig weiterentwickelt und kann auch heute als noch nicht abgeschlossen gelten. Die erste Applikationsform waren mit einem Docht versehene Flaschen (Ritter et al., 1980). Die Verdunstungsmenge versuchte man über die Dochtlänge zu regulieren, bekam sie aber nur selten unter Kontrolle. Erfolgreicher sind dagegen die „Krämerplatte“ und die „Illertisser Milbenplatte“, die sich aber sowohl in der Dosierung als auch der Behandlungsvorschrift unterscheiden. Die Platten werden häufig von den Imkern selbst mit Säure beschickt. Hiervor sollte wegen der stark ätzenden Wirkung gewarnt werden. Um jeden Hautkontakt zu vermeiden, müssen säurefeste Handschuhe und Kleidung sowie eine Schutzbrille getragen werden. Ameisensäure ist hydrophil und verursacht daher keine Rückstände im Wachs. Darüber hinaus ist sie natürlicher Bestandteil vieler Lebensmittel, u. a. auch des Honigs. Ihr Anteil ist im Kastanienhonig mit 500 ppm besonders hoch. Dieser Wert wurde bei der Zulassung als maximale Rückstandsbelastung des Honigs zugrunde gelegt. Ameisensäure dient auch in der Natur zur Abwehr von Parasiten, die Gefahr der Resistenzbildung ist daher äußerst gering. Die Ameisensäure gehört zu den wenigen Mitteln, die auch die Milben in der Brut erreichen und abtöten können. Dies gelingt im größeren Umfang aber nur, wenn die Säure ausreichend hoch dosiert und in der Nähe der Brut appliziert wird. Die oft nicht vorausbestimmbare Verdunstungsmenge macht die Dosierung der Ameisensäure zu einem der größten Probleme. Sie ist sehr witterungsabhängig und kann bei Überdosierungen zu Bienenschäden oder Königinverlusten führen. Besonders empfindlich sind die jungen Larvenstadien (L2) (Bolli et al., 1993). Bei Unterdosierungen reicht häufig die Wirkung nicht aus, um eine erfolgreiche Therapie zu gewährleisten. Die Methode muß daher vom Imker selbst an seine besonderen Standortbedingungen, Beutensysteme und Betriebsweise angepaßt werden. Erfolge werden nur nach mehrjähriger Erprobung in der Praxis erzielt.
Ameisensäure wirkt stark ätzend und darf daher nur unter besonderen Schutzvorkehrungen verarbeitet werden. Hierzu gehören u. a. säurefeste Handschuhe. Beim Umgang mit der Flüssigkeit müssen zusätzlich eine säurefeste Schürze und eine Schutzbrille getragen werden. Um Säurespritzer schnell abwaschen zu können, sollte immer Wasser in der Nähe bereitstehen.

**Illertisser Milbenplatte:** In Deutschland ist die mit 20 ml 60%iger Ameisensäure getränkte Weichfaserplatte (200 × 300 × 1,5 mm) zugelassen. Sie wird entweder oben auf die Wabenschenkel oder auf den Beutenboden gelegt. Dort muß sie mit einem Gitter versehen werden, um eine Verätzung der darüber laufenden Bienen zu verhindern. Der Wirkungsgrad kann bis zu 95% betragen. Häufig schwankt er jedoch von Volk zu Volk. Im Durchschnitt liegt er bei 70%. Die in der Praxis oft bei selbsthergestellten Platten verwendete 85%ige Ameisensäure muß schrittweise höher dosiert werden, da es wegen der unterschiedlichen Verdunstung in den einzelnen Beutentypen schneller zu erhöhten Mortalitäten bei Bienen kommen kann. Am besten beobachtet man das Flugloch nach Einlage der Platten etwa eine halbe Stunde. Die höher konzentriete Ameisensäure hat aber den Vorteil, daß sie bei niedrigeren Temperaturen besser wirkt. Eine Aufwandsmenge von 20 bis 25 ml pro Magazin

bzw. Raum hat sich in vielen Fällen bewährt. Bei 60%iger Ameisensäure sollten 30 bis 35 ml für einen Raum verwendet werden.
Zugelassen ist die Ameisensäure aber nur in Form der Illertisser Milbenplatte, die 20 ml 60%ige Ameisensäure enthält. In der Gebrauchsinformation des Herstellers ist nur eine Platte pro Raum vorgesehen.

Anwendung
- Außentemperaturen zwischen 12 und 25 °C.
- Nicht zu hohe Luftfeuchtigkeit, z. B. kein Einsatz bei Dauerregen.
- Eine Platte (pro Raum) mit 20 ml 65%iger Ameisensäure.
- Besonderer Schutz des Anwenders ist notwendig (säurefeste Gummihandschuhe).
- Je nach Befall drei- bis viermalige Anwendung im Abstand von vier bis sieben Tagen.

*Vorteil:* Die geringe Aufwandsmenge führt nur bei unzulässiger Anwendung z. B. kurz vor oder während der Tracht, zu überhöhten Rückständen.

*Nachteil:* Die Dosierung wird von vielen Faktoren beinflußt und erfordert daher eine individuelle Anpassung an den Beutentyp, die Betriebsweise und die klimatischen Verhältnisse. Hierdurch entsteht zumindest zu Beginn ein relativ großer Arbeitsaufwand.

**Krämerplatte:** Die Krämerplatte besteht aus lösungsmittelfreiem Weichfasermaterial (170 × 247 × 10 mm), das mit 250 ml 85%iger Ameisensäure getränkt und anschließend mit einer Plastikfolie (0,15 mm starke Polyethylen-LD-Folie) eingeschweißt wird.
Über in die Folie gestanzte Löcher sollte die Verdunstungmenge so reguliert werden, daß 7–10 g Ameisensäure pro Tag abdampft. Die Zahl der Löcher richtet sich nach dem Beutentyp und dem Behandlungsmodus.
Um eine gleichmäßige Verdunstung in der gesamten Beute zu gewähren, wird die Platte mit einem Einlegerahmen über die Wabenschenkel der mit Bienen besetzten Wabengassen befestigt. Bei einer siebentägigen Vorbehandlung im Nachsommer liegt der Behandlungserfolg bei 80%. Mit einer zweiten Behandlung 21 Tage später und einer Anwendungsdauer von 14 Tagen kann der Behandlungserfolg auf insgesamt 96% gesteigert werden (Krämer, 1993).

Anwendung
- Eine Platte pro Volk mit 250 ml 85%iger Ameisensäure.
- Dosierung über die Zahl der Löcher in der Schutzfolie.
- 7tägige Vor- und 14tägige Nachbehandlung oder 21tägige Behandlung im Herbst.

*Vorteil:* Häufig reicht die einmalige Anwendung während 21 Tagen im Herbst aus, wodurch sich der Arbeitsaufwand in Grenzen hält. Die hohe Wirkung und gute Verträglichkeit sind durch die gleichmäßige Verdunstung gewährleistet.

*Nachteil:* Bereits die Behandlung im Herbst, aber inbesondere im Frühjahr können zu unzulässig hohen Rückständen im Honig führen. Weiterhin muß mit Hilfe der Lochzahl die Dosierung individuell an jedes Volk und den Beutentyp angepaßt werden.

**Applikator:** Der Applikator besteht aus einer mit 85 g (115 ml) 60%iger Ameisensäure gefüllten Röhre. Am Auslaß ist ein Papierfilz befestigt, über dessen Länge man die Verdunstungsmenge variieren kann. Der Applikator wird waagerecht in einem Leerrahmen neben dem Brutnest plaziert. Die Verdunstungsmenge kann über die Fläche des Dochtes dosiert werden. Dabei muß sowohl der zu behandelnde Raum als auch die Temperatur beachtet werden. Zur besseren Akzeptanz gibt man den Docht erst unmittelbar vor Einbringen in den Applikator. Da der Docht eine halbe Stunde benötigt, um sich vollzusaugen, wird ein Schock der Bienen durch übermäßige Ameisensäuredämpfe zu Beginn vermieden. Der therapeutische Erfolg ist mit einer Mortalität von 91,5% der Milben in der Brut und von 95,9% der Milben auf den adulten Bienen relativ hoch (Rademacher et al., 1994).

Anwendung
- Ein Applikator pro Volk mit 85 g 60%iger Ameisensäure.
- Dosierung über die Dochtfläche.
- Einmalige 14tägige Anwendung, vorzugsweise im September.

*Vorteil:* Ein wesentlicher Vorteil besteht im geringen Arbeitsaufwand und in der gleichmäßig hohen Wirkung vor allem auf die Milben in der gedeckelten Brut.

*Nachteil:* Die Applikationsform erfordert eine individuelle Anpassung. Die Höhe der Rückstände ist noch nicht bestimmt worden. Vermutlich liegt sie jedoch im Bereich, der für die Krämerplatte ermittelten.

*Ätherische Öle*
Ätherische Öle setzten sich meist aus zahlreichen Einzelbestandteilen zusammen. Ihr Nachteil besteht vor allem im starken Geruch, der dem Honig und den Waben anhaften kann. Dieses kann sowohl die Bienen als auch den Honigkonsumenten stören. Die meisten Stoffe sind jedoch für den Menschen toxikologisch unbedenklich.

**Apilife-Var:** Apilife-Var besteht aus einer mit einem Gemisch aus verschiedenen ätherischen Ölen getränkten Vermicullit-Platte. Das Gemisch enthält zu 74% Thymol und als weitere Bestandteile Eukalyptol (16,4%), Menthol (3,8%) und Kampfer (3,8%). Entsprechend dem hohen Anteil ist Thymol für die Wirkung entscheidend, während auf Kampfer verzichtet werden kann (Immdorf et al., 1994).
Der Behandlungserfolg hängt sehr vom Beutentyp und der Außentemperatur ab. Unter ungünstigen Bedingungen kann er bei 60% und unter optimalen über 95% liegen (Muttinelli et al., 1993; Imdorf et al., 1994). Daher muß nach der Behandlung unbedingt der Behandlungserfolg mit Hilfe des natürlichen Milbenabfalls überprüft werden. Er sollte unter 3 Milben pro Tag liegen.

- Außentemperaturen über 12 °C.
- 2× eine Platte je drei bis vier Wochen (Gesamtbehandlungsdauer sechs bis acht Wochen).
- Platten direkt auf die Schenkel der Brutwaben und nicht auf das Bodenbrett oder zwischen die Räume legen.
- Behandlungsdauer 6 bis 8 Wochen.
- Wegen starken Geruchs Gummihandschuhe tragen.

*Vorteil:* Anwendung und Dosierung von Apilife-Var sind nach individueller Anpassung an den Beutentyp sehr einfach. Die Gefahr von Rückständen, insbesondere wenn auf Kampfer verzichtet wird, ist gering. Für Thymol lagen sie im Honig des darauffolgenden Frühjahrs im Durchschnitt bei 0,1 bis 0,2 ppm (Imdorf et al., 1994).

Geschmacklich kann Thymol im Honig erst ab 1,1 ppm wahrgenommen werden. Im Wachs treten nur vorübergehend höhere Rückstandswerte auf.

*Nachteil:* Die Dosierung muß an den Beutentyp angepaßt werden. Die Bienen tragen Material von der Platte ab, dadurch wird die Verdunstungsoberfläche geringer. Weiterhin tragen die Bienen das Futter im Bereich der Platten um. Die Behandlung sollte daher zumindest nach der teilweisen Einfütterung erfolgen. In manchen Beutentypen wird eine geringere Wirkung erzielt. Bei Freilandversuchen in Italien ist als Nebenwirkung starke Räuberei aufgetreten.

**Kristallines Thymol:** Thymol war eines der ersten Mittel, das zur Bekämpfung der Varroatose eingesetzt wurde. Die therapeutische Wirkung war aber wegen der ungünstigen Applikationsformen meist nicht ausreichend. Bessere Ergebnisse wurden mit feinkristallinem Thymolpulver und einem Puderzucker-Thymol-Gemisch erzielt, das mit Hilfe eines Siebes auf die Bienen in den Wabengassen gepudert wird. Vor dem Flugloch muß ein Papier angebracht werden, damit die Bienen nicht fluchtartig die Beute verlassen. Am nächsten Tag entfernen es die Bienen ohne Probleme. Der Behandlungserfolg liegt nach viermaliger Anwendung zwischen 95 und 99% (Chiesa, 1991).

Anwendung
- Außentemperaturen: am günstigsten um 10 °C und nicht zu hohe Luftfeuchtigkeit.
- 0,5 g Thymolpulver pro Wabengasse.
- Viermal im Abstand von zwei Tagen.
- Vor dem Flugloch muß ein Papier angebracht sein.

*Vorteil:* Thymol ist Bestandteil vieler ätherischer Öle. Es wird für Pharmazeutika, Lebensmittel und Kosmetika verwendet. Für den Menschen ist es relativ unbedenklich.

*Nachteil:* Trotz der Unbedenklichkeit des Wirkstoffs können die auftretenden Rückstände ein Nachteil der Applikationsform sein. Weiterhin tritt abhängig von der Umgebungstemperatur erhöhte Bienenmortalität mit bis zu 200 Toten auf. Um höhere Bienenverluste zu vermeiden, muß das Flugloch verschlossen werden, was einen zusätzlichen Arbeitsaufwand bedeutet.

### ● Aufträufeln

Die wäßrige Lösung des Wirkstoffs (meist 50 ml) wird von oben auf die Bienen in den Wabengassen geträufelt. Sie verbleibt nicht wie bei der Residualwirkung auf der Körperoberfläche, sondern die Bienen reinigen sich gegenseitig und nehmen dabei die Lösung auf. Der größte Teil dieser Lösung wird zunächst in Form der Trophalaxie an andere Bienen weitergegeben. Bei jeder Biene gelangt ein Teil des Wirkstoffes in die Hämolymphe und mit dieser in alle Bereiche des Körpers. Der außen an den Bienen saugende Parasit nimmt den Wirkstoff mit der Nahrung auf und wird abgetötet. In Anlehnung an die ähnliche Aufnahme von Pflanzenschutzmitteln spricht man häufig von einer systemischen Wirkungsweise.
Der Vorteil dieses Anwendungsverfahrens ist die gezielte Bekämpfung des Parasiten, so daß mit einer relativ kleinen Dosis eine große Wirkung erreicht werden kann. Während zwar der Nahrungskreislauf des Bienenvolks kontaminiert wird, gelangt nur ein geringer Teil des Wirkstoffs in das in den Waben gelagerte Futter. Ein weiterer Vorteil ist der geringe Arbeitsaufwand.

Ein wesentlicher Nachteil ist die oft schwierige Anwendung in traditionellen Beuten, bei denen die Wabengassen von oben nicht eingesehen werden können. Weiterhin können die Milben in der Brut mit dieser Applikationsform nicht erreicht werden.

*Perizin/Cekafix*
Perizin und Cekafix enthalten 32 mg Cumaphos pro Milliliter Lösung. Cekafix enthält zusätzlich einen Synergisten.

- Außentemperaturen über 5 °C.
- 1 ml Lösung in 49 ml Wasser pro Volk.
- Zweimalige Anwendung im Abstand von 7 Tagen.

*Vorteil:* Cekafix hat nur eine geringe akut toxische Wirkung und führt daher nur selten zu Bienenverlusten nach der Behandlung.

*Nachteil:* Der Wirkstoff Cumaphos ist lipophil und kumuliert daher im Wachs. Im Honig treten Rückstände erst nach mehrjähriger Behandlung auf.

*Apitol*
Das in Deutschland zugelassene Apitol enthält den Wirkstoff Cymazol in einem Pulver, das in 100 ml Zuckerwasser gelöst wird. Eine weitere Variante des Apitols enthält Milchsäure als Zusatz (Apitol Kombi). Die Wirkung dieses Mittels soll in Völkern ohne und in Völkern mit Brut höher sein.

- Außentemperaturen über 10 °C.
- Je nach Volkstärke 87,5 bis 350 mg Cymazol pro Volk.
- Nicht gleichzeitig Futter verabreichen.
- Zweimalige Anwendung im Abstand von sieben Tagen.

*Vorteil:* Der Wirkstoff ist wasserlöslich und kontaminiert daher nicht das Wachs. Im Honig werden vom Hersteller durchschnittliche Rückstände von 100 ppb angegeben.

*Nachteil:* Die Dosierung ist wegen der Abhängigkeit von der Volkstärke sehr umständlich. Selbst bei hoher Dosierung erreicht der Wirkstoff nicht die Milben in der Brut.

● **Kontaktstreifen**
Die Kontaktstreifen bestehen aus Kunststoffmaterial (PVC bzw. Polyethylen). Der akarizide Wirkstoff ist darin eingearbeitet und wird mehr oder weniger konstant über einen längeren Zeitraum abgegeben. Die Bienen kommen mit den in das Volk gehängten Streifen in Kontakt und verteilen den Wirkstoff über Körperberührung weiter (Abb. 37). Nur Substanzen mit höherem Dampfdruck werden teilweise auch an die Umgebungsluft abgegeben.
Der Vorteil dieses Verfahrens besteht darin, daß der Streifen den akariziden Wirkstoff über Wochen im Volk abgeben kann. So werden auch die zu unterschiedlichen Zeiten schlüpfenden Milben abgetötet. Dies ist ein enormer Vorteil, besonders in Gebieten mit ununterbrochener Brutaufzucht. Ebenso sind die im Honig auftretenden Rückstände wegen der lipophilen Eigenschaften der Wirkstoffe gering.
Über mehrere Jahre durchgeführte Honiganalysen zeigten, daß bei vorschriftsmäßiger Anwendung nur vereinzelt die Werte über der Nachweisgrenze von 4 ppb liegen (Bogdanoc et al., 1990; Greef et al., 1994). Nur bei der Verwendung selbst hergestellter Streifen können erhöhte Rückstände im Honig auftreten. Aber auch bei einer

Abb. 37. Die Kunststoffstreifen hängt man in die mit Bienen besetzten Wabengassen.

vorschriftsmäßigen Anwendung wird das Wachs stärker und häufiger kontaminiert. In einer Untersuchungsperiode von fünf Jahren nahm die Zahl der positiven Proben in der Gruppe mit 1 bis 10 ppm Fluvalinat-Rückständen von 25 auf 60% zu (Greef et al., 1994). Wenn die Streifen über einen längeren als den vom Hersteller vorgeschriebenen Zeitraum in den Völkern verbleiben, werden wesentlich höhere Werte erreicht. Diese für Apistan ermittelten Zusammenhänge gelten auch für Bayvarol und müssen als Nachteil dieser Methode gewertet werden, vor allem da bei länger andauernder Behandlung resistente Milbenstämme entstehen (Colombo et al., 1993; Millani 1993).

*Bayvarol*

Das in Deutschland zugelassene Bayvarol enthält als Wirkstoff 3,6 mg Flumethrin pro Streifen.

- Keine Beschränkungen hinsichtlich der äußeren Bedingungen.
- Vier Streifen pro Volk.
- Streifen nur mit Gummihandschuhen anfassen.
- Streifen vier bis maximal sechs Wochen lang im Volk.

*Vorteil:* Im Kunststoffstreifen ist eine sehr kleine Wirkstoffmenge enthalten, wodurch die Gefahr einer Kontamination des Honigs äußerst gering ist.

*Nachteil:* siehe oben.

*Apistan*

Apistan enthält 800 mg Fluvalinat pro Streifen.

- Keine Beschränkungen hinsichtlich der äußeren Bedingungen.
- Zwei Streifen pro Volk.
- Streifen nur mit Gummihandschuhen anfassen.
- Streifen vier bis maximal sechs Wochen lang im Volk.

*Vorteil:* Die Behandlung wird dadurch zusätzlich erleichtert, daß nur zwei Streifen pro Volk verwendet werden müssen.

*Nachteil:* siehe oben.

*Klartan-Holzstreifen*
Der Klartan-Holzstreifen besteht aus Sperrholz, der mit einer variablen Menge Fluvalinat getränkt wurde. Diese hängt u. a. von der Konzentration der Lösung und der Benetzungsdauer ab. Zur Behandlung werden in der Regel ein bis zwei Streifen vier bis sechs Wochen lang in die Völker gehängt.

*Vorteil:* Der Preis für eine Behandlung ist äußerst niedrig.

*Nachteil:* Das Verfahren ist nicht zugelassen und auch nicht zulassungsfähig, da für den Anwender erhebliche Risiken bei der Herstellung bestehen. Darüber hinaus treten hohe Rückstände auch im Honig auf, und die Gefahr der Bildung resistenter Milbenstämme ist um ein Vielfaches höher.

*Kunstschwarmbehandlung*
Apistan und Bayvarol eignen sich auch zur Behandlung im Kunstschwarm. Dort reicht die halbe Dosis bzw. Streifenzahl bei einer Behandlungsdauer von zwei Tagen aus. Die Königin sollte in einem Käfig neben die Streifen gehängt werden, damit die Bienen dort die Traube bilden und das Mittel besser verteilt wird. Die Behandlung im Kunstschwarm hat den Vorteil, daß der neue Wabenbau durch die behandelten Bienen nur geringfügig kontaminiert wird.

● **Zusammenfassung der chemischen Behandlungsmethoden**
Die Anwendung von Kontaktstreifen mit synthetischen Pyrethroiden vereinfacht die Behandlung der Varroatose wesentlich, da die Bienenvölker für die Behandlung nicht brutfrei sein müssen. Andererseits werden die Streifen mehrere Wochen lang in die Völker gegeben. Dadurch wird zwar nicht der Honig, um so mehr aber das Wachs kontaminiert. Dies gilt in noch stärkerem Maße, wenn die Behandlungsvorschrift nicht beachtet wird und die Streifen mehrere Monate im Volk verbleiben. Einmal in den Wachskreislauf gelangt, kann der Wirkstoff über Monate und u. U. sogar Jahre aus dem Wachs heraus milbentötend wirken. Zwangsläufig erhöht sich damit die Gefahr der Entstehung resistenter Milbenstämme. Auch der Wirkstoff Cumaphos und noch stärker Brompropylat kumulieren im Wachs, ohne dort allerdings milbentötend zu wirken. Zudem ist bei diesen Wirkstoffen die Gefahr von Rückständen im Honig wesentlich größer.
Dieser konventionelle Weg der Varroabekämpfung wird von immer mehr Imkern in Frage gestellt. Eine Alternative könnte in der schon seit längerer Zeit verwendeten Ameisensäure in Form der Illertisser Milbenplatte liegen. Die Möglichkeit von Resistenzentwicklungen oder Rückständen ist hierbei wesentlich geringer. Weitere Alternativen könnten andere nicht zugelassene organische Säuren oder ätherische Öle sein. In diesem Zusammenhang muß besonders die Milchsäure hervorgehoben werden. Nicht zuletzt konnten mit Thymol als Puder und Verdunstungsmittel gute Erfolge erzielt werden. Bei den alternativen Methoden kommt es aber immer wieder zu erhöhten Bienen- und oft sogar Völkerverlusten. Allgemein gültige Gebrauchsvorschriften können für jedes Mittel nur selten gegeben werden. Der Imker selbst muß durch eige-

nes Experimentieren für sein Beutensystem und seine Betriebsweise günstigste Verfahren entwickeln. Andererseits kann mit alternativen Methoden der Milbenbefall oft nur geringfügig unterhalb der Schadensschwelle gehalten werden. Sie müssen daher in ein integriertes System mit verschiedenen biotechnischen Verfahren und der ständigen Kontrolle der Infestation über den natürlichen Milbenabfall eingebunden werden.

### 6.1.4.3. Physikalische Methoden

Nur wenige der entwickelten physikalischen Verfahren haben sich auch in der Praxis bewährt.

● **Thermobox und Wintergrünöl**

Die Thermobox, ein Wärmegerät mit Umluftverfahren, bringt nur in Verbindung mit Wintergrünöl einen ausreichend hohen therapeutischen Erfolg. Selbst in Völkern mit Brut liegt er noch über 90% (Ritter, 1991; Ritter 1994).

- Umluftwärme 54 °C.
- 5 ml Wintergrünöl auf Streifen in die Thermobox.
- 30 Minuten Wärmeerzeugung.

*Vorteil:* Obwohl die eingebrachte Wirkstoffmenge gering ist, werden die meisten Milben in der Brut abgetötet. Der Wirkstoff selbst ist unbedenklich, so wird er z. B. als Zusatz in Zahnpasten verwendet. Das Wärmegerät kann man vielfältig benutzen. Es eignet sich neben der Verwendung bei Varroatose auch zur Bekämpfung von Wachsmotten und der Nosematose.

*Nachteil:* Für den Betrieb des Geräts ist ein Stromanschluß notwendig. Da mindestens eine halbe Stunde pro Volk behandelt werden muß, können Aggregate kaum eingesetzt werden. Darüber hinaus ist der zeitliche Aufwand erheblich. Wintergrünöl verändert den Stockgeruch und kann daher eine Räuberei auslösen. Das Mittel ist nicht zugelassen.

● **Wärmeschrank**

Bei der Behandlung von Brutwaben im Wärmeschrank kann auf zusätzliche chemische Mittel verzichtet werden. Die den Völkern entnommenen gedeckelten Brutwaben werden drei Stunden lang einer Temperatur von 45 °C ausgesetzt. Dabei werden die adulten Milben und ihre Nachkommen fast vollständig abgetötet (Engels und Rosenkranz, 1992).

*Vorteil:* Bei dieser ausschließlich physikalischen Methode kann auch ohne den Einsatz von chemischen Mitteln ein sehr hoher Behandlungserfolg erzielt werden. Die Anschaffung des Schrankes kann sich wegen dessen vielfältiger Verwendung schnell amortisieren.

*Nachteil:* Der Arbeitsaufwand ist relativ groß. Wegen der geringen therapeutischen Breite kann es zu Brutausfällen kommen. In exakt arbeitenden Schränken sind diese jedoch selten.

● **Gammastrahlen**

Mit der Hilfe von Gammastrahlen kann man die Reproduktion der Milben beeinflussen. Eine deutliche Reduktion erfolgt aber erst ab einer Strahlenmenge von 80 Gy. Zu einer Schädigung der Bienen kommt es aber bereits bei 15 Gy (Matthes et al.,

1991). Ähnliche Zusammenhänge bestehen auch bei anderen Strahlenarten. Sie sind daher für eine Therapie der Varroatose nicht geeignet.

### 6.1.4.4. Integrierte Bekämpfung

Die meisten alternativen Methoden haben den Nachteil, daß sie allein nicht ausreichen, um den Milbenbefall unterhalb der Schadensschwelle zu halten. Dies gilt besonders in Gebieten mit hohem Milbeneintrag von außen.
Erfolgversprechender sind daher integrierte Verfahren, bei denen *biotechnische mit medikamentösen Methoden kombiniert* werden.
Bei integrierten Verfahren wird die Behandlung für jedes einzelne Volk festgelegt, meist aufgrund des natürlichen Milbenabfalls. Dieser eignet sich hervorragend, um ohne großen Aufwand einen kritischen Befall zu erkennen. Der wesentliche Vorteil der integrierten Bekämpfung besteht darin, daß vor und während der Tracht der Milbenbefall mit rückstandsfreien Methoden kontrolliert werden kann. Dies hat besonders im Hinblick auf Sekundärinfektionen erhebliche Bedeutung.
Der Ablauf der integrierten Bekämpfung unterscheidet sich in Abhängigkeit von den einzelnen Regionen, Witterungsabläufen und Betriebsweisen. Ein generell gültiges Schema kann daher nicht angegeben werden; das hier vorgestellte ist dem in der Schweiz entwickelten sehr ähnlich. Es wurde inzwischen von zahlreichen Imkern erfolgreich durchgeführt (Ritter, 1994).

● **Ablauf der Bekämpfung**
Die erste Maßnahme im Jahr besteht in der gezielten Entnahme von gedeckelter Drohnenbrut. Wieviele und in welchen Intervallen die Waben entnommen werden, hängt wesentlich vom Befall und von der Größe der Völker ab. Nicht zuletzt entscheidet auch die im Frühjahr vorherrschende Witterung über den Erfolg und die Dauer dieser Maßnahme. Ein wesentliches Element der integrierten Bekämpfung ist eine möglichst naturnahe Bienenhaltung. Die Schwarmverhinderung sollte daher durch Bildung von Ablegern zum Zeitpunkt des einsetzenden Schwarmtriebes bestehen. Mit diesen können geschwächte oder eingegangene Wirtschaftsvölker ersetzt werden. Im Juni/Juli sollte die erste Kontrolle des natürlichen Milbenabfalls erfolgen, um über die Art und den Zeitpunkt der Varroabehandlung zu entschieden. Ein weiteres Kriterium stellt die noch zu erwartende Tracht dar. Grundsätzlich darf man keine medikamentöse Behandlung vor einer Tracht durchführen. Bei einem Milbenabfall von mehr als 5 Milben pro Tag müssen der Honigraum bis Mitte August abgenommen und die Völker behandelt werden. Ein Milbenabfall von mehr als 10 Milben pro Tag erfordert eine sofortige Behandlung.
Unabhängig vom Zeitpunkt, zu dem man die Behandlung durchführt, muß Ende September bis Oktober der natürliche Milbenabfall erneut kontrolliert werden. Fällt mehr als eine Milbe pro Tag ab, so muß man die Behandlung wiederholen.
Die hier angegebenen Milbenzahlen stellen nur Richtwerte dar und müssen der jeweiligen speziellen Situation angepaßt werden.

### 6.1.4.5. Flächendeckende Bekämpfung

Eines der größten Probleme bei der Bekämpfung der Varroatose besteht darin, daß nach der Behandlung wieder Milben von außen in die Völker gelangen können

(s. 6.1.2.). Der Erfolg der Maßnahme ist dann oft in Frage gestellt. In der Anfangszeit der Ausbreitung stammten die Milben meistens aus Völkern, die wegen Unkenntnis oder fehlender Einsicht vom Imker unbehandelt belassen worden waren. Inzwischen haben nur solche Völker überlebt, die man zumindest irgendeiner Behandlung unterzogen hat. Das Problem der Invasion von außen entsteht mittlerweile durch die zeitlich versetzte Durchführung der einzelnen Bekämpfungsmaßnahmen.
Schon früh hat man daher nach Möglichkeiten gesucht, die Behandlung zeitlich koordiniert und weitgehend flächendeckend durchzuführen. Man hoffte sogar, die jährlich wiederholte Behandlung zeitweise aussetzen zu können. Langjährige Erfahrungen bestehen vor allem in Österreich. Der Milbenbefall war am Rand des Gebiets doppelt so hoch wie im Kern. Im Nachbargebiet mit nicht koordinierter Behandlung lag er sogar um den Faktor 5 höher (Moosbeckhofer, 1994).
Die Voraussetzung für eine derartige Maßnahme ist die Kenntnis aller Bienenstände in einem Gebiet. Diese können entweder vom Bienensachverständigen erfaßt werden, oder die Meldung der Völker durch den Besitzer wird vom Amtstierarzt angeordnet (§ 16 BSVO). Die Aufforderung zur Behandlung sollte auch die Empfehlung für bestimmte Methoden einschließen. Trotzdem sollte man dem einzelnen Imker möglichst viel Raum für eigene Entscheidungen geben, zumal der Befall in den einzelnen Beständen und Völkern sehr unterschiedlich sein kann. Außerdem muß eine erhöhte Toleranz bestimmter Bienenherkünfte berücksichtigt werden. Von einer Behandlung überzeugt bzw. nachdrücklich dazu aufgefordert muß ein Imker nur dann werden, wenn aufgrund des hohen Befalls seiner Völker eine Verschleppung der Milben zu befürchten ist. Man wird zur Kontrolle relativ einfache Methoden wie den Befall der Brut oder der adulten Bienen wählen.
Falls notwendig, kann der Amtstierarzt eine Behandlung anordnen und sogar ein bestimmtes Medikament vorschreiben. Hiervon sollte man aber nur im Ausnahmefall Gebrauch machen. Ein solcher könnte z. B. in der Gefahr der Entstehung resistenter Milbenstämme bestehen. Wenn ein bestimmtes Präparat bzw. eine Stoffgruppe keine ausreichende Wirkung gegen Varroamilben mehr besitzt, so ist ein Wechsel des Medikaments zu empfehlen. Die Entwicklung von Resistenzen sollte man durch den alternierenden Einsatz mehrerer Medikamente verhindern. Am leichtesten kann dies über einen zentralen Bezug, wie er bei subventionierter Medikamentenabgabe üblich ist, geregelt werden.
Die in die flächendeckende Bekämpfung gesteckte Erwartung darf jedoch nicht zu hoch sein. Der damit erzielte durchschnittliche Befall hängt wesentlich von den Vermehrungsbedingungen der Milbe in dem Gebiet ab. In einem klimatisch begünstigten Klima kann er deutlich höher sein als im ungünstigen. Trotzdem kann auch dort nicht auf eine jährlich wiederholte Behandlung verzichtet werden (Moosbeckhofer, 1994). Man kann jedoch u. U. alternative Behandlungsmethoden einsetzen und so die Gefahr von Rückständen reduzieren.

### 6.1.4.6. Abtötung der befallenen Völker

Eine Abtötung der befallenen Völker ist besonders dann sinnvoll, wenn sie bereits stark geschwächt sind und die verbliebene Brut einen hohen Befall aufweist. Die aus dieser Brut schlüpfenden Bienen sind in der Regel so geschädigt, daß sie nur kurze Zeit leben oder in ihrem Verhalten stark gestört sind.

### 6.1.5. Prophylaxe

Die Milbe *Varroa jacobsoni* ist inzwischen in Mitteleuropa flächenhaft verbreitet. Ein wesentliches Element der Prophylaxe besteht darin, die massenhafte Einschleppung des Parasiten auf dem Bienenstand zu verhindern. Dies kann nur mit einer flächendeckenden Bekämpfung verhindert werden. Die weitere Maßnahme zielt darauf, die Vermehrung des Parasiten so weit einzuschränken, daß die Population unterhalb der Schadensgrenze liegt.

## 6.2. Acarapidose

### 6.2.1. Pathogenese

Die etwa 0,1 mm große Milbe *Acarapis woodi* dringt durch die Stigmen in die Tracheen von jungen, ein bis vier Tage alten Bienen ein. Das gelingt noch bis zum 10. Lebenstag der Biene, nicht aber bei älteren Bienen (Morgenthaler, 1928). Lange Zeit ging man davon aus, daß dies mit den bei jungen Bienen noch nicht vollständig sklerosierten Reusenhaaren im Stigma zusammenhängt. Aber auch wenn man bei älteren Bienen die Reusenhaare entfernt, werden sie nicht parasitiert (Lee, 1963). Vermutlich führen andere Faktoren dazu, daß ältere Bienen wenig attraktiv sind.
Die Milben dringen meist in das erste Stigmenpaar des Thorax ein. Dabei sind beide Tracheenäste in gleicher Weise betroffen. Allerdings kommt es nicht zu einer statistischen Gleichverteilung (Fries und Morse, 1992). Andere Tracheen werden wegen der geringen Größe der Stigmenöffnungen nicht besiedelt (Rennie et al., 1921). Nachdem die Milbe den äußeren Haarkranz überwunden hat, schlüpft sie unter das Operculum in den Stigmenvorhof (Sachs, 1952 a, 1952 b). Bei einer Erstinfektion beginnt sie kurz hinter dem Stigmeneingang nach drei bis vier Tagen mit der Ablage des ersten Eies (Rennie et al., 1921). Die Eier (Abb. 38) sind mit im Durchschnitt

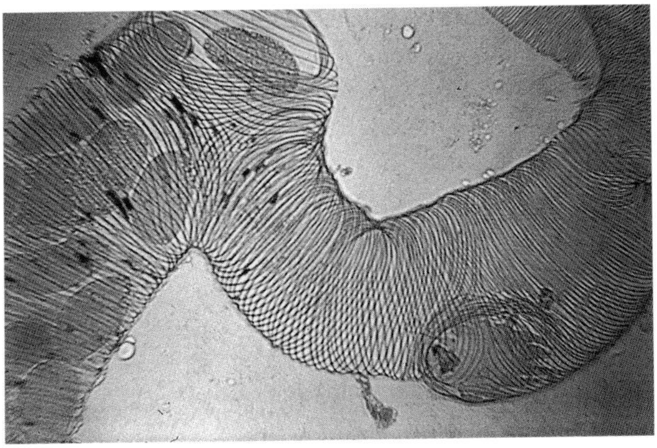

Abb. 38. Die *Acarapis*-Milbe legt in den Tracheen mehrere Eier ab.

130 × 65 μm relativ groß und nehmen in der schwangeren Milbe fast das gesamte Körpervolumen ein. Im Abstand von ein bis zwei Tagen werden weitere Eier an die Tracheenwände geklebt (Örösi-Pál, 1937). Insgesamt legt ein Milbenweibchen fünf bis sieben Eier ab.

Nach drei bis vier Tagen schlüpfen aus den Eiern sechsbeinige Larven von variabler Größe (140–225 μm × 77–125 μm) (Sachs, 1958). Nach 10 Tagen häuten sich diese zu achtbeinigen Deutonymphen. Ein Protonymphenstadium tritt wie allgemein bei der Familie Tarsonemidae nicht auf. Nach weiteren 8 bis 10 Tagen entstehen geschlechtsreife Adulte. Die Gesamtentwicklung dauert beim Weibchen 13 bis 16 Tage, beim Männchen 11 bis 12. Das Verhältnis der Geschlechter beträgt 3 : 1 (Otis et al., 1988). Schon ein bis zwei Tage nach der Begattung beginnen die Weibchen mit der Eiablage. In der Trachee leben somit mehrere Milbengenerationen nebeneinander.

Eigentlich müßte die Milbe die Trachee nicht verlassen, denn ihre Exkremente sammeln sich im sog. Harnfleck am Hinterende ihres Körpers. Erst wenn die Trachee stärker befallen ist, verläßt das begattete Weibchen die Wirtsbiene. Auf deren Körperoberfläche versucht die Milbe, möglichst rasch auf die Haarspitzen zu gelangen. Sie klammert sich mit den Hinterbeinen dort fest und versucht, mit den Vorderbeinen mit einer anderen Biene in Kontakt zu kommen und auf sie überzuwechseln. Gelingt ihr dies nicht, so stirbt sie je nach Temperatur und Luftfeuchtigkeit der Umgebung innerhalb von ein bis zwei Tagen ab. Eine kritische Situation kann ebensfalls entstehen, wenn die Milbe auf das Abdomen gewechselt ist. Nach kurzem Umherirren versucht sie erneut, von den Haarspitzen aus überzusteigen. Nur wenn sie den Thorax erreicht, kann sie aufgrund der Vibrationen der Körperoberfläche und des gerichteten Luftstroms das erste Stigmenpaar finden (Sachs, 1952 a, 1952 b). Dieser Wechsel der Wirtsbiene kann frühestens von einer 14 Tage alten Biene erfolgen, d. h., jüngere Bienen tragen nicht zur Verbreitung der Milben bei. Während der Tracht ist die Zahl der mit Milben befallenen Bienen gering. Nektar sammelnde Sommerbienen sind zudem seltener stark befallen, da ihre Lebenserwartung zu kurz ist, um der Milbe ausreichende Vermehrungsmöglichkeiten zu bieten. Im Herbst, wenn die Brutaufzucht zurückgeht und die Bienen langlebiger werden, nimmt auch der Befall zu (Morgenthaler, 1944). In der Wintertraube sitzen die Bienen enger zusammen, so daß hier optimale Bedingungen für eine Ausbreitung bestehen. Ein einfaches Populationsmodell ergab, daß nach 20 Wochen in der 10. Milbengeneration bereits 500 Bienen infiziert sein können. Aber erst wenn mehr als 30% der Bienen betroffen sind, können Schäden auftreten. Ganze Völker gehen häufig im Frühjahr während der ersten Weideblüte ein. Wie die Schädigungen erfolgen bzw. welche besonders gravierend sind, wird zunehmend kontrovers diskutiert.

Die Milben sowie deren Larven und Nymphenstadien (Hirschfelder und Sachs, 1952) ernähren sich von der Hämolymphe der Wirtsbiene. Hierzu müssen sie deren mit Chitin ausgekleidete Tracheenwand durchstechen. Da sie aus der Stelle nur einmal saugen können, fügen sie der Biene viele Wunden hintereinander zu. Diese Verkrusten nicht sofort, sondern es bildet sich zunächst ein Hämolymphpfropf. Die in der Atemluft vorhandenen Keime können so leicht in den Körper der Biene eindringen (Jordan, 1948). Das zeigt sich an der deutlich dichteren Bakterienflora der Hämolymphe (Fehl, 1956). In der Trachee selbst bilden sich braune bis schwarze Flecken, die aber zumindest teilweise aus Melaninkörperchen bestehen sollen (Giordani, 1964). Da die Milbe sie nicht durchdringen kann, wertet man sie als körpereigene Abwehrreaktion der Biene (Giordani, 1964). Die der angestochenen Trachee benach-

barte Muskulatur zeigt häufig eine Myolyse, was auf einen von der Milbe abgegebenen Giftstoff schließen läßt (Zander, 1925). Dieser könnte auch für die Schäden verantwortlich sein, die die Milben der Biene von außen zufügen können. Wenn die Milbe die Verbindungshäutchen der Flügelgelenke ansticht, nimmt die Reißfestigkeit der hinteren Flügel deutlich ab (Schneider, 1946; Schneider und Brügger, 1948). Als wesentliche Schädigung wurde lange Zeit die Blockade der Sauerstoffversorgung der Flugmuskulatur angesehen, die im wesentlichen vom ersten Tracheenpaar sichergestellt wird (Borchert, 1966). Tatsächlich können die zahlreichen Milben und deren Nachkommen sowie Häutungsreste und verkrustete Wunden das Tracheenlumen verringern. Ob die im Frühjahr während der Reinigungsflüge häufig zu beobachtenden hüpfenden Bienen ihre Flugfähigkeit allein durch die Parasitierung verloren haben, ist inzwischen umstritten (Bailey und Ball, 1991). Eingehende Untersuchungen in Völkern, die bis zu 50% befallen waren, zeigten, daß die Parasitierung weder die Sammelaktivität (Gary und Page 1989) noch die Lebensdauer (Giordani, 1962) signifikant beeinflußte. Wenn die für die Milbe eigentlich wenig attraktive Königin befallen ist (Pettis et al., 1989), kann sie dies mehrere Jahre überleben (Fyg, 1964). Ebenso hat der Proteinverlust auf die Stockbienen keinen Einfluß, da sich z. B. deren Pharynxdrüsen normal entwickeln (Giordani, 1963). Überhaupt wird eine direkte Schädigung durch die Milbe angezweifelt. Als wesentliche Ursache der Schäden vermutet man bakterielle und virale Sekundärinfekte (Bailey und Ball, 1991). Man geht davon aus, daß die gleichen Faktoren, die die Vermehrung der Milben begünstigen, auch zu den Schädigungen führen. Dies gilt besonders für die häufig gleichzeitig auftretende Ruhr und Nosematose.
Die Acarapidose ist eine typische *Faktorenseuche*. Vermehrung und Ausbreitung der Milben im Volk hängen direkt vom Alter der Bienen ab. Sind wenige junge Bienen vorhanden, so werden diese von mehr Milben befallen. Somit haben alle Faktoren einen Einfluß auf die Milbenpopulation, die die Brutaufzucht reduzieren und damit die Altersverteilung im Volk verändern. Wesentlich sind schlechte Trachtverhältnisse im Vorjahr. Die Bienen fliegen dann seltener und erreichen daher ein höheres Alter. Andererseits sitzen sie länger dicht gedrängt im Volk, was den Wechsel der Wirtsbiene für die Milbe erleichtert. Selbst in tropischen Regionen kann allein hierdurch der prozentuale Befall eines Volks auf 90% steigen (Cox et al. 1988, 1989 a, 1989 b). Ebenso schnell sinkt er jedoch mit einsetzender Tracht (Taber, 1987). Doch nicht immer muß ein geringes Nektarangebot die Ursache sein. Eine zu hohe Bienendichte kann ebenfalls die Aktivität der Bienen reduzieren. Im besonders dicht mit Bienen besiedelten Florida waren die Auswirkungen der Acarapidose daher äußerst gravierend (Bailey, 1985). Weiterhin können neben der Weisellosigkeit auch Haltungsfehler den Seuchenverlauf begünstigen.

## 6.2.2. Epidemiologie

Die Verbreitung der Milbe in andere Völker erfolgt im wesentlichen durch den Verflug von Bienen. Bei einer Räuberei haben die Bienen engen Körperkontakt, was der Milbe den Wechsel der Wirtsbiene erleichtert. Im übrigen kann wie bei anderen Krankheiten der adulten Bienen die Übertragung über Schwärme, Ableger oder zugekaufte Völker erfolgen. Eine Verbreitung über Waben oder auf der Blüte ist dagegen ausgeschlossen (Hirschfelder und Sachs, 1952).

## 6.2.3. Therapie

Die Acarapidose ist in vielen Ländern anzeigepflichtig und wird staatlich bekämpft. In der Europäischen Union wird sie nicht als Seuche angesehen und kann nur innerhalb eines Staates über eine Sonderregelung in die Gesetzgebung aufgenommen werden. In der Schweiz und in Östereich ist sie anzeigepflichtig. In Deutschland wurde sie 1995 aus der Anzeigepflicht genommen. Ähnlich wie die Varroatose kann aber bei einem seuchenhaften Auftreten eine Behandlung vom Veterinäramt angeordnet werden (§ 14 BSVO).
In Europa werden zur Therapie der Acarapidose nur noch selten Medikamente eingesetzt. In den meisten Fällen reichen pflegerische Maßnahmen aus, die die Selbstheilungskraft der Völker unterstützen.

### 6.2.3.1. Pflegerische Maßnahmen

Die pflegerischen Maßnahmen müssen das Ziel haben, den Bienenumsatz besonders im Frühjahr zu erhöhen. Dies kann prophylaktisch durch die Wahl eines geeigneten Standortes für die Überwinterung erfolgen oder im akuten Fall, indem die Völker an einen Standort verbracht werden, der ausreichend Pollen und Nektar bietet. In vielen Fällen reichen diese Maßnahmen aus, um eine Selbstheilung der Völker herbeizuführen.

● **Kunstschwarmverfahren**
Das für die Bekämpfung von *Acarapis woodi* entwickelte Kunstschwarmverfahren beruht im wesentlichen auf der Trennung der befallenen adulten Bienen von den noch milbenfreien frisch geschlüpften. Hierzu werden den Völkern die gedeckelten Brutwaben entnommen, im Brutschrank zum Schlüpfen gebracht und mit einer jungen Königin ein neues Volk aufgebaut (Kaeser, 1954). Man kann die Brutwaben auch zum Verstärken von gesunden oder weniger befallenen Völkern verwenden (Fritzsch und Bremer, 1984). Die Restvölker werden dann abgetötet oder medikamentös behandelt. Der Arbeitsaufwand ist jedoch ebenso wie der Verlust an Bienen beachtlich.

### 6.2.3.2. Medikamentöse Therapie

Zu der Zeit, als die Acarapidose in einzelnen Regionen für teilweise gravierende Schäden verantwortlich gemacht wurde, stand die medikamentöse Therapie im Vordergrund aller Maßnahmen.

Ähnlich wie bei der Varroatose kamen die dubiosesten Mittel zur Anwendung. Das in der Schweiz lange Zeit verwendete Frowsche Mittel bestand aus einem Gemisch aus Benzin, Nitrobenzol und einem Möbeldesinfektionsmittel (Frow und Morgenthaler, 1933). Vom in Deutschland bevorzugten Delacan kennt bis heute nur der Hersteller die Zusammensetzung (Kaeser, 1952). Das in Österreich entwickelte Mito $A_2$ enthält ebenso wie Apimilbin Senföl und muß daher wegen der toxikologischen Gefahren für den Anwender unbedingt abgelehnt werden (Jordan, 1948). Später wurde am häufigsten Folbex (Gubler et al., 1953) – in der ehemaligen DDR Chlorfenson (Fritzsch, 1970) – mit dem Wirkstoff Chlorbenzilat eingesetzt. Wegen toxikologischer Bedenken werden alle diese Mittel nicht mehr hergestellt.

Von den zur Therapie der Varroatose entwickelten Medikamenten erwartete man eine ebenso gute Wirkung gegen *Acarapis woodi*. Obwohl auch die Tracheenmilbe Hämolymphe aufnimmt, wirken systemische Mittel wie Perizin nicht. Beim Wechsel der Wirtsbiene hält sich die Milbe einige Stunden auf der Körperoberfläche der Biene auf. Trotzdem sollen die über den Körperkontakt wirkenden Mittel wie Apistan und Bayvarol keine therapeutische Wirkung haben.

**● Räuchermittel**

Folbex-VA-Neu® mit dem Wirkstoff Chlorbenzilat ist in Deutschland, Österreich, der Schweiz und anderen Ländern das einzige zur Bekämpfung der Acarapidose zugelassene Mittel. Eine Heilung, d. h. vollständige Elminierung der Parasiten, ist nur nach sechsmaliger Anwendung im Abstand von sieben Tagen möglich. Schon bei der Varroatose, wo es als Therapeutikum nur zweimal appliziert wird, bestehen wegen der Rückstände im Wachs und Honig Bedenken. Man sollte daher auch bei der Therapie der Acarapidose die Anwendung auf den Kunstschwarm beschränken. Wegen der besseren Verteilung des Rauches kann bereits die einmalige Anwendung den Befall ausreichend senken. Vermutlich wird das Medikament schon in Kürze nicht mehr hergestellt werden.

**● Amitraz**

Ein mit 0,2 ml Mitac getränktes Filterpapier glimmt man am Beutenboden ab. Mit der dreimaligen Behandlung sollen 96% der Milben abgetötet werden (Wilson und Collins, 1993).

**● Verdunstungsmittel**

*Ameisensäure*

Die Ameisensäure bringt in Form der Illertisser Milbenplatte (s. 6.1.4.2.) bei viermaliger Anwendung im Abstand von sieben Tagen einen guten Behandlungserfolg (Hoppe et al., 1989; Garza und Dustmann, 1991; Wilson et al., 1993). In Kanada entwickelte man einen mit Ameisensäure getränkten Polymer-Gelstreifen, der über einen längeren Zeitraum im Volk bleiben kann und für den Anwender weniger Risiken birgt. Die therapeutische Wirkung ist allerdings auch geringer als bei der Illertisser Milbenplatte. Die Entwicklung des kanadischen Präparates ist jedoch noch nicht abgeschlossen (Nelson et al., 1993).

Anwendung
- Im akuten Fall im Frühjahr behandeln.
- Außentemperaturen zwischen 12° und 25 °C.
- Keine zu hohe Luftfeuchtigkeit, z. B. kein Dauerregen.
- Eine Illertisser Milbenplatte mit 20 ml 65%iger Ameisensäure.
- Besonderer Schutz des Anwenders notwendig (säurefeste Gummihandschuhe).
- Viermalige Anwendung im Abstand von sieben Tagen.

*Vorteil:* Mit der Frühjahrsbehandlung werden auch vorhandene *Varroa*-Milben abgetötet.

*Nachteil:* Bei der Behandlung eines akuten Befalls im Frühjahr muß mit erhöhten Rückständen gerechnet werden. Zumindest wurde von der deutschen Zulassungsbehörde aus diesem Grund die Anwendung im Frühjahr nicht gestattet.

*Menthol*

Menthol wirkt in Bienenvölkern toxisch auf *A. woodi* (Vecchi und Giordani, 1968; Herbert et al., 1987). Das kristalline Menthol wird in Beuteln oben auf die Wabenschenkel gelegt und dort für ein bis zwei Monate belassen. Die Außentemperaturen müssen über 21 °C liegen, da sonst die Mentholdämpfe nicht die Milben in den Tracheen erreichen (Herbert et al., 1988). Eine höhere Verdunstungsrate kann man erreichen, wenn man das Menthol auf einer größeren Fläche ausbreitet (Cox et al., 1989). In Kanada prüfte man eine Mischung aus Menthol und Pflanzenfett im Verhältnis 1 : 1 (Nelson et al., 1993). Die Mentholpaste (30 g) wurde entweder auf Plastikmaterial verstrichen und auf das Bodenbrett gelegt, oder es wurden mit ihr getränkte Schaumstreifen in die Nähe der Vorder- bzw. Rückwand gehängt. Der Behandlungserfolg war bei allen Varianten sehr hoch.

Anwendung
- Die idealen Außentemperaturen liegen über 21 °C.
- 50 g kristallines Menthol werden in einem Gazebeutel bei kühler Witterung oben auf die Wabenschenkel gelegt und bei warmer unten auf den Beutenboden.
- Die Beutel bleiben mindestens einen Monat im Volk.

*Vorteil:* Die Anwendung ist recht einfach und kostengünstig. Die Rückstandssituation ist sehr günstig.

*Nachteil:* Die Verdunstung hängt in starkem Maße von den Umgebungstemperaturen ab. Obwohl die therapeutische Wirkung sehr gut ist, brachten die Völker im Vergleich zu unbehandelten geringere Erträge und entwickelten sich schlechter (Cox et al., 1989 b).

*Thymol*
Thymol ist der Hauptbestandteil von Thymianöl. Im Handel wird es in kristalliner Form angeboten. Die Anwendung erfolgt ähnlich wie bei Menthol in Gazetaschen.

Anwendung
- Im September und Oktober bei nicht zu kühler Witterung.
- 10 bis 15 g Thymol in Gazetaschen oben auf die Wabenschenkel legen.
- Für ein bis zwei Monate, eventuell auch den ganzen Winter, im Volk belassen.

*Vorteil:* Die Anwendung ist einfach und kostengünstig.

*Nachteil:* Das Thymol wirkt als Repellent und kann zum Auszug der Bienen führen. Eine erhöhte Räubereigefahr besteht wegen des veränderten Stockgeruchs.

### 6.2.3.3. Abtötung

Die Abtötung von mit *Acarapis woodi* befallenen Völkern ist nur dann notwendig, wenn sie bereits stark geschwächt sind.

## 6.2.4. Prophylaxe

Das wesentliche Ziel der prophylaktischen Maßnahmen ist, den Abgang der befallenen Bienen bei den Reinigungsflügen zu beschleunigen und den Bienenumsatz zu erhöhen. Der Zeitpunkt und die Häufigkeit von Reinigungsflügen werden wesentlich

von den klimatischen Bedingungen am Winterstandort bestimmt. Auf feuchten oder beschatteten Standorten hält sich ebenso wie in Senken oder Plätzen mit geringer Luftzirkulation die Kälte länger, so daß die für die Flugaktivität notwendige Umgebungstemperatur von 12 °C seltener bzw. nur kurzfristig erreicht wird.
Von den Reinigungsflügen kehrt ein Teil der stark befallenen Bienen nicht mehr zurück. Das Anbringen von Aufstiegshilfen vor dem Flugloch oder das Einsammeln und Zurückgeben der am Boden krabbelnden Bienen wirken dieser natürlichen Selbstheilungskraft der Völker entgegen.
Den Bienenumsatz am Überwinterungsplatz kann man durch ein frühes, ausreichendes Pollenangebot fördern. Besonders verschiedene Weidenarten wie die Salweide (*Salix caprea*) eignen sich.
Da die Trachtverhältnisse des Vorjahres über den Verlauf der Parasitose entscheiden, sollte man, wenn möglich, keine längeren Trachtpausen entstehen lassen bzw. im Notfall eine Reizfütterung vornehmen.

## 6.2.5. Andere Acarapis-Arten

Auf der Körperoberfläche adulter Bienen leben noch weitere *Acarapis*-Arten, die sich morphologisch nur geringfügig von *Acarapis woodi* unterscheiden (Abb. 39). Auch hinsichtlich ihres Verhaltens bestehen große Übereinstimmungen. Sie befallen nur junge Bienen (Brügger, 1936), nehmen von den Bienen Hämolymphe auf (Örösi-Pál, 1934) und erreichen im Winter die höchste Population (Clinch, 1976). Der wesentliche Unterschied besteht darin, daß sie nie in die Biene eindringen (Borchert, 1929) und offensichtlich nicht pathogen wirken. Weiterhin haben sie aus nicht bekannten Gründen eine größere geographische Verbreitung erreicht als *Acarapis woodi*.

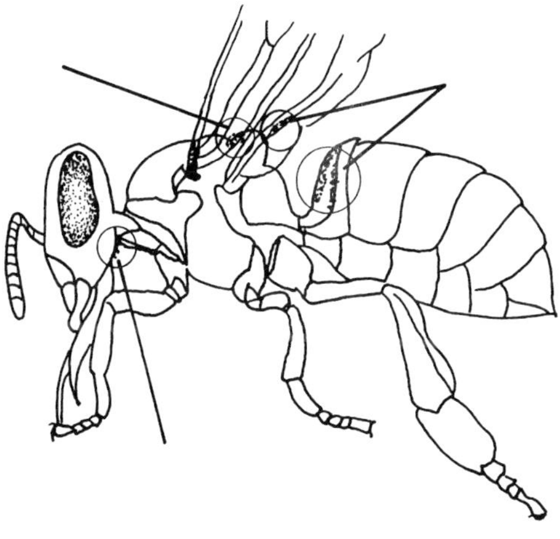

Abb. 39. Befallsstellen der auf den Bienen parasitierenden *Acarapis*-Arten.

- **Acarapis externus**
  Die Milbe *Acarapis externus* hält sich vornehmlich hinter der Kopfkapsel an der Ventralseite des Nackens auf (Homann, 1933). Die Gesamtentwicklungszeit dieser Milbe beträgt etwa 10 Tage (Brügger, 1936).

- **Acarapis dorsalis**
  Die Milbe *Acarapis dorsalis* lebt auf dem Thorax in der Rinne zwischen Mesoscutum und Mesoscutellum (Morison, 1931). Dort sind auch die verschiedenen Entwicklungsstadien aufgereiht. Die Gesamtentwicklung dauert 11 Tage (Royce et al., 1988).

- **Acarapis vagans**
  Die dritte extern lebende Milbe kann zwar eindeutig von *Acarapis woodi*, aber nicht klar von den beiden anderen unterschieden werden (Schneider, 1941). Sie wird inzwischen als zweifelhafte Art (nomen dubium) eingeordnet (Delfinado-Baker und Baker, 1982). Man findet sie vor allem an den Wurzeln der hinteren Flügel, bei schwerem Befall auch am Vorderflügel (Propodeum) und ersten Abdominalsegment.

## 6.3. Nosematose

### 6.3.1. Pathogenese

Die etwa 5 µm großen Sporen werden von den Bienen über das Futter und an Tränken sowie beim Reinigen der Waben oder anderer Beutenteile aufgenommen. Schon wenige von der Biene aufgenommene Sporen können zu einer Infektion führen. Der Krankheitsverlauf ist jedoch meist unabhängig von der Anfangsinfektion.

● **Entwicklungszyklus** (Abb. 40)
Über den Pharynx gelangen die Sporen in die Honigblase. Der Proventriculus sondert neben anderen festen Bestandteilen auch die Sporen aus, so daß sie schon weniger als zehn Minuten nach der Aufnahme den Mitteldarm erreichen (Kellner und Jacobs, 1978). Unter Einwirkung der Verdauungssäfte und vermutlich noch anderer Faktoren keimen die Sporen aus. Dabei wird der etwa 400 µm lange polare Faden nach außen gestülpt (Lom und Vávra, 1963). Sofern dies nahe genug und in Richtung zum Mitteldarmepithel geschieht, kann er die Zellwand durchdringen (Fries, 1988; Weidner et al., 1984). Durch den schlauchförmigen Polfaden wird das Sporoplasma mit zwei Kernen in die Wirtszelle geleitet (Weidner et al., 1984) und reift zu einem Meronten heran (Gray et al., 1969). Anschließend teilen sich erneut die Zellkerne, die während der gesamten Entwicklung dicht beieinander bleiben (Diplokaryon) (Cali, 1971). Etwa 24 Stunden nach der Infektion kommt es durch Zytokinese zur Bildung mehrerer Merozyten. Nach insgesamt zwei Teilungszyklen reifen die Merozyten zu Sporonten heran. Äußerlich kann dies anhand des auf der Plasmamembran abgelagerten Materials erkannt werden (Youssef und Hammond, 1971). Die Sporonten wiederum teilen sich in zwei Sporoblasten. Mit ihrer Reifung zur Spore ist der Entwicklungszyklus abgeschlossen, der insgesamt 48 bis 60 Stunden dauert (Fries, 1988). Die Entwicklung von *Nosema apis* ist wie bei der gesamten Gattung asexuell.
Die Ausbreitung der Sporen im Darm kann intra- und extrazellulär erfolgen. Eine intrazelluläre Ausbreitung ist möglich, wenn die Sporen im Zytoplasma der Wirtszelle

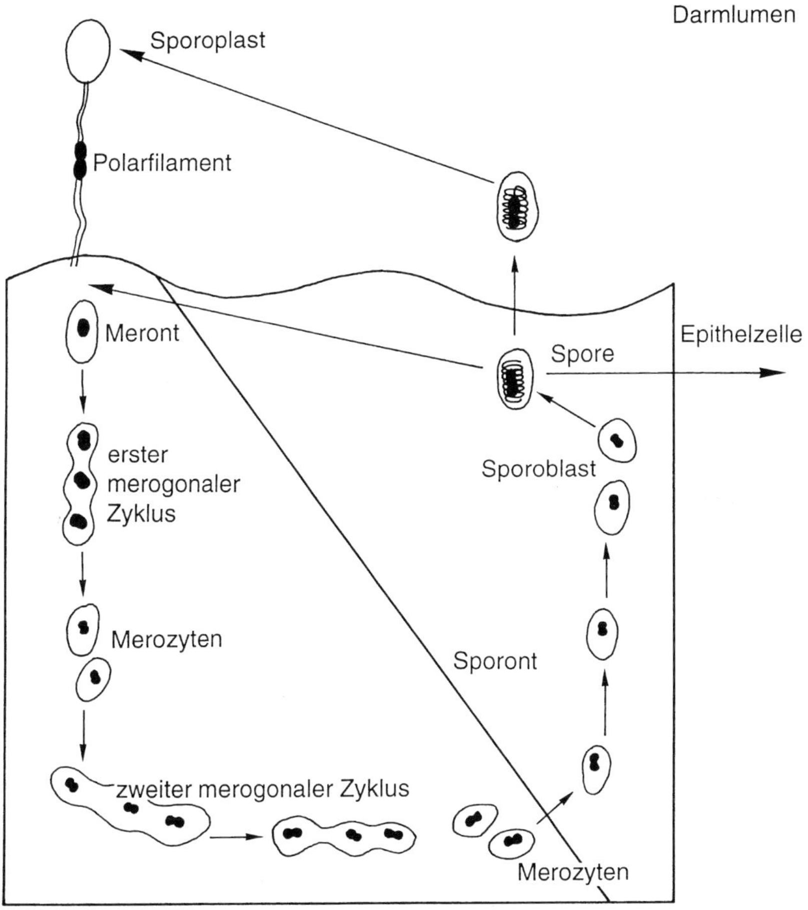


Abb. 40. Entwicklungszyklus von *Nosema apis* (nach Fries, 1988).
Das zweikernige Sporoplasma dringt über den hohlen Polfaden in die Epithelzelle ein und reift dort zum Meronten. Nach zwei merogonalen Zyklen reifen die Merozyten zu Sporonten, die sich in zwei Sporoblasten teilen. Dieser reift zur endgültigen Spore, die entweder noch im Zytoplasma der Wirtszelle oder erst im Darmlumen ihren Polfaden erneut ausschleudert. Ein Teil der Sporen wird über den Darmtrakt ausgeschieden.

keimen und dabei benachbarte Zellen infizieren. Ob die Ausbreitung wie bei anderen Arten der Gattung auch im Merozyten-Stadium möglich ist, kann noch nicht abschließend beurteilt werden (Kawarbata und Ishihara, 1984). In der Regel keimen die reifen Sporen, sobald die mit Sporen gefüllte Epithelzelle in das Darmlumen abgestoßen wird. Die freiwerdenden Sporen infizieren entweder neue Epithelzellen (Autoinfektion) oder werden mit dem Kot ausgeschieden. Vermutlich verbreiten sich die ersten in den Zellen produzierten Sporen im Epithel, und erst wenn die Zellen von zahlreichen Parasiten umgeben sind, entstehen dauerhafte Sporen. Schon nach

zwei Wochen kann das gesamte Darmepithel betroffen sein, dann können dort 30 bis 50 Millionen Sporen gefunden werden (Bailey und Ball, 1991). Im Winter, ohne die Möglichkeit von Reinigungsflügen, können es in einer Biene sogar mehr als 200 Millionen sein (Lotmar, 1943).
Die Vermehrungsfähigkeit von *Nosema apis* ist bei der im Bienennest während der Brutaufzucht vorherrschenden Temperatur von 30° bis 34 °C optimal. In der Wintertraube mit Temperaturen von im Durchschnitt 20 °C dagegen vermehren sie sich kaum. Unter 10 °C findet keine Entwicklung statt, über 37 °C sterben die vegetativen Formen und über 60 °C auch die Sporen ab. In diesen Temperaturbereichen können aber die Bienen ebenfalls nicht überleben. Die Entwicklung von *Nosema apis* wird durch einen hohen Proteingehalt der Nahrung gefördert. Dieser Fall, daß die Bienen vermehrt Proteine über den Futterkreislauf des Bienenvolks aufnehmen, tritt dann ein, wenn die Zahl Bienen mit sezernierenden Hypopharynxdrüsen (Ammenbienen) größer ist als die der zu fütternden Larven.

● **Schädigung der Einzelbiene**
Die Stoffwechselleistung der infizierten Bienen wird wegen der Degeneration des Mitteldarmepithels stark reduziert. Die Ausscheidung von Verdauungsenzymen ist gestört, so daß infizierte Bienen zunehmend die Fähigkeit verlieren, Proteine aufzuschließen. Dies führt zu einer deutlichen Senkung des Protein- und Lipidsäurespiegels in der Hämolymphe. Die Bienen nehmen zur Kompensation des Proteindefizits vermehrt Nahrung auf. Aufgrund der starken Füllung des Mitteldarms und des Rektums werden die Luftsäcke im Abdomen zusammengedrückt. Als Folge verlieren die Bienen ihre Flugfähigkeit.
Auch allgemein werden die Bienen schwächer, was sich äußerlich durch Flügelzittern und krampfartige Bewegungen bemerkbar macht. Drüsen, die auf eine hohe Proteinversorgung angewiesen sind, verkümmern. Dies wird besonders an der unvollständigen Entwicklung der Hypopharynxdrüsen deutlich. Das ist neben dem schnelleren physiologischen Altern einer der Gründe, weshalb infizierte Bienen früher ihre Flugtätigkeit aufnehmen (Hassanein, 1953). Erkrankte Bienen versorgen die Brut daher schlechter mit Futter (Lotmar, 1936; Wang und Moeller, 1969, 1971).
Nicht nur der Aufbau des Fettkörpers ist gestört, sondern auch die im Fettkörper angelegten Proteinreserven werden schneller abgebaut. Hierdurch verkürzt sich die Lebensdauer der Bienen, insbesondere im Winter, und macht sie für Vergiftungen durch Pflanzenschutzmittel anfälliger.
Gleichzeitig wird der Kot dünnflüssiger, was bei ungünstiger Witterung zu einem erhöhten Kotstau führt. Die Bienen koten nicht wie gesunde Bienen im Flug, sondern bereits am Flugbrett und, insbesondere wenn sie gleichzeitig an Ruhr, Malpighamöbiose oder bestimmten Virusinfektionen (s. dort) erkrankt sind, sogar im Stock ab. Dies trägt wesentlich zur Verbreitung der *Nosema*-Sporen bei, denn die Bienen nehmen sie bei der Reinigung der Waben und anderer Stockbereiche auf.
Da ausschließlich die jungen Arbeiterinnen die Beute reinigen, sind sie auch im weitaus stärkeren Maße infiziert als die Drohnen und die Königin. Andererseits sind die infizierten Bienen nur selten an der Pflege der Königin beteiligt. Diese ist daher oft erst bei starker Infektion betroffen. Allerdings führt bereits ein siebentägiger Nosemabefall zu einer Degeneration der Oozyten (Liu, 1992). Vermutlich können die meisten Königinverluste im Winter auf eine *Nosema*-Infektion zurückgeführt wer-

den. Zumindest weisen die abgestorbenen Königinnen in der Regel einen hohen Befall auf. Aber auch wenn die Königin nicht stirbt, bewirkt die Degeneration ihrer Ovarien eine reduzierte Eiablage und damit letztendlich eine Schwächung des Volkes.

● **Schädigung des Bienenvolks**
Die Nosematose führt in gemäßigten und kühlen Klimazonen häufiger zu Bienen- und Völkerverlusten als andere Bienenkrankheiten. Die Verluste treten vor allem im Winter und in der Zeit von März bis Mai auf. Der erhöhte Abgang von infizierten Bienen verbunden mit einer verminderten Aufzucht von Jungbienen, schwächt das Volk zunehmend. Diese ungünstige Bilanz wirkt sich besonders gravierend im Frühjahr aus, wenn die Winter- durch Sommerbienen ersetzt werden (Durchlenzung). Die Reizung der Völker mit proteinhaltigem Futter kann zusätzlich ungünstige Folgen haben.
Überlebt das Volk diese Phase unbeschadet, kann es anschließend spontan zur Selbstheilung kommen. Zumindest können klinische Veränderungen nicht mehr beobachtet werden. Erst im Herbst nimmt der Befall allmählich wieder zu. In dieser Jahreszeit werden die Bienen wegen des mangelnden Trachtangebots wieder langlebiger. Ähnliche Zusammenhänge führen auch in Phasen ohne Tracht (Trachtlücken) und verminderter Brutaufzucht, z. B. beim Verlust der Königin, zu einem Anstieg des Befalls. Im Winter wird die massive Vermehrung des Parasiten in Altbienen durch den geringen Proteingehalt der Nahrung und die niedrigen Temperaturen gehemmt.
Verluste im Winter können häufig auf verregnete, trachtarme Sommer zurückgeführt werden. Im Frühjahr wirkt sich die zurückgehende Brutaufzucht bei Kälteeinbrüchen ungünstig aus. In einzelnen Jahren kann die Nosematose daher seuchenhaft auftreten.
Neben dieser akuten Form kann auch eine *chronische Erkrankung* vorliegen. Entscheidend ist hierbei nicht die Zahl der Parasiten, sondern das Ausmaß des Befalls bei den Jungbienen (Fritzsch und Bremer, 1984). Die Völker entwickeln sich ohne sichtbaren Grund schlechter als gesunde. Dies hat eine schlechtere Leistungsfähigkeit zur Folge und führt in der Regel zu einer geringeren Honigproduktion. Die latente Form kann bei ungünstigen Haltungs- und Umweltbedingungen besonders im Frühjahr innerhalb weniger Wochen in eine akute übergehen und zum raschen Tod des Volks führen.

## 6.3.2. Epidemiologie

*Nosema apis* ist vor allem in den gemäßigten und kühlen Klimaten endemisch. Da die Sporen in fast allen Völkern vorkommen, trägt die Biene selbst nur unwesentlich zur Übertragung auf andere Völker bei. Bei massiver Räuberei, besonders wenn bereits geschwächte Völker betroffen sind, können größere Sporenmengen eingetragen werden. Sonst erfolgt die Verbreitung massiver Infektionen im wesentlichen durch pflegerische Maßnahmen. Der Austausch von kontaminierten Waben, insbesondere von Futterwaben, oder die Vereinigung von gesunden mit kranken Völkern stehen hierbei im Vordergrund. Eine Infektion kann aber auch an einer ungeeigneten, künstlich eingerichteten Wassertränke erfolgen.

## 6.3.3. Therapie

Die Nosematose wird in den meisten Ländern nicht unter staatlicher Aufsicht kontrolliert, obwohl sie im gemäßigten Klima die häufigste Ursache von Bienen- und Völkerverlusten ist. Sie ist jedoch eine typische Faktorenkrankheit, die nur selten seuchenhaft verläuft. Allein durch pflegerische Maßnahmen kann ein Ausbruch verhindert und die Selbstheilung herbeigeführt werden.

### 6.3.3.1. Pflegerische Maßnahmen

Eine wesentliche pflegerische Maßnahme besteht darin, den Abgang der infizierten Winterbienen zu beschleunigen. Dies ist nur möglich, wenn sie durch junge Bienen ersetzt werden. Alle Maßnahmen, die den Bienenumsatz fördern, wirken somit der Nosematose entgegen und ermöglichen die Selbstheilung. Eine Reizfütterung wird sich nur dann günstig auswirken, wenn anschließend kein Kälteeinbruch zu erwarten ist. Sonst könnte genau der entgegengesetzte Effekt auftreten und die Vermehrung von *Nosema apis* wegen des höheren Proteingehalts der Nahrung aufgrund der Brutunterbrechung begünstigt werden. Ein gutes Pollenangebot ist die wesentliche Voraussetzung für die Brutaufzucht. Bei ungünstigen Standorten ist daher zu raten, gute Pollentrachten anzuwandern.
Bereits stark geschwächte Völker sollte man vorzugsweise abtöten. Die Entwicklung dieser Völker kann nur selten günstig beeinflußt werden.

● **Kunstschwarmverfahren**
Das Kunstschwarmverfahren bietet den Vorteil, daß die Bienen von der mit Sporen kontaminierten Umgebung befreit werden. Damit wird der Infektionsdruck im Volk wesentlich reduziert. Dazu werden die Bienen in entseuchte Beuten auf Mittelwände gegeben. Dies kann aber nur im Spätsommer Erfolg haben, da sich in anderen Jahreszeiten der Verlust der Brut eher ungünstig auswirkt. Außerdem muß ein ausreichendes Trachtangebot vorhanden sein, damit die Mittelwände noch ausgebaut und das Winterfutter eingelagert werden kann. In manchen Regionen kommt es noch am Ende der Saison zu sogenannten Läppertrachten, die wesentlich den Bautrieb der Bienen fördern. So wird diese Methode in Skandinavien erfolgreich zur Prophylaxe bei der Einwinterung eingesetzt. In Deutschland bietet die häufig auf Brachflächen ausgesäte *Phacelia* die Voraussetzungen für ein solches Vorgehen.
Stark geschwächte Völker sollte man nicht mit gesunden vereinigen, da das Ergebnis meist schlecht ausfällt. Der gesunde Teil des Volks wird dabei nämlich ebenfalls mit *Nosema apis* infiziert, wodurch die Bilanz des Bienenumsatzes negativ wird.
Günstiger ist es, stark infizierte Völker im Kunstschwarm zu vereinigen und abzuwarten, ob sie überleben. Man darf jedoch nicht warten, bis die Völker so geschwächt sind, daß sie von anderen ausgeraubt werden.

### 6.3.3.2. Medikamentöse Therapie

Von den über 200 zur Behandlung der Nosematose getesteten Substanzen waren nur wenige wirksam (Moffet et al., 1969). Dies trifft auch zu für die häufig verwendeten organischen Quecksilberverbindungen, wie sie im Präparat Nosemack enthalten sind. Wegen der ungeklärten Rückstandsfrage und der fehlenden Zulassung darf das Präparat nicht verabreicht werden.

Ein Präparat mit dem Wirkstoff Fumalligin, das zur Zeit nur in Deutschland nicht zugelassen ist, wird im übrigen Europa unter dem Namen Fumidil B® vertrieben. Es ist sowohl von den Rückständen als auch von Verträglichkeit und Wirkung wesentlich günstiger als Nosemack. Der Wirkstoff Fumalligin wird aus dem Pilz *Aspergillus fumigatus* gewonnen (Hanson und Eble, 1949) und wurde füher wegen seiner amöbiziden Eigenschaften in der Humanmedizin zur Bekämpfung parasitärer Protozoen verwendet (McGowen et al., 1951). Das Antibiotikum greift nicht die Sporen, sondern nur die vegetativen und damit die intrazellulären Formen an, ohne die Wirtszelle zu schädigen (Liu, 1973). So können die infizierten Bienen zwar nicht geheilt, der Verlauf der Krankheit aber abgeschwächt und ein Ausbruch bei Jungbienen verhindert werden.
Von dem Präparat werden 1 g in 1 l Zuckerwasser (1 : 1) suspendiert. Das Zuckerwasser darf dabei nicht wärmer als 30 °C sein. Man verabreicht je nach Volksstärke ein bis zwei Liter der Suspension. Das Medikament kann im Frühjahr nach schlechter Auswinterung an die Völker verfüttert werden. Im akuten Fall und bei bereits stark geschwächten Völkern ist das Besprühen der mit Bienen besetzten Waben mit einer wirkstoffhaltigen Zuckerwasserlösung von Vorteil.
Eine Neuinfektion ist jedoch über die mit Sporen kontaminierte Umgebung möglich. Der Erfolg der Therapie ist daher nicht sicher, wenn die Beuten und Waben nicht gleichzeitig desinfiziert werden. Dabei bringt die Anwendung der Ameisensäure in Form der Illertisser Milbenplatten, wie sie zur Varroabekämpfung eingesetzt wird, keine ausreichend desinfizierende Wirkung (Fries, 1990).

● **Desinfektion**
Die Desinfektion der Waben und Beuten ist mit verschiedenen Chemikalien möglich. Bewährt hat sich die Anwendung von 60%iger technischer Essigsäure, da die Waben nach kurzem Ablüften wieder benutzt werden können. Es werden 2 ml pro Liter behandeltes Volumen benötigt. Die Säure wird in einem Gefäß oder einer Dämmplatte als Träger auf die Waben im Wabenschrank oder im Magazinstapel gegeben. Ebenfalls gut wirksam ist eine Wärmebehandlung mit 49 °C für 24 Stunden. Mit keiner der bekannten Methoden werden die im Futter enthaltenen Sporen abgetötet. Die Waben müssen daher zuvor ausgeschleudert und das Futter etwa 10 Minuten lang auf 60 °C erwärmt oder besser kurz gekocht werden. Beuten und Geräte können in gleicher Weise oder durch leichtes Abflammen mit dem Gasbrenner oder der Wärmepistole desinfiziert werden.

## 6.3.4. Prophylaxe

Wie bei anderen von bestimmten Faktoren abhängigen Krankheiten steht auch bei der Nosematose die Prophylaxe im Vordergrund.

● **Pflegerische Maßnahmen**
Die Bienen im infizierten Volk sollten möglichst früh und oft die Gelegenheit zu Reinigungsflügen haben. Der übermäßige Kotstau im Rektum zwingt die Bienen sonst, im oder vor dem Stock zu defäkieren. Auf diese Weise werden auch andere Bienen infiziert und damit der Krankheitsverlauf stark begünstigt. Eine Verbreitung im Volk kann auch durch zerquetschte Bienen erfolgen, wenn die Körperflüssigkeit

von anderen Bienen aufgenommen wird. Eine hastige Durchschau der Völker sollte daher möglichst vermieden werden. Eine Infektion über im Futtersaft ertrunkene Bienen kann man durch die Wahl eines geeigneten Futtergeschirrs verhindern.
Bei der Nosematose muß besonders auf eine ständige Wabenerneuerung geachtet werden, denn kontaminierte Waben stellen eine der wesentlichen Infektionsquellen dar. Dies gilt natürlich besonders für Kotablagerungen, die auch auf anderen Beutenteilen und Geräten auftreten können. Die Sporen können dort mehr als ein Jahr überleben und damit entweder von einer Saison zur anderen oder beim Wabentausch in andere Völker übertragen werden. Die Desinfektion von Waben (s. 3.2.) und die Vernichtung von Futter aus nosemaverseuchten Völkern gehören damit zu den wichtigsten prophylaktischen Maßnahmen.

● **Medikamentöse Prophylaxe**
Eine medikamentöse Prophylaxe kann nur in Ausnahmefällen empfohlen werden. Hierzu gehören ungünstige klimatische Bedingungen im zurückliegenden Sommer oder ein unvermeidbar ungünstiger Standort. Für kleinere Bieneneinheiten, wie z. B. Begattungskästen, bringt sie ebenfalls Vorteile.
Bei Wirtschaftsvölkern kann man z. B. Fumidil B der letzten Winterfuttergabe hinzufügen. Da dieses Futter zuletzt eingelagert und daher auch zuerst verbraucht wird, kann die Entwicklung der Nosematose bereits im Herbst eingeschränkt werden.

## 6.4. Malpighamöbiose

### 6.4.1. Pathenogenese

Die Malpighamöbiose oder **Amöbenruhr** wird durch das Protozoon *Malpighamoeba mellificae* hervorgerufen. Es bildet als Dauerform 6 bis 7 μm große Zysten, die von den Bienen oral aufgenommen werden. Während der Passage durch den Verdauungstrakt teilen sie sich mehrmals. Im Rektum (Schulz-Langner, 1964) germinieren sie durch Platzen ihrer Hülle. Entsprechend der Kernzahl bilden sich mehrere Zellkugeln, die sich zu flagellatenähnlichen Formen entwickeln. Diese wandern zurück zum Ende des Dünndarms, um in die dort mündenden Malpighischen Gefäße zu gelangen. Auf dem Weg dorthin bilden sie je nach äußeren Bedingungen vorübergehend Ruhestadien, d. h. Zysten ohne Hülle. Ein Teil der Zysten germiniert am posterioren Ende des Proventriculus (Bailey, 1963) und dringt direkt in die Malpighischen Gefäße ein. Im Lumen der Malpighischen Gefäße entsteht die trophische Form. Nach der Vermehrung bilden sich erneut Zysten, die im Harn in den Darm abgegeben werden. Im Rektum kann es zur Autoinfektion kommen, wenn die Zysten durch Austritt des Zytoplasmas aus den Poren erneut germinieren. Ein großer Teil der Zysten wird aber beim Defäkieren abgegeben. Zwischen der Aufnahme der Zyste und der Entstehung neuer Zysten vergehen etwa 3 Wochen (Fyg, 1932).
Wie sich *M. mellificae* ernährt und letztendlich die Biene schädigt, ist umstritten. Als extrazellulärer Parasit könnte sie mit ihren Pseudopodien in die Epithelzellen der Malpighischen Gefäße eindringen, um sich vom Zellinhalt zu ernähren und sie zu zerstören (Steinhaus, 1963). Sie könnten aber auch ausschließlich Nährstoffe im Lumen der Malpighischen Gefäße aufnehmen und sie durch Verstopfung und Zerstö-

rung der Oberfläche der Epithelzellen – insbesondere des Stäbchensaums – schädigen (Schulz-Langner, 1964).
In jedem Fall schwellen die Gefäße an, Verfärben sich milchig-weiß und degenerieren. Die verminderte Wasserresorption führt zu einer Überlastung des Rektums und zu einer ruhrähnlichen Durchfallerkrankung.
Stark befallene Bienen scheiden einen dünnflüssigen, gelben Kot von unangenehmem Geruch aus. Oft führt besonders ein paralleler Befall mit *N. apis* zum Defäkieren im Stock, was zur Verbreitung der Zysten im Volk beiträgt. Der Befall erreicht daher wie bei *N. apis* das Maximum im Mai, allerdings mit einem wesentlich schärferen Peak (Bailey und Ball, 1991). Im Herbst und Winter hemmen die niedrigen Temperaturen in der Bienentraube vermutlich die Vermehrung von *M. mellificae* stärker als die von *N. apis*. Ebenso führt die längere Entwicklungszeit von *M. mellificae* zum stärkeren Rückgang des Befalls bei der Anzucht der kurzlebigeren Sommerbienen.
Obwohl beide Protozoen häufig miteinander assoziiert sind, überwiegen in der Regel die Symptome der Nosematose. Dies ist vor allem darin begründet, daß die Amöbe in drei Wochen nur 500 000 Zysten, *N. apis* dagegen in der Hälfte der Zeit über 30 Millionen Sporen pro Biene produziert (Bailey und Ball, 1991). Unabhängig davon beeinflußt *M. mellificae* den Verlauf der Nosematose durch die Verstärkung des Durchfalls wesentlich. Ein mittelstarker Nosemabefall kann bei gleichzeitigem Befall mit der Amöbe zu ähnlichen Schädigungen führen wie ein starker.
Die Malpighamöbiose ist eine typische *Faktorenkrankheit*. Ein kühler, regenreicher Sommer und Herbst, gefolgt von einem milden, aber langen Winter, fördern das Auftreten im Frühjahr. Sobald die kurzlebigeren Sommerbienen überwiegen, kann es wie bei der Nosematose zur Selbstheilung kommen. Der Erreger scheint aber weiter verbreitet zu sein, als bisher angenommen, denn der Befall bleibt oft unentdeckt. Andererseits werden die als typisch für die Malpighamöbiose beschriebenen, vor dem Flugloch hüpfenden und krabbelnden Bienen nicht von diesem Erreger hervorgerufen. Derartige Erscheinungen treten nur auf, wenn dieser mit dem Bienenvirus X assoziiert auftritt (Bailey und Ball, 1991). Ebenso kann es zur deutlichen Schwächung der Völker kommen, wenn *Acarapis woodi* zusammen mit *M. mellificae* vorhanden ist (Wilson und Collins, 1992).

## 6.4.2. Epidemiologie

Die Verbreitung zwischen den Völkern erfolgt auf dem gleichen Weg wie bei *Nosema apis*, oft auch zusammen mit deren Sporen.

## 6.4.3. Therapie

Die Maßnahmen zur Bekämpfung der Malpighamöbiose ähneln besonders hinsichtlich der Prophylaxe sehr der Nosematose.

### 6.4.3.1. Pflegerische Maßnahmen

Der Abgang der Winterbienen durch erhöhten Bienenumsatz im Frühjahr ist die wichtigste pflegerische Maßnahme. In den kurzlebigeren Sommerbienen hat der Erreger kaum eine Chance, sich zu vermehren.

*Kunstschwarmverfahren*
Ein Kunstschwarmverfahren kann nur empfohlen werden, wenn gleichzeitig starke Nosematose vorliegt.

#### 6.4.3.2. Abtötung

Nur stark geschwächte Völker sollten abgetötet werden.

#### 6.4.3.3. Medikamentöse Therapie

Das bei der Bekämpfung der Nosematose so erfolgreiche Fumagillin (Fumidil B) hat keine therapeutische Wirkung (Bailey, 1955). Auch andere Mittel können zur Zeit nicht empfohlen werden.

*Desinfektion*
Essigsäure tötet die Amöbenzysten ebenso ab wie die Nosemasporen. Die Anwendung erfolgt in gleicher Weise, wie dort beschrieben.

## 6.5. Gregarinen-Befall

Im Lumen des Mitteldarms lebt eine Reihe verschiedener Gregarinen (u. a. *Leidyana*), die aber nicht bienenspezifisch zu sein scheinen (Wallace, 1966). Sie haften fest am Epithel und ernähren sich vom Zytoplasma der Zellen, wobei sie diese zerstören. Ein schwerer Befall kann sich lebensverkürzend auf die Bienen auswirken. Gregarinen treten aber besonders in Mitteleuropa nur vereinzelt in Bienen auf, was auf die Empfindlichkeit der Sporen für Temperaturen unter 0 °C zurückgeführt werden kann. zudem ist umstritten, ob sie überhaupt eine pathogene Wirkung haben (Steinhaus, 1967; Stejskal, 1965). Eine gezielte Bekämpfung und Prophylaxe erscheinen daher nicht notwendig.

## 6.6. Flagellaten-Befall

Ein kleiner Bereich auf der dorsalen Seite des Pylorus ist häufig mit dem Flagellaten *Crithidia mellificae* (*Leptomonas apis* nach Lotmar, 1946; neu eingeordnet von Lom, 1964) besiedelt. Königinnen werden seltener befallen (Lotmar, 1946). Die Flagellaten sitzen als dunkler Schorf fest an der Darmwand. In 6 bis 12 Tage alten Bienen können sie im Lumen des Pylorus und Rektums gefunden werden. Nach etwa 16 bis 22 Tagen bilden sich dort die Schorfe (Giavarini, 1956). Es gibt keinen Hinweis, daß die Flagellaten pathogen wirken. Eine Bekämpfung oder Prophylaxe ist daher nicht notwendig.

# 7. Nichtinfektiöse Krankheiten

## 7.1. Schwarzsucht

### 7.1.1. Pathenogenese

Die nichtviröse Schwarzsucht kann unterschiedliche Ursachen haben. Rein äußerlich unterscheiden sich die verschiedenen Formen jedoch nicht. Die Bienen verlieren ihre Behaarung ganz oder teilweise, so daß sie äußerlich schwarz erscheinen. Dem aufgetriebenen Abdomen fehlen dadurch die Filzbinden. Diese klinischen Erscheinungen können auch bei Räuberei und Vergiftungen auftreten.

Die klassische Form der Schwarzsucht wird auch als „**Waldtrachtkrankheit**" bezeichnet. Sie kommt vornehmlich während der Honigtautracht von Fichte und Tanne vor. Ob und in welchem Umfang sie auftritt, hängt u. a. von der Jahreszeit, den klimatischen Bedingungen und dem Standort ab. Für die toxische Wirkung wird im wesentlichen die Zuckerzusammensetzung des Honigtaus verantwortlich gemacht. Vor allem der hohe Anteil an Mannose soll toxisch wirken. Ebenso hat der hohe Mineralstoffgehalt, besonders von Kalium und Phosphor bei gleichzeitig niedrigen Calcium- und Natriumwerten, einen negativen Einfluß. Vermutlich verändern diese das Darmepithel und erschweren damit die Nährstoffresorption. Die genauen Zusammenhänge sind aber noch wenig bekannt.

Weiterhin sollen die in der Hämolymphe schwarzsüchtiger Bienen gefundenen Bakterien *Pseudomonas fluorescens* und *Yersinia pseudotuberculosis* (Horn und Eberspächer, 1976) und verschiedene Rußtaupilze als Bestandteil des Honigtaus zum Ausbruch der Krankheit führen. Bailey (1976, 1981) vermutet auch hier das in seinen Untersuchungen immer nachgewiesene Chronische-Paralyse-Virus als eigentliche Ursache.

Eine wesentliche Voraussetzung für den Ausbruch der Schwarzsucht scheint der zur Zeit der Waldtracht herrschende Pollenmangel zu sein. Dieser führt zu einem extremen Stickstoffmangel im Körper der Biene. Dies wird über den Stickstoffgehalt in der Cuticula ausgeglichen. Diese wird dadurch außerordentlich brüchig, und die Haare fallen schon bei geringster Berührung ab.

Eine weitere, nämlich die erbliche Form der Schwarzsucht, kommt äußerst selten – vermutlich aufgrund von Inzucht – vor. Sie unterscheidet sich von den anderen Formen dadurch, daß bereits die schlüpfenden Jungbienen haarlos und daher schwarz sind.

### 7.1.2. Epidemiologie

Die Krankheit ist nicht ansteckend und wird daher auch nicht von den Bienen in andere Völker übertragen. Da die Völker unterschiedlich anfällig sind, können trotz gleicher Trachtverhältnisse nur einzelne betroffen sein.

### 7.1.3. Therapie

Die Therapie besteht ausschließlich in pflegerischen Maßnahmen. Bei der Waldtrachtkrankheit hilft es nur, den Standort mit Honigtautrachten zu verlassen und möglichst solche mit guten Pollentrachten aufzusuchen. Sollte die Krankheit in trachtarmen Perioden auftreten, kann dünnes Zuckerwasser verfüttert werden. Bei erblich bedingter Schwarzsucht muß der Imker die Königin austauschen (Umweiseln).

### 7.1.4. Prophylaxe

Eventuell kann man durch rechtzeitiges Abwandern aus Honigtautrachten eine zunehmende Ausbreitung der Krankheit im Volk verhindern. Die einzig wirksame Prophylaxe besteht jedoch in der Auswahl von widerstandsfähigeren Zuchtlinien.

## 7.2. Maikrankheit

### 7.2.1. Pathenogenese

Im zeitigen Frühjahr benötigen die Völker sehr viel Pollen, um die umfangreichen Brutmengen aufzuziehen. Bei akutem Wassermangel kann der Pollen im Darm und Rektum eindicken, wodurch das Abdomen erheblich anschwillt. Manche Bienen können noch einen Kot von fester Konsistenz absetzen. Andere, stärker betroffene sind flugunfähig und vollführen kreiselnde und zuckende Bewegungen, bis sie schließlich eingehen.

### 7.2.2. Epidemiologie

Im Volk sind ausschließlich die brutpflegenden Bienen betroffen. Je nach Brutumfang sind die Völker unterschiedlich stark, in der Regel aber alle eines Standortes betroffen.

### 7.2.3. Therapie

Bei dieser nichtansteckenden Krankheit können nur pflegerische Maßnahmen zur Therapie eingesetzt werden. Der Wassermangel kann am schnellsten durch Verfüttern von dünnflüssigem Zuckerwasser ausgeglichen werden. Dieses wird im akuten Fall direkt auf die Bienen in den Wabengassen gesprüht.

### 7.2.4. Prophylaxe

Den Ausbruch der Maikrankheit kann man durch rechtzeitige und ausreichende Versorgung der Völker mit Wasser verhindern. Neben der Einrichtung einer Tränke besteht auch die Möglichkeit, dünnflüssiges Zuckerwasser zu verfüttern.

# 7.3. Ruhr

## 7.3.1. Pathenogenese

Als Ruhr wird eine nichtansteckende Darmerkrankung verstanden, die letztendlich zur Diarrhoe führt. Die Ursachen reichen von ungeeignetem Winterfutter über vermehrte Nahrungsaufnahme nach Störungen im Winter bis zu ungünstigem Kleinklima in der Beute.
Winterfutter mit einem hohen Mineralstoffgehalt, verschiedenen Zusätzen von Salzen und Säuren sowie einer ungeeigneten Zuckerzusammensetzung führt zu Verdauungsstörungen. Ein Futter mit hohem Melizitoseanteil kristallisiert aus und kann wegen des Wassermangels im Winter von den Bienen nicht aufgenommen werden. Andererseits kann dünnflüssiges Futter zu hoher Luftfeuchtigkeit bzw. Nässe in der Beute führen und in Gärung übergehen. Weiterhin können Störungen der Winterruhe besonders durch eingedrungene Mäuse, aber auch durch von außen einwirkende mechanische Erschütterungen zu einer erhöhten Futteraufnahme führen. Aber auch weisellose Völker überwintern unruhiger und verbrauchen mehr Futter. Hierdurch entsteht ein übermäßiger Kotstau im Rektum, was zum Defäkieren im Stock führt. Auf diesem Weg können sich auch *Nosema apis* und *Malpighamoeba mellificae* verbreiten, wodurch die Erscheinungen der Ruhr wesentlich verstärkt werden.

## 7.3.2. Epidemiologie

An Ruhr erkranken meist mehrere Völker gleichzeitig, da sie unter den gleichen widrigen Bedingungen leiden. Treten die Erreger der Nosematose und Malpighamöbiose gleichzeitig auf, so werden diese schnell weiter verbreitet.

## 7.3.3. Therapie

- **Pflegerische Maßnahmen**

Die wesentlichen pflegerischen Maßnahmen bestehen in der Verabreichung von dünnflüssigem Zuckerwasser. Dies setzt jedoch voraus, daß die Bienen zum Defäkieren bereits ausfliegen können. Meist können die Völker aber nicht geheilt werden. Entscheidend sind daher prophylaktische Maßnahmen (s. dort).

- **Abtötung**

Zu stark geschwächte Völker sollte der Imker besonders bei gleichzeitig auftretendem starkem Nosemabefall abtöten.

- **Desinfektion**

In den meisten Fällen erkranken die Völker gleichzeitig an Nosematose. Die Waben sollten daher wie dort beschrieben desinfiziert werden (s. 6.3.3.).

## 7.3.4. Prophylaxe

Vorbeugende Maßnahmen gegen die Ruhr bestehen in der Vermeidung von Störungen während der Winterruhe. Dies schließt das rechtzeitige Anbringen von Mäusegittern ein. Ebenso sollte man das Winterfutter möglichst ohne Zusätze verwenden.

## 7.4. Melanose

Unter dem Begriff Melanose faßt man alle Erkrankungen der Königin zusammen, die aufgrund einer Infektion zu einer Schwarzfärbung der Geschlechtsorgane, insbesondere der Ovarien, und gleichzeitiger Sterilität führen. Die Ursache scheinen neben Hefen (Fyg, 1934) und anderen Pilzen auch Bakterien wie *Aerobacter clocae* (Fyg, 1964) zu sein.

# 8. Anomalien und Mißbildungen

Im Bienenvolk kann es sowohl bei den adulten Bienen als auch der Bienenbrut zu Mißbildungen kommen. Obwohl diese in der Praxis nur eine untergeordnete Bedeutung haben, ist die Kenntnis dieser Erscheinung zur Differentialdiagnose gegenüber Krankheiten wesentlich.
Mißbildungen bei Drohnen und Arbeiterinnen betreffen in der Regel nur wenige Tiere und sind daher für den Fortbestand des Bienenvolks von geringer Bedeutung. Einen anderen Stellenwert haben sie bei der Königin, da hierdurch die Aufzucht von Nachkommen negativ beeinflußt wird.

## 8.1. Königin

Eine unregelmäßige, lückenhafte Brutfläche kann neben einer Erkrankung der Brut auch ein Zeichen für eine Legestörung bei der Königin sein. Aufgrund eines Inzuchtdefektes legt die Königin häufiger diploide Eier mit homozygoten Geschlechtsallelen ab. Aus diesen entwickeln sich diploide Drohnen, die zum großen Teil sofort nach dem Schlupf der Larve von den Arbeiterinnen entfernt werden (Woyke, 1963). Daneben können von Königinnen taube Eier abgelegt werden, die noch während der Embryonalentwicklung absterben und ebenfalls entfernt werden. Die Ursachen dieser Erscheinung dürften genetisch bedingt sein und von der väterlichen Linie stammen (Fyg, 1936). Aber auch eine Infektion der Geschlechtsorgane kann zur Melanose führen (s. 7.4.) und so die Legefähigkeit hemmen. Häufig handelt es sich jedoch um eine überalterte, nicht mehr leistungsfähige Königin, die aufgrund des ständigen Ausbrechens der Weiselzellen durch den Imker zur Schwarmverhinderung nicht vom Volk durch eine neue ersetzt werden kann.
Eine überalterte Königin legt oft nur noch unbefruchtete und damit haploide Drohneneier ab, wenn der Samenvorrat in der Spermatheka erschöpft ist. Bei künstlich besamten Königinnen weist dies auf eine unzureichende Besamung oder eine Verletzung hin. Ausschließlich Drohnen werden aber auch dann im Volk herangezogen, wenn die Königin verlorengegangen ist und sich daraufhin in Arbeiterinnen die Ovarien entwickeln. Diese können als unbegattete Weibchen nur unbefruchtete Eier legen. Von einer Fehlbrütigkeit der Königin kann dieser Zustand aber leicht anhand der zahlreichen, von den Arbeiterinnen an die Zellwand gelegten Eier unterschieden werden. Befinden sich zwei bis vier Eier am Zellboden, so stammen diese von einer Königin, die aus Platzmangel in Legenot geraten ist.
Neben den hier aufgeführten Mißbildungen gibt es eine Reihe weiterer krankhafter Veränderungen, die zu einer Beeinträchtigung der Legeleistung oder sogar zur Sterilität führen. Hierzu gehören neben verschiedenen Verdauungsstörungen auch Tumoren und krankhafte Veränderungen der Organe.

## 8.2. Arbeiterinnen

Bei adulten Arbeiterinnen kommt es sehr häufig zu Mißbildungen und Anomalien. Diese Bienen werden aber von den anderen Arbeiterinnen aus dem Stock entfernt oder an der Rückkehr gehindert. Nur wenn eine größere Zahl von Bienen im Volk diese Erscheinungen aufweisen, sollte man der Ursache nachgehen.
Gynandromorphe Bienen, d. h. sog. *Zwitterbienen*, die männliche und weibliche Merkmale nebeneinander aufweisen, treten als Folge einer Störung bei der Befruchtung der Eier auf. Häufig kommt es zunächst zur Befruchtung der Eizelle und der Entwicklung der weiblichen Merkmale. Aus den zusätzlich eingedrungenen Spermien, die nicht mit dem Kern der Eizelle verschmelzen, entwickeln sich die männlichen Merkmale. Ähnliche Zusammenhänge führen auch nach starker Abkühlung junger Eier zu gynandromorphen Bienen (Drescher und Rothenbuhler, 1963).
Die Verschmelzung der Ocellen und Facettenaugen zu einem Auge tritt zwar selten auf, betrifft dann aber bis zu 10% der Bienen eines Volks. Diese sog. *Zyklopenbienen* weisen in der Regel neben weiteren Mißbildungen auch Verhaltensstörungen auf und sind daher kaum lebensfähig (Ohtani, 1977).

## 8.3. Drohnen

Nicht selten kommt es bei Drohnen zu sog. *Albinos*. Diese besitzen weiße Augen, seltener auch einen teilweise ungefärbten Körper, da ihnen aufgrund eines Enzymdefekts Pigment fehlt (Dustmann, 1981). Das Merkmal wird rezessiv vererbt und betrifft bei Inzucht einen großen Teil der Drohnen. Bei teilweisem Pigmentmangel treten andere Farbvarianten der Augen, insgesamt allerdings seltener auf. Da die Tiere vermutlich sehuntüchtig sind, gehen sie beim ersten Ausfliegen verloren.

## 8.4. Weiselzellen

Weiselzellen (Brutzellen der Königin) sind besonders empfindlich gegen Störungen. Erschütterungen können dazu führen, daß die Puppe in der Zelle abrutscht und durch Umbau der Arbeiterinnen ungewöhnlich lange Zellen entstehen. Verkühlt die Brut, so treten ähnliche Mißbildungen wie bei Arbeiterinnen auf, z. B. mißgebildete Flügel und ein verkürzter Hinterleib. Die Folgen sind für das Bienenvolk gravierend und führen ohne Hilfe des Imkers meist zum Tod.
Ebenfalls wenig Überlebenschancen bestehen für das Bienenvolk, wenn die Weiselzelle keine Königin enthält. Besonders Nachschaffungszellen enthalten oft kleinwüchsige Königinnen oder solche mit verschiedenen Übergängen bis zur Arbeitsbiene. In der Regel ist die Arbeiterbrut schon zu alt gewesen, um noch zur Königin determinieren zu können. Andererseits können Weiselzellen auch Drohnen enthalten, wenn die Nachschaffungszellen über Drohnenbrut gebaut wurden, z. B. in bereits längere Zeit weisellosen Völkern.

# 9. Schädlinge

Neben Krankheiten können Bienen auch von Schädlingen betroffen sein. Diese befallen entweder adulte Bienen und Brut oder deren Vorräte. Nicht jedes Tier, das sich von Bienen oder deren Vorräten ernährt, ist auch ein Schädling. Oft treffen sie nur zufällig aufeinander. Schäden treten nicht überall auf; sie sind von der Region und dem Standort der Völker abhängig.

## 9.1. Dipteren

Für Asiliden (Raubfliegen), Phoriden (Buckelfliegen), Sarcophagiden (Fleischfliegen) und Tachiniden (Raupenfliegen) dienen Bienen nur gelegentlich als Nahrung. Dagegen kann *Braula coeca* (Bienenlaus) die Bienenvölker dadurch beeinträchtigen, daß die Königin bei massivem Befall stark beunruhigt wird. Eine echte Schädigung geht von diesem Kommensalen, der während der Trophalaxie bzw. der Fütterung der Königin Futter aufnimmt, jedoch nur selten aus. Eine biologische Bekämpfung ist durch die Zerstörung der Fraßgänge seiner Larven in den Wachsdeckeln der Vorratszellen möglich.

## 9.2. Lepidopteren

Der gelegentlich im Bienenvolk Honig aufnehmende Totenkopfschwärmer, *Acherontia atropos*, richtet keinen Schaden an und wird sogar von den Bienen geduldet. Tote Tiere, die manchmal mit Propolis überzogen in einer Stockecke liegen, haben den Ausgang nicht mehr gefunden oder sind aus anderen Gründen im Stock verendet.

Unter den Lepidopteren sind nur die Große Wachsmotte, *Galleria melonella*, und die Kleine Wachsmotte, *Achroea gisella*, für Bienen von Bedeutung. Ihre Larven ernähren sich u. a. von Häutungsresten in den Brutwaben, wobei sie das Wachs teilweise oder vollständig zerstören. Mit dem Wachs nehmen sie auch Sporen des *Bacillus larvae* auf und tragen damit zu dessen Verbreitung bei.

Bei Vorratswaben ist eine Bekämpfung mit Schwefel und Essigsäure möglich. Aber auch bei einer dreistündigen Erwärmung auf 48 °C bzw. einer dreistündigen Abkühlung auf –16 °C kann die Entwicklung der Wachsmotten für mehrere Monate unterbunden werden (Ritter, 1996). Aufwendiger, aber ebenso effektiv ist die Begasung mit Kohlendioxid. Dabei muß drei Minuten lang acht Liter Gas pro Minute durch die Waben geleitet werden (Greatti und D'Agro, 1992).

Vor der Anwendung anderer Mittel, z. B. Mottenbekämpfungsmittel, muß dringend gewarnt werden, da diese über das Wachs zu Rückständen im Honig führen und sogar bienentoxisch wirken. Nur in schwachen Völkern können die Wachsmotten Schäden hervorrufen. Ihre Bekämpfung ist dort mit Ausnahme des *Bacillus thuringiensis* praktisch nur mit Hilfe pflegerischer Maßnahmen wie dem Einengen der Völker möglich.

## 9.3. Coleopteren

Weder unter den Carabiden (Laufkäfern) noch den Cleriden (Buntkäfern) sind Vertreter bekannt, die die Honigbiene ernsthaft schädigen können. *Trichodes apiarius* (Immenkäfer) hat daher auch eher bei Solitärbienen eine Bedeutung. Dies gilt auch für die Larven des *Meloe proscarabaeus* (Gemeiner Ölkäfer). Seine als Triungulinen bezeichneten Larven können sich nur im Nest von Solitärbienen weiterentwickeln.

## 9.4. Hymenopteren

In dieser Ordnung der Hautflügler, zu der auch die Honigbiene gehört, werden Schädlinge unter den Vespiden (Faltwespen), Formiciden (Ameisen), Sphegiden (Grabwespen) und Mutilliden (Bienenameisen) genannt. Mutilliden sind jedoch eher Schädlinge der verschiedenen *Bombus*-Arten (Hummeln), und *Philanthus triangulum* (Bienenwolf) ist aufgrund fehlender geeigneter Nistmöglichkeiten äußerst selten geworden und inzwischen geschützt. Aber auch die verschiedenen Vertreter der Vespiden und Formiciden stellen im gemäßigten Klima höchstens eine Gefahr für schwache Völker dar. Hier kann der Imker leicht durch entsprechende pflegerische Maßnahmen vorbeugen.

## 9.5. Amphibien und Reptilien

Vertreter dieser Wirbeltierklassen treten in Mitteleuropa nie bzw. äußerst selten als Schädlinge der Honigbiene auf.

## 9.6. Vögel

Die in Mitteleuropa heimischen Vögel treten nicht als Schädlinge der Honigbiene auf. Meisen und Spechte können gelegentlich die Winterruhe stören. Dies kann man bei Bedarf durch Vogelnetze verhindern. Der Bienenfresser (*Merops apiaster*) stellt besonders im Mittelmeerraum und in anderen subtropischen Regionen in bestimmten Jahreszeiten ein Problem dar, bei uns ist er geschützt. Die größten Schäden entstehen, wenn die Königinnen von Begattungsflügen zurückkehren und vom Bienenfresser abgefangen werden.

## 9.7. Säugetiere

Unter den Säugetieren treten nur die Spitzmäuse und die echten Mäuse als Schädlinge auf. Allein die Spitzmäuse sind Insektenfresser und ernähren sich ab und zu von Bienen. Sie sind als Nützlinge geschützt und dürfen nicht bekämpft oder verfolgt werden. Die echten Mäuse suchen Bienenvölker lediglich im Winter nur wegen der in der Beute herrschenden Wärme auf. Die beste Abwehr sowohl gegen Mäuse als auch Spitzmäuse sind vor dem Flugloch angebrachte Drahtgitter mit einer Maschenweite von 6 mm. Diese müssen aber rechtzeitig vor Einsetzen der Kälte angebracht werden, damit die Mäuse nicht in der Beute gefangen werden.

# 10. Vergiftungen

## 10.1. Trachtvergiftungen

Eine Reihe von Pflanzen produzieren Nektar, Honigtau oder Pollen, der auf Bienen toxisch wirkt. Größere Schäden treten aber erst dann ein, wenn die Pflanzen von den Bienen einseitig beflogen werden. Zudem muß es nicht an jedem Standort und in jedem Jahr zu einer Schädigung kommen.

Der Pollen verschiedener Hahnenfußarten wie *Ranunculus puberulus* ist für Bienen giftig. Sammeln Bienen diesen neben Weidenpollen, so treten ähnliche Schädigungen ein wie bei der Maikrankheit (s. dort). Die gleichen Symptome mit allerdings dünnflüssigem Kot treten bei einseitigem Beflug der Hahnenfußarten auf (Bettlacher Maikrankheit).

Die häufig beschriebenen Vergiftungen durch den Nektar von Linden (*Tiliaceae*) scheinen dagegen ausschließlich bei einseitigem Beflug aufzutreten. Bienen und Hummeln werden hier jedoch nicht vergiftet, sondern sterben wegen des geringen Nektarangebots allein aus Futtermangel.

In Tabelle 4 werden weitere in Mitteleuropa für Bienen toxische Stoffe abgebende Pflanzenarten aufgeführt. Nicht alle sind bei uns heimisch. Sie können aber in Garten- und Parkanlagen vorkommen.

Bei Vergiftungen durch Trachtpflanzen entfernt man die von den Bienen angelegten Vorräte oder verdünnt sie durch Zufütterung. Am besten verbringt man die Völker sofort an einen neuen Standort.

Tabelle 4. Bienentoxische Pflanzen

| Wissenschaftlicher Name | Deutscher Name |
|---|---|
| *Andromeda polifolia* | Rosmarinheide |
| *Asclepias* spp. | Seidenpflanze |
| *Astragalus glycyphyllos* | Bärenschote |
| *Camelina reticulata* | Leindotter |
| *Daphne mezereum* | Seidelbast |
| *Euphorbia geniculata* | Wolfsmilch |
| *Hyoscyamus niger* | Schwarzes Bilsenkraut |
| *Polygonum bistorta* | Wiesenknöterich |
| *Spiraea ussurensis* | Spierstrauch |
| *Rhododendron ponticum* | Alpenrose |
| *Veratrum californicum* | Germer |

## 10.2. Schadstoffimmissionen

Vor allem Immissionen der Industrie und des Verkehrs wirken sich auf den Menschen und die Natur ungünstig aus. Die Honigbiene ist dabei in mehrfacher Hinsicht betroffen. Einerseits werden ihr durch die Zerstörung der Natur, wie z. B. das Waldsterben, wichtige Nahrungsressourcen entzogen. Andererseits trägt die Honigbiene aufgrund ihrer über große Flächen ausgedehnten Sammelaktivität in größerem Umfang als andere Tiere kontaminierte Nahrung ein. Um so überraschender ist die relativ geringe Belastung von Honig im Vergleich zu anderen Lebensmitteln. Die große Empfindlichkeit gegenüber Vergiftungen macht die Biene zu einem wichtigen *Bioindikator* für schädliche Immissionen.

● **Immissionen der Luft**

Die stark bienentoxisch wirkenden arsen- und fluorhaltigen Emissionen verschiedener Industrieanlagen spielten bis vor 10 bis 20 Jahren noch eine beachtliche Rolle. Wegen der strengen Auflagen, die zum Einbau von Filtern und anderen Schutzvorrichtungen führten, kommt es heute immer seltener zu Vergiftungen. Da Unfälle und Fehler nicht ausgeschlossen werden können, sollen die zusammenhänge an dieser Stelle trotzdem kurz dargestellt werden.

Bei der Verhüttung arsenhaltiger Erze und dem Verbrennen arsenhaltiger Kohle wird Arsentrioxid freigesetzt. Dieses kann in Rauch und Stäuben über weite Strecken verfrachtet werden, bis es sich auf Pflanzen niederschlägt. Tragen die Bienen den kontaminierten Pollen, Nektar oder Honigtau ein, so wirken bereits geringe Mengen des Arsentrioxids als Fraßgift ($LD_{50}$ 0,1 µg/g nach Fritzsch und Bremer, 1984). Bei der Brut und den Bienen tritt die Schädigung oft langsam ein.

Wesentlich schneller und meist bereits in der Nähe der Immissionsquelle wirken fluorhaltige Schadstoffe, wenn sie in Form von Gasen als Fluorwasserstoff oder Siliciumtetrafluorid u. a. von Aluminiumhütten, Keramikfabriken und Ziegeleien abgegeben werden. Sie schädigen als Atemgifte und wenn sie abgeregnet werden, über die Aufnahme von kontaminiertem Pollen und Honigtau auch als Fraßgifte. In gleicher Weise werden auch fluorhaltige Flugaschen und Stäube von den Bienen aufgenommen, die von Hütten- und Stahlwerken meist über große Entfernungen abgegeben werden. Im Gegensatz zu den gasförmigen Immissionen, die unmittelbar toxisch wirken, verläuft die Schädigung bei staubförmigen Immissionen schleichend.

Zur Schadwirkung anderer, heute wesentlich aktuellerer Immissionen von Kohlenmonoxid, Schwefeldioxid, Chlorverbindungen und Schwermetallen, die im wesentlichen von der Industrie und dem Verkehr stammen, können noch keine genauen Angaben gemacht werden.

● **Immissionen des Wassers (Abwässer)**

Bienen decken ihren Wasserbedarf häufig aus Fließgewässern, so daß sie mit Verunreinigungen auch bienentoxische Stoffe aufnehmen. Ein bekanntes Beispiel sind cyanidhaltige Abwässer, wie sie z. B. in der ehemaligen DDR auftraten. Da Bienen bevorzugt Wasser vom feuchten Untergrund aufnehmen, können bereits geringe lokale Verunreinigungen zu Schäden führen.

## 10.3. Lärm und mechanische Erschütterungen

Von den Bienen werden Schallimmissionen (Lärm) und mechanische Erschütterungen als Schwingungen wahrgenommen. An häufig wiederkehrende gleichmäßige Schwingungen, wie sie von Kraftfahrzeugen und Eisenbahnen erzeugt werden, können sich Bienen relativ leicht gewöhnen. Kurzzeitig auftretende starke Schwingungen, z. B. von Flugzeugen und Baumaschinen, führen dagegen häufig zu Schäden. Während der Winterruhe sind die Bienenvölker besonders gefährdet. Wegen der entstehenden Unruhe nehmen die Völker verstärkt Futter auf, was Ruhr zur Folge hat (s. 7.3.). Bei extrem starken Schwingungen können Bienen sogar von der Wintertraube abfallen und erstarren. Aber auch im Sommer können hierdurch Brutschäden durch aus den Zellen fallende Eier und Larven auftreten.

## 10.4. Elektromagnetische Felder

Bienen benutzen für ihren Zeitsinn und ihre Orientierung das Erdmagnetfeld. Elektromagnetische Felder, wie sie z. B. durch Hochspannungsleitungen erzeugt werden, können Bienen beeinflussen. Die bisher zur Klärung der Zusammenhänge durchgeführten Untersuchungen sind allerdings zum Teil widersprüchlich. Im Einzelfall müssen die in der Leitung herrschende Spannung, die geologische Beschaffenheit des Untergrundes und die Art der Bienenbeute berücksichtigt werden. Letztendlich entscheidet jedoch die Entfernung zur Hochspannungsleitung über die auf die Bienen einwirkende Feldstärke. Bei zu nah, d. h. in weniger als 30 Meter Abstand aufgestellten Völkern konnten eine erhöhte Aggressivität und allgemeine Unruhe beobachtet werden. Diese Völker verkitten ihre Beuten stärker und besitzen eine größere Neigung zum Schwärmen.

## 10.5. Pflanzenschutzmittel

In der Landwirtschaft, im Gartenbau und im Forst werden verschiedene chemische Mittel zur Abwehr und Bekämpfung von Schädlingen eingesetzt. Inwieweit der Einsatz dieser Mittel sinnvoll ist und inwiefern sie durch biologische Bekämpfungsmethoden ersetzt bzw. im integrierten Pflanzenschutz reduziert werden können, kann im Rahmen dieses Buches nicht abgehandelt werden.
Die Pflanzenschutz- und Schädlingsbekämpfungsmittel können zu unbeabsichtigten Nebenwirkungen bei Bienenvölkern führen. Keine Bedeutung für Bienen haben Nematizide, Molluskizide und Rodentizide. Die im folgenden beschriebenen Gruppen wirken dagegen teilweise oder unter bestimmten Bedingungen bienentoxisch.

### 10.5.1. Einteilung

**Fungizide.** Fungizide dienen vor allem der Bekämpfung von Pilzinfektionen bei Pflanzen, Saatgut und Vorräten. In dieser Anwendungsform sind sie nur selten bie-

nengefährlich. Dagegen sind die zur Holzimprägnierung verwendeten Fungizide in der Regel für Bienen giftig.
**Herbizide.** Herbizide werden zunehmend zur Vernichtung der sogenannten Unkräuter bzw. Wildkräuter eingesetzt. Der wesentliche Schaden für Bienen, aber auch andere Insekten besteht in der nahezu lückenlosen Vernichtung wichtiger Trachtquellen, die in Form von Läppertrachten für die Entwicklung und das Überleben der Bienen von großer Bedeutung sind. Verschiedene Produkte wirken aber auch direkt schädigend auf die Bienen.
**Akarizide.** Akarizide werden als Pflanzenschutzmittel zur Bekämpfung von Milben verwendet. Die meisten Mittel sind bei normaler Dosierung nicht bienengefährlich, aber besonders im Obst- und Gemüsebau kommt es häufiger aufgrund von Überdosierungen zu Bienenschäden.
**Insektizide.** Insektizide dienen der Vernichtung von Schadinsekten. In gleicher Weise können natürlich auch nützliche Insekten vergiftet werden. Neben verschiedenen chemischen Präparaten, die als Kontakt-, Fraß- oder Atemgift wirken, kommen auch Bakterien und Wachstumshormone zur Anwendung.

### 10.5.2. Anwendungsform und Wirkungsweise

**Fungizide.** Am häufigsten werden als Fungizide auch heute noch Kupfer und Schwefel bzw. Schwefelprodukte verwendet. Daneben kommen zunehmend auch synthetische organische Verbindungen zum Einsatz. Fast alle diese Mittel sind bienenungefährlich. Bei Überdosierungen können jedoch besonders die kupferhaltigen Präparate für Bienen toxisch wirken. Bei den wenigen als bienengefährlich eingestuften Fungiziden handelt es sich meist um Mischpräparate mit Insektiziden.
**Herbizide.** Man unterscheidet zwischen Boden- und Blattherbiziden. Erstere werden meist noch vor dem Wuchs der Pflanzen ausgebracht und haben daher für Bienen eine geringere Bedeutung. Dagegen können Blattherbizide, vor allem wenn sie ätzend wirken, Bienenschäden verursachen. Diese Mittel verätzen die Pflanze und können, falls die Bienen damit in Kontakt kommen, auch diese abtöten. Besonders bienengefährlich sind die Nitrophenole, die auch in Form der „Gelbspritzmittel“ als Insektizide eingesetzt werden.
Die meisten der heute verwendeten Herbizide gehören zur Gruppe der wachstumsfördernden Hormone. Sie werden von der Pflanze über die Blätter und Wurzeln aufgenommen, diese vergeilen und sterben aufgrund des unnatürlich starken Wachstums ab. Obwohl alle diese Mittel bienenungefährlich sind, kommt es immer wieder zur Meldung von Bienenschäden. Hierbei muß aber ein in dieser Jahreszeit häufig gleichzeitig auftretendes Nosemaproblem beachtet werden. Ebenso können Mischpräparate mit Insektiziden bienengefährlich sein (s. dort).
**Insektizide und Akarizide.** Insektizide und Akarizide sind sich in ihrer Wirkungsweise sehr ähnlich. Die meisten wirken als Kontaktgift, d. h., das Mittel dringt bei der Berührung, insbesondere beim Belaufen der kontaminierten Oberfläche, über die Intersegmentalhäutchen oder die Sinnesorgane (Haare, Borsten) in das Tier ein. Dort blockieren sie die Cholinesterase an den Synapsen und verhindern damit die Weiterleitung von Nervenimpulsen. Daneben können sie auch den Atemstoffwechsel und Wasserhaushalt der Tiere stören.

Die *Wirkstoffe* der einzelnen Mittel kann man bestimmten Stoffgruppen zuordnen:

- *Carbamate:* Zu dieser Gruppe gehört das im Weinbau häufig eingesetzte und dort Bienenschäden verursachende Carbaryl.
- *Chlorierte Kohlenwasserstoffe:* Das wohl bekannteste Beispiel ist das DDT, das aber wegen seiner akkumulierenden Eigenschaften im Fett heute in den meisten Ländern verboten ist. Als bienenungefährlich in dieser Gruppe gelten u. a. Endosulfan und Metoxychlor.
- *Nitrophenole:* Die Nitrophenole sind in Form der „Gelbspritzmittel" bekannt. Sie werden heute aber fast nur noch im Obstbau eingesetzt. Sie gelten als bienengefährlich, verursachen aber wegen der Anwendung im Winter und zeitigen Frühjahr nur selten Schäden.
- *Phosphorsäureester:* Der bekannteste Phosphorsäureester ist das in E605 enthaltene Parathion. Die meisten Mittel dieser Gruppe gehören zu den systemisch wirkenden Pflanzenschutzmitteln. Über die Blätter oder die Wurzeln gelangen sie in den Stoffkreislauf der Pflanze und werden mit diesen von saugenden oder fressenden Schädlingen aufgenommen. Fast alle Mittel sind als bienengefährlich eingestuft, da eine Kontamination und Vergiftung über den aufgenommenen Nektar nicht ausgeschlossen werden können.
- *Pyrethroide:* Grundsätzlich muß zwischen den natürlichen und synthetischen Pyrethroiden unterschieden werden. Die aus verschiedenen Chrysanthemenarten gewonnenen natürlichen Pyrethroide sind sehr empfindlich gegenüber UV-Licht und bauen sich daher unter Sonneneinstrahlung rasch ab. Die synthetische Form ist dagegen wesentlich stabiler und schon in geringsten Dosen wirksam. Alle gelten als bienengefährlich, und nur wenige können abends nach eingestelltem Bienenflug in die offene Blüte gespritzt werden. Die Mittel sind äußerst fischtoxisch.

## 10.5.3. Zulassung, Kennzeichnung und Abgabe

Jedes Pflanzenschutzmittel muß von der jeweils zuständigen staatlichen Behörde zugelassen werden. In Deutschland erfolgt dies im wesentlichen über die Biologische Bundesanstalt in Braunschweig, in der Schweiz durch die Forschungsanstalt für Obst, Wein und Gartenbau Wädenswil und in Österreich durch die zuständige Behörde in Wien.

Die **Zulassung** setzt neben einer umfangreichen Dokumentation des Herstellers, u. a. zur Toxikologie, Mutagenität und anderen Nebenwirkungen, auch eine eingehende Prüfung auf ihre Bienenverträglichkeit voraus. Dabei wird nicht der Wirkstoff, sondern ausschließlich die fertige Formulierung getestet. In Deutschland verwendete man in allen Prüfungen die doppelte der später zur Anwendung kommenden Konzentration. Im Labor wurde die Wirkung als Atem-, Kontakt- und Fraßgift an kleinen Bienengruppen geprüft. Bei bienengiftigen Mitteln erfolgte anschließend eine Untersuchung mit kleinen Völkern in Flugzelten im Freiland und, falls erforderlich, auch bei freifliegenden Völkern.

Nach den nun gültigen EU-Richtlinien wird aufgrund der im Labor bestimmten letalen Dosis ($LD_{50}$) und der pro Hektar vorgesehenen Aufwandsmenge ein Gefährdungsquotient (HQ) berechnet. Ein Wert kleiner als 50 führt zur Klassifizierung „bienenungefährlich". Bei höheren Werten folgen eine Zelt- und eventuell Feldprüfung. Als zusätzliche Untersuchung ist der Bruttest vorgeschrieben.

In Deutschland erfolgte die Einordnung der Pflanzenschutzmittel entsprechend der Bienenseuchenverordnung vom 19. 12. 72 in Gruppen von B1 bis B4. In der Neufassung vom 22. 6. 92 (BGBl. I, S. 1410) werden die einzelnen Gruppen neu definiert (Tabelle 5). Es gibt somit Pflanzenschutzmittel, die vor 1992 nach der alten Verordnung und solche, die danach entsprechend der neuen eingeordnet wurden. Neu ist dabei vor allem, daß bienengefährliche Mittel auch nicht an anderen Pflanzen angewandt werden dürfen, wenn diese von Bienen beflogen werden. Dies gilt auch für nichtblühende Pflanzen, an denen die Bienen Honigtau oder extrafloralen Nektar sammeln. Weiterhin bezieht man sich in der neuen Verordnung nun auf die Aufwandsmenge und nicht wie in der alten Verordnung auf die Konzentration.
In Deutschland waren 1994 insgesamt 860 Pflanzenschutzmittel zugelassen und nach dem obigen Schema eingestuft. Davon gelten nur 10% als bienengefährlich (B1), weitere 2% dürfen nur außerhalb des Bienenfluges eingesetzt werden (B2). Bei diesen Mitteln handelt es sich meist um Insektizide und Akarizide. Dem stehen immerhin 49% bienenungefährliche (B4) und 34% wegen ihrer Anwendung unbedenkliche Mittel gegenüber. Weitere 5% der Mittel haben keine Bienenschutzauflage. In Tabelle 6 sind die einzelnen Wirkstoffe der Pflanzenschutzmittel mit ihrem Anwendungsbereich und ihrer Einstufung hinsichtlich der Bienengefährlichkeit angegeben. Dabei muß man beachten, daß sich bei der Kombination bestimmter Wirkstoffe die Bienengefährlichkeit ändert. In jedem Fall sind die Gebrauchsinformation des Herstellers und die dort angegebene Einstufung zu beachten.
Nicht alle Präparate haben in der Praxis eine Bedeutung; in der Regel werden nur bestimmte Standardmittel häufig eingesetzt. Natürlich spielen bei der Auswahl die Kosten eine wesentliche Rolle, aber auch die Pflanzenschutzberatung hat einen wichtigen Einfluß. Die einzelnen Mittel und die mit ihrer Anwendung verbundenen Auflagen sind in den einzelnen Pflanzenschutzmittel-Verzeichnissen der Biologischen Bundesanstalt aufgeführt (s. weiterführende Literatur).

Tabelle 5. **Kennzeichnung** der Pflanzenschutzmittel hinsichtlich der Wirkung auf Bienen

| Mittel | Wirkung auf Bienen |
|---|---|
| NB661 | Das Mittel ist bienengefährlich, Bienenschutzverordnung vom 19. Dezember 1972 beachten (B1). |
| NB6611 | Das Mittel wird als bienengefährlich eingestuft (B1). Es darf nicht auf blühende oder von Bienen beflogene Pflanzen ausgebracht werden; dies gilt auch für Unkräuter. Bienenschutzverordung vom 22. Juli 1992, BGBl. I, S. 1410 beachten. |
| NB662 | Bienengefährlich, ausgenommen bei Anwendung nach dem täglichen Bienenflug bis 23.00 Uhr (B2). |
| NB6621 | Das Mittel wird als bienengefährlich, außer bei Anwendung nach dem Ende des täglichen Bienenfluges in dem zu behandelnden Bestand bis 23.00 Uhr, eingestuft (B2). Es darf außerhalb dieses Zeitraums nicht auf blühende oder von Bienen beflogene Pflanzen ausgebracht werden; dies gilt auch für Unkräuter. Bienenschutzverordnung vom 22. Juli 1992, BGBl. I, S. 1410 beachten. |
| NB663 | Aufgrund der durch die Zulassung festgelegten Anwendungen des Mittels werden Bienen nicht gefährdet (B3). |
| NB664 | Bis zu der höchsten durch die Zulassung festgelegten Aufwandmenge des Mittels werden Bienen nicht gefährdet (B3). |

Tabelle 6. Bienengefährlichkeit von Wirkstoffen verschiedener Pflanzenschutzmittel (aus den Pflanzenschutzmittelverzeichnissen der Biologischen Bundesanstalt, Bd. 1–4, 43. Auflage, 1995)

| Wirkstoff | Anwendungsbereich | Bienenverträglichkeit |
|---|---|---|
| Abamectin | O, G | 3 |
| Acridinbasen | F | 4 |
| Aldicarb (mit Lindan) | A, S | 1 |
| alpha-Cypermethrin | A, S | 1, 2 |
| | F | 1 |
| | O, G | 2 |
| Aluminiumphosphid | A, S, O, G | 3 |
| Amidosulfuron | A, S | 4 |
| Amitraz | A, S, O, G | 4 |
| Amitrol | A, S, O, G | 4 |
| Anilazin | A, S | 4 |
| Anthrachinon | A, S, O, G | 3 |
| Apfelwickler-Granulosevirus | O, G | 4 |
| Azocyclotin | W, O, G | 4 |
| Bacillus thuringiensis | A, S, F, W, O, G | 4 |
| Baumwachse, Wundbehandlungsmittel | F | 4 |
| | W, O, G | 3 |
| Begasungsmittel | A, S, O, G | 3 |
| Benfuracarb | A, S | 1 |
| Benomyl | O, G, A, S | 4 |
| Bentazon | A, S, O, G | 4 |
| beta Cyfluthrin | A, S, O, G | 2 |
| Bifenox | A, S | 4 |
| Bitertanol | A, S | 3 |
| | O, G | 4 |
| Blausäure | O, G | 3 |
| Bromophos | O, G | 3 |
| Bromoxynil | A, S | 4 |
| Bromuconazol | A, S | 4 |
| Butocarboxim | O, G | 1, 3, 4 |
| Butoxycarboxim | O, G | 4 |
| Calciumcarbid | A, S, O, G | 3 |
| Calciumphosphid | O, G | 3 |
| Calciumphosphid 187 | A, S | 3 |
| Carbendazim | A, S | 3, 4 |
| | O, G | 3 |
| Carbendazym | W | 4 |
| Carbetamid | A, S | 4 |
| Carbofuran | A, S, O, G | 3 |
| Carbosulfan | A, S | 1, 3 |
| Carboxin | A, S | 3 |
| Chinolinderivate | F | 4 |
| Chinomethionat | O, G | 4 |
| Chlopyralid | A, S | 4 |
| Chlorfenvinphos | O, G | 3 |
| Chlorflurenol | O, G | 4 |

Tabelle 6. (Fortsetzung)

| Wirkstoff | Anwendungs-bereich | Bienen-verträglichkeit |
|---|---|---|
| Chloridazon | A, S, O, G | 4 |
| Chlormequat | A, S | 4 |
| | O, G | 3 |
| Chlorphacinon | A, S, F, O, G | 3 |
| Chlorpyrifos | O, G | 1, 3 |
| | A, S | 1 |
| Chlorpropham | A, S | 3 |
| Chlorthalonit | A, S | 4 |
| Chlortoluron | A, S | 3, 4 |
| Ciclobutrazol | A, S | 4 |
| Clodiufentezin | O, G | 4 |
| Clofentezin | W | 4 |
| Cyanamid | A, S, O, G | 1 |
| Cycloxydim | A, S | 4 |
| Cyfluthrin | A, S | 1, 3 |
| | O, G | 1 |
| Cymoxanil | A, S, W | 4 |
| Cypermethrin | A, S, F | 1 |
| Cypermethrin | O, G | 1, 2 |
| Cyproconazol | A, S | 4 |
| 2,4-D | A, S, O, G | 4 |
| Dazomet | O, G | 3 |
| Deiquat | A, S | 4 |
| Deltamethrin | A, S, F, W, O, G | 2 |
| Demeton-S-methyl | A, S | 1 |
| Desmedipham | A, S | 4 |
| Diazinon | A, S, O, G | 1 |
| Dicamba | A, S, O, G | 4 |
| Dichlobenil | A, S, F, O, G | 4 |
| Dichlofluanid | A, S | 3, 4 |
| | W, O, G | 4 |
| Dichlorbenzoesäure-methylester | W | 3 |
| Dichlorprop-P | A, S | 4 |
| Diclofop | A, S, O, G | 4 |
| Dicyclopentadien | O, G, F | 4 |
| Didecyldimethy-ammoniumchlorid | O, G | 3 |
| Diethofencarb | W | 4 |
| Difenoconazol | A, S | 3, 4 |
| Diflubenzuron | F, O, G | 4 |
| Diflufenican | A, S | 4 |
| Dikeguly | O, G | 3 |
| Dimefuron | A, S | 4 |
| Dimethoat | A, S | 1 |
| | O, G | 1, 3 |
| Dimethomorph | A, S | 4 |
| Dithianon | A, S, W, O, G | 4 |
| Diuron | A, S, W, O, G | 4 |
| (E)7-(Z)9Dodecenylacetat, E7Z9-12-Ac | W | 3 |

Tabelle 6. (Fortsetzung)

| Wirkstoff | Anwendungs-bereich | Bienen-verträglichkeit |
|---|---|---|
| Eisen-II-sulfat | O, G | 4 |
| Eisen-III-sulfat | O, G | 4 |
| EPTC | A, S | 4 |
| Esfenvalerat | A, S | 2 |
| Ethephon | A, S | 4 |
| | O, G | 3 |
| Ethiofencarb | O, G | 1 |
| Ethofumesat | A, S | 4 |
| Ethoprophos | A, S | 3 |
| Eypoxiconazol | A, S | 4 |
| Fenarimol | A, S, O, G | 4 |
| Fenbuconazol | A, S | 4 |
| Fenbutatin-oxid | W, O, G | 4 |
| Fenchlorazol | A, S | 4 |
| Fenfuram | A, S | 3 |
| Fenoxaprop | A, S | 4 |
| Fenoxaprop-P | A, S, O, G | 4 |
| Fenoxycarb | W, O, G | 1 |
| Fenpicloil | A, S | 3 |
| Fenpropimorph | A, S | 4 |
| Fenthion | O, G | 1 |
| Fentin-acetat | A, S | 4 |
| Fentin-hydroxid | A, S | 4 |
| Fenvalerat | A, S | 2 |
| Fluazifop-P | A, S, F, O, G | 4 |
| Fluazinam | A, S | 4 |
| Flubenzimin | O, G | 4 |
| Flurochloridon | A, S | 3 |
| Fluroglycofen | A, S | 4 |
| Fluroxypyr | A, S | 4 |
| Flusilazol | O, G | 4 |
| Flutriafol | A, S | 4 |
| Fosetyl | A, S, O, G | 4 |
| Fuberidazol | A, S | 3 |
| Glufosinat | A, S, F, W, O, G | 4 |
| Glyphosat | A, S, W, O, G, F | 4 |
| Glyphosat-Trimesium | A, S | 4 |
| Guazatin | A, S | 3, 4 |
| Haloxyfop | A, S | 4 |
| Hexathiazox | O, G, W | 4 |
| 8 Hydroxichinolin | W | 3 |
| Hymexazol | A, S | 3 |
| Imazalil | A, S | 3 |
| Imidacloprid | A, S | 1, 3 |
| Ioxynil | A, S | 4 |
| Iprodion | A, S | 3, 4 |
| | W, O, G | 4 |
| Isofenphos | A, S | 3 |

Tabelle 6. (Fortsetzung)

| Wirkstoff | Anwendungsbereich | Bienenverträglichkeit |
|---|---|---|
| Isoproturon | A, S | 3, 4 |
| Isoxaben | O, G | 4 |
| Kali Seife | O, G | 4 |
| Kupferhydroxid | O, G | 4 |
| Kupferoxychlorid | A, S, W, O, G | 4 |
| Kupfersulfat, basisch | W | 4 |
| lambda-Cyhalothrin | O, G, A, S | 2 |
| Lecithin | O, G | 4 |
| Lindan | A, S, O, G | 1 |
| Linuron | A, S, W, O, G | 4 |
| Maeazachlor | O, G | 4 |
| Mancozeb | A, S, F, W, O, G | 4 |
| Maneb | A, S, F, O, G | 4 |
| Matarhizium anisopliae | W | 3 |
| MCPA | A, S, W, O, G | 4 |
| Mecoprop-P | A, S, O, G, W | 4 |
| Metalaxyl | A, S | 3, 4 |
| | O, G | 3 |
| Metaldehyd | A, S, O, G | 3 |
| Metam | A, S | 3 |
| Metamitron | A, S, O, G | 4 |
| Metazachlor | A, S | 4 |
| Methabenzthiazuron | A, S, F, O, G | 4 |
| Methamidophos | A, S, O, G | 1 |
| Metharhizium anisopliae | O, G | 3 |
| Methidathion | A, S, W | 1 |
| Methiocarb | A, S | 3, 4 |
| | O, G | 3 |
| Metiram | A, S, F, W, O, G | 4 |
| Metobromuron | A, S | 3 |
| Metolachlor | A, S | 4 |
| Metribuzin | A, S, O, G | 4 |
| Metsulfuron | A, S | 4 |
| Mineralöle | A, S, W, O, G | 4 |
| Myclobutanil | O, G | 4 |
| Napropamid | A, S | 3 |
| Nitrothal-isopropyl | O, G | 4 |
| Nuarimol | A, S | 3 |
| Omethoat | O, G | 1 |
| Oxadixyl | A, S | 4 |
| Oxydemeton-methyl | A, S, W, O, G | 1 |
| Paraquat | A, S, W, O, G | 4 |
| Parathion | A, S, W, O, G | 1 |
| Parathion-methyl | A, S, W, O, G | 1 |
| Parfümöl Daphne | F, O, G | 4 |
| Penconazol | W, O, G | 4 |
| Pencycuron | A, S | 3 |
| Pendimethalin | A, S, O, G | 4 |

Tabelle 6. (Fortsetzung)

| Wirkstoff | Anwendungs- bereich | Bienen- verträglichkeit |
|---|---|---|
| Permethrin | A, S, O, G | 1 |
| Phenmedipham | A, S, O, G | 4 |
| Phosohamidon | A, S, O, G | 1 |
| Phoxim | O, G | 1 |
| Piperonylbutoxid | A, S | 4 |
| | O, G | 1, 3, 4 |
| Pirmicarb | A, S, O, G | 4 |
| Prochloraz | A, S | 3 |
| Procymidon | A, S, W, O, G | 4 |
| Propamaocarb | O, G, A, S | 4 |
| Propaquizafop | A, S | 4 |
| Propham | A, S | 4 |
| Propiconazol | A, S | 1, 3, 4 |
| Propineb | A, S, W, O, G | 4 |
| Propoxur | A, S, O, G | 1 |
| Propyzamid | A, S, W, O, G | 4 |
| Prosulfocarb | A, S | 3 |
| Pyrazophos | A, S | 1 |
| | O, G | 3 |
| Pyrethrine | A, S | 4 |
| | O, G | 1, 3, 4 |
| Pyridat | A, S | 1, 4 |
| Pyrifenox | O, G | 4 |
| Quassin | F | 4 |
| Quinmerac | A, S | 4 |
| Quizalofop | A, S | 4 |
| Quizalofop-P | A, S | 4 |
| R 25 788 | A, S | 3 |
| Rapsöl | W, O, G | 4 |
| Rimsulfuron | A, S | 4 |
| Schwefel | A, S, F, W, O, G | 4 |
| Tebuconazol | A, S | 3, 4 |
| | W | 4 |
| Teflubenzuron | A, S, F, O, G | 1 |
| Tefluthrin | A, S | 3 |
| Terbufos | A, S | 3 |
| Terbuthylazin | A, S | 1, 4 |
| Terbutryn | A, S | 3 |
| | O, G | 4 |
| Thiabendazol | A, S | 3, 4 |
| | F, O, G | 3 |
| Thifensulfuron | A, S | 4 |
| Thiodicarb | A, S | 4 |
| Thiophanat-methyl | A, S, O, G | 4 |
| Thiram | A, S, F, O, G | 3 |
| Tolclofos-methyl | A, S | 3 |
| Tolyfluanid | W, O, G | 4 |

Tabelle 6. (Fortsetzung)

| Wirkstoff | Anwendungsbereich | Bienenverträglichkeit |
|---|---|---|
| Triadimefon | A, S | 4 |
| | O, G | 3 |
| Triadimenol | W, O, G | 4 |
| | A, S | 3, 4 |
| Triallat | A, S | 3 |
| Triasulfuron | A, S | 4 |
| Triazophos | O, G | 1 |
| Triazoxid | A, S | 3 |
| Tribenuron | A, S | 4 |
| Trichlorfon | A, S | 1 |
| Tridemorph | A, S | 4 |
| Triflumoron | F, O, G | 1 |
| Trifluralin | A, S, O, G | 3 |
| Triforin | A, S, O, G | 4 |
| Vinclozolin | A, S, W, O, G | 4 |
| Warfarin | A, S, O, G | 3 |
| Wildschadenverhütungsmittel | A, S, O, G | 3 |
| Z-9Dodecenylacetat, Z9-12Ac | W | 4 |
| Zibethextrakt | O, G | 4 |
| Zineb | A, S, O, G | 4 |
| Zinkphosphid | A, S, O, G | 3 |
| Zusatzstoffe | W | 4 |

A, S = Ackerbau, Wiesen und Weiden, Hopfenbau, Sonderkulturen, Nichtkulturland, Gewässer; O, G = Gemüsebau, Obstbau, Zierpflanzenbau; F = Forst; W = Weinbau.

**Abgabe von Pflanzenschutzmitteln.** Pflanzenschutzmittel dürfen nicht in den offenen Verkauf gelangen. Bestimmte Mittel für den Einsatz im Gartenbereich dürfen nur nach fachlicher Beratung durch den Verkäufer abgegeben werden. Im professionellen Bereich darf nur an geschulte Kräfte abgegeben werden.

## 10.5.4. Schadorganismen und Einsatzgebiete

Im folgenden können nur die wichtigsten Schadorganismen und Einsatzgebiete genannt werden. Im übrigen wird auf die weiterführende Literatur verwiesen.

● **Obst**

Art und der Zeitpunkt der Anwendung von Pflanzenschutzmitteln sind von der Obstsorte sowie den besonderen klimatischen Bedingungen in der Region und in bestimmten Jahren abhängig. Zur Bekämpfung von Schorf auf Äpfeln und Birnen werden meist bienenungefährliche Fungizide eingesetzt. Der Apfelwickler und der Kirschwurm können wie andere Insekten sowohl mit bienengefährlichen als auch bienenungefährlichen Mitteln bekämpft werden. Zumindest in der Blühzeit muß man keine bienengefährlichen Mittel anwenden. Am häufigsten werden die Bestände vor oder nach der Blüte behandelt. Dabei muß besonders auf blühende sog. Unkräuter

wie Löwenzahn, Taubnessel und Vogelmiere geachtet werden. Wenn die Anwendung von bienengefährlichen Mitteln nicht vermieden werden kann, muß die Behandlung am Abend nach eingestelltem Bienenflug erfolgen. Mittel mit Chitinsynthasehemmern (Insegar) dürfen, da sie auch die Bienen schädigen, nur vor der Blüte eingesetzt werden.
Der *Feuerbrand* ist wohl die im Obstbau am meisten gefürchtete Erkrankung. Die Bekämpfung des Bakteriums erfolgt meist großflächig mit dem Antibiotikum Streptomycin (Plantomycin). Dieses Mittel ist für Bienen ungefährlich und wird in manchen Ländern auch zur Bekämpfung der Europäischen Faulbrut eingesetzt. Die oft gefürchtete Verschleierung von Ausbrüchen der Amerikanischen Faulbrut durch Rückstände des Antibiotikums im eingetragenen Nektar erscheint eher unwahrscheinlich. Das Thema Feuerbrand enthält aber trotzdem erheblichen Konfliktstoff zwischen Obstbauern und Imkern, werden doch u. a. die Bienen für die Übertragung der Sporen innerhalb einer Anlage und in andere Anlagen verantwortlich gemacht.

**● Wein**

Im Weinbau werden meist bienenungefährliche Fungizide zur Bekämpfung von Pilzkrankheiten (*Botrytis*, *Oidium* und *Peronospora*) verwendet. Unter den zu bekämpfenden Insekten steht die Raupe des Traubenwicklers im Vordergrund. Dieser tritt in zwei Generationen auf. Dabei ist die Bekämpfung des Sauerwurms im August weniger problematisch als die des Heuwurms im Juni. Letztere kann in die Zeit der Rebblüte fallen.
Lange Zeit ging man davon aus, daß Bienen Rebblüten nicht befliegen. Dies trifft aber für bestimmte Mangelsituationen nicht zu (Vorwohl, 1973). Am häufigsten kommt es jedoch zu Vergiftungen durch die Kontamination von blühenden Unterkulturen oder durch Abdrift des Sprühnebels aufgrund großflächigen Ausbringens oder thermischer Abdrift. Grundsätzlich stehen aber gut wirksame bienenungefährliche Mittel zur Verfügung.

**● Raps**

Beim Raps wirken verschiedene Insekten schädigend, u. a. der Rapsglanzkäfer und der Rapsstengelzünsler. Ihre Bekämpfung hat nur vor der Blüte Erfolg. Zu Vergiftungen kann es bei unsachgemäßer Anwendung während der Blüte oder bei blühenden sog. Unkräutern kommen.

**● Mais**

Der Mais ist besonders von Bodenschädlingen betroffen, deren Bekämpfung aber aufgrund der Anwendungsform für Bienen nicht gefährlich ist. Die in manchen Gebieten vorgenommene Bekämpfung des Maiszünslers kann mit bienengefährlichen und bienenungefährlichen Mitteln erfolgen.

**● Kartoffeln**

Die Kartoffelpflanze zählt zu den Selbstbestäubern. Die Blüten weisen weder Nektarien noch für die Bienen zugängliche Pollenvorkommen auf. Nach Öffnung der Pollensäcke durch andere Insekten können aber auch die Bienen den Pollen sammeln. Trotzdem kommt es bei der Bekämpfung des Kartoffelkäfers heute nur selten zu Schäden. In der Regel treten diese nur bei blühenden Unkräutern wie Ackersenf und Hederich auf.

● **Schwammspinner**
Der Schwammspinner (*Lymantria dispar*) hat in manchen Waldgebieten und landwirtschaftlichen Kulturen zu Kahlfraß geführt. Die großflächige Ausbringung des bienengefährlichen Eludrans führt oft zu erheblichen Problemen, da die Imker innerhalb kurzer Zeit aus den betroffenen Gebieten abwandern müssen.

● **Forst**
Im Forst werden Pflanzenschutz- bzw. Schädlingsbekämpfungsmittel häufig in Kulturen eingesetzt und betreffen daher meist nur kleinere Flächen. Ein großflächiger Einsatz ist dagegen beim Borkenkäfer üblich. Zum Schutz des Holzes auf Holzlagerstätten werden häufig bienengefährliche Pyrethroide eingesetzt. Inzwischen stehen aber hier brauchbare Alternativen zur Verfügung, z. B. Beregnung oder Duftfallen. Der Schwammspinner wird ebenso wie im Obstbau großflächig mit bienengefährlichen Mitteln bekämpft (s. dort).

● **Kleingärten und Nebenerwerbsanlagen**
Im Bereich der Kleingärten werden Gemüse, Obst und Zierpflanzen auf engstem Raum nebeneinander angepflanzt. Häufig kommt es bei unsachgemäßer Anwendung von Pflanzenschutzmitteln zur Kontamination von blühenden Pflanzen in der Umgebung. Bei Schäden ist der Verursacher in der Regel nur schwer zu ermitteln. Bienenschäden ließen sich in diesem Bereich leicht vermeiden, da ohne Probleme auf alternative Pflanzenschutzmaßnahmen ausgewichen werden kann.

● **Holzschutz**
Viele Holzschutzmittel enthalten Insektizide und dürfen daher weder in Bienenhäusern noch für Bienenkästen verwendet werden. Ähnliches gilt aber auch für Mittel, die nur Fungizide und Konservierungsmittel enthalten, denn auch diese Stoffe sind für Bienen schädlich. Zur Konservierung von Holz stehen heute zahlreiche natürliche Behandlungsmöglichkeiten zur Verfügung, wie z. B. Wärmebehandlung, Präparate aus Firnis.

● **Frevel**
Eine Vergiftung von Bienen mit Insektiziden muß nicht immer durch den Einsatz von Pflanzenschutzmitteln herbeigeführt werden, sondern kann auch durch direktes Besprühen der Bienenstöcke erfolgen. Zu Frevel kommt es häufig bei Nachbarschaftsstreitigkeiten, aber auch bei der Abwehr von Wanderimkern.

## 10.5.5. Applikationsformen und Ausbringungstechnik

Pflanzenschutzmittel stehen in verschiedenen Applikationsformen zur Verfügung und können mit unterschiedlichen Geräten ausgebracht werden. Sowohl die Applikationsform als auch die Ausbringungstechnik haben einen wesentlichen Einfluß auf die Bienengefährdung durch die Maßnahmen des Pflanzenschutzes. Pulverförmige Mittel führen häufig zu Bienenschäden, da sie die Oberfläche der Pflanzen über einen längeren Zeitraum kontaminieren. Sie werden aber heute kaum noch angewandt. Granulate sind aufgrund der Art des Ausbringens direkt auf oder in den Boden für Bienen meist ungefährlich. Dagegen kann es beim Spritzen, Sprühen und Vernebeln von Pflanzenschutzmitteln sehr leicht zum Abdriften in Nachbarkulturen kommen,

und daher können auch von Bienen beflogene Bereiche kontaminiert werden. Diese Gefahr nimmt mit der Größe der Fläche, die ein Gerät abdeckt, zu. So führt der Einsatz von Handgeräten sicherlich seltener zu Problemen als der von Großgeräten oder Spritzungen aus der Luft. Die Abdrift hängt aber wesentlich von der vom Gerät erzielten Tröpfchengröße ab. Mit einem kleinen Tröpfchenspektrum wird die bei der Ausbringung notwendige Wassermenge verringert und die Verteilung des Mittels mit der Luftströmung verbessert. Damit nimmt natürlich auch die Möglichkeit der Abdrift zu. Besonders gefürchtet ist an warmen Tagen die thermische Abdrift in Hanglagen.
Nicht zuletzt führt mangelnde Sorgfalt des Anwenders häufig zu Bienenschäden. So werden bienenungefährliche mit bienengefährlichen Mitteln gemischt oder die Spritzgeräte nicht vollständig entleert und gereinigt. Um derartige Schäden zu vermeiden, überprüfen die Pflanzenschutzämter zunehmend Spritzbrühen.

## 10.5.6. Erkennen von Bienenvergiftungen

Die Form, in der Vergiftungen bei Bienen sichtbar werden, hängt wesentlich von der Ausbringungsart und der Wirkungsweise des eingesetzten Mittels ab.
Werden Bienen von dem Sprühstrahl oder -nebel direkt getroffen, so verenden sie selbst bei bienenungefährlichen Mitteln rasch. Häufig bewirken die Emulgatoren, daß die Cuticula ihre wasserabweisende Eigenschaft verliert und so die Bienen durchfeuchtet werden und bei kühlerem Wetter verklammen. Besonders bei stark bienentoxischen Mitteln kehren die Bienen nicht mehr in den Stock zurück. Der große Verlust an Flugbienen wird nicht nur an der geringen Flugaktivität des Volks, sondern auch an den sich zunehmend leerenden Honigräumen sichtbar. Da ähnliche Erscheinungen auch bei der Nosematose auftreten, sollte anhand der Untersuchung von Bienenproben diese als Ursache ausgeschlossen sein.
Bei schwächer toxisch wirkenden Mitteln oder längerer Zeitspanne seit der Ausbringung kehren die kontaminierten Bienen meist in den Stock zurück. Von den anderen Bienen werden sie u. a. wegen ihres fremden Geruchs am Einlaß gehindert. Am Flugloch entsteht eine große Unruhe mit verstärktem Beißen und Stechen. Aber auch die heimkehrenden Bienen verhalten sich nicht normal. Sie putzen sich unablässig, zeigen unkoordinierte Bewegungen und fallen schließlich mit kreiselnden Bewegungen und unter Zuckungen auf den Boden. Bei anhaltender Vergiftung nimmt der Totenfall innerhalb kurzer Zeit beachtlich zu. Ein erhöhter Totenfall kann auch bei Nosematose, Malpighamöbiose und Acarapidose auftreten. Im Unterschied haben vergiftete Bienen häufig ihren Rüssel ausgestreckt. Ebenso sind Pollensammler unter den toten Bienen ein sicheres Zeichen. Nur bei pötzlichen Kälteeinbrüchen kann ihr Tod auch natürliche Ursachen haben.
Gelingt es den kontaminierten Bienen, in das Nest zurückzukehren, so setzt sich dort die Vergiftung fort. Am Beutenboden liegen dann tote Bienen in mehreren Schichten. Bei schwächer toxischen Mitteln bzw. geringerer Kontamination können diese Erscheinungen auch allmählich zunehmen. Besonders häufig kommt es zu einer schleichenden Vergiftung, wenn kontaminierte Pollen eingetragen wird. Die Bienen bzw. die Brut werden dann oft in Zeitintervallen vergiftet, immer dann, wenn die jungen Bienen den kontaminierten Pollen aus den Vorräten aufnehmen. Sichtbar wird diese Art der Vergiftung an den zahlreich herausgetragenen jungen Bienen und der Brut. Auch hier muß vor der Schadensmeldung abgeklärt werden, ob die Ursa-

che nicht ein Verkühlen der Brut sein könnte. In diesem Fall ist aber immer die Brut in den Randbereichen des Brutnestes betroffen, während bei einer Vergiftung auch in den zentralen Bereichen Brut abgestorben ist.
Doch nicht nur vergifteter Pollen, sondern auch mit Nektar und Pollen eingetragene Chitinsynthetasehemmer töten die Brut im gesamten Brutnest ab. Die im Puppenstadium verendete Brut weist häufig ein verkürztes Abdomen und andere Mißbildungen auf. Ähnliche Erscheinungen treten auch bei verkühlter Brut oder hohem Varroabefall auf. Allerdings wird an vielen von dem Pflanzenschutzmittel abgetöteten Bienen eine auffällige Sichel am Rand des Facettenauges sichtbar (siehe 2.8.).

### 10.5.7. Schadensaufnahme und -regulierung

Sobald bei einem Schaden eine Vergiftung mit Pflanzenschutzmitteln als Ursache angenommen wird, sollte der Imker den Bienenstand möglichst unverändert belassen und sich unverzüglich der Beweissicherung zuwenden.
Zunächst sollte der Schaden so schnell wie möglich, d. h. innerhalb von 24 Stunden, von unabhängigen Zeugen aufgenommen werden. Folgende Personen sollten hinzugezogen werden:

- Bienensachverständiger
  Das Ausmaß des Bienenschadens kann am besten ein Bienensachverständiger beurteilen. Dies kann ein Mitarbeiter des Bienengesundheitsdienstes, der Seuchensachverständige, ein Bienenzuchtberater oder ein Vertreter der imkerlichen Organisation sein. Dieser wird neben den Total- auch Teilverluste aufnehmen und u. U. auch schon mögliche Folgeschäden wie Ernteverluste feststellen.
- Vertreter des Pflanzenschutzdienstes
  Der zuständige Pflanzenschutzdienst sollte sofort eventuell über das Landwirtschaftsamt unterrichtet werden. Ein Vertreter dieser Dienststelle sollte bei der Schadensaufnahme anwesend sein. Dieser verfügt über Informationen, was in welchen Kulturen zum Zeitpunkt der Schädigung ausgebracht worden sein könnte. In vielen Fällen lassen sich die möglichen Schädiger schon dadurch eingrenzen.
- Polizei (Ordnungsbehörde)
  Weiterhin sollte die zuständige Polizeidienststelle oder eine andere beauftragte Institution vertreten sein, bei der der Geschädigte eine Anzeige, u. U. gegen Unbekannt, stellen kann. Das ist für eine mögliche zivilrechtliche Verfolgung unbedingt erforderlich.
- Schädiger
  Der Schädiger bzw. Eigentümer der behandelten Kultur sollte, sofern er bekannt ist, ebenfalls hinzugezogen werden.

Zur weiteren Beweissicherung muß eine biologische und chemische Untersuchung erfolgen. Hierzu sollten so schnell wie möglich unter Zeugen Proben entnommen werden.

- Bienenproben
  100 g tote Bienen (etwa 1 000 Bienen) möglichst mit Pollensammlern werden in eine Pappschachtel gegeben. Luftundurchlässige Behälter wie Plastiktüten und Dosen sind nicht geeignet, da das Probenmaterial darin rasch verfault. In der Schweiz werden 200 bis 250 g Bienen gefordert.

- Pflanzenproben
  100 g einer Pflanzenprobe aus der verdächtigen Kultur werden wie die Biene aber getrennt von diesen verpackt. Mehrere Pflanzenproben müssen ebenfalls getrennt eingepackt werden.
- Pflanzenschutzmittel
  Falls man den Verursacher ermitteln kann, sollte auch eine Probe der Spritzbrühe bzw. des Pflanzenschutzmittels in einem geeigneten Behältnis genommen werden.

Alle Proben sollten in getrennten Paketen an die zuständige Untersuchungsstelle gesandt werden. Jeder Sendung ist ein ausgefüllter Antrag bzw. dessen Kopie auf Untersuchung der Probe beizufügen. Im Antrag bzw. Begleitschreiben sollten neben Namen, Anschrift und Telefonnummer des betroffenen Imkers auch Angaben über den Tag der Probenentnahme und die Zahl der betroffenen Völker gemacht werden. Zusätzlich sollten möglichst der Zeitpunkt der Spritzung, die Art der Kulturen und das verwendete Mittel genannt bzw. Angaben über die Verwendung in der Umgebung in den letzten Tagen gemacht werden. In Deutschland ist für die Untersuchung der Proben die Biologische Bundesanstalt in Braunschweig zuständig (Antrag im Anhang), in Österreich das Institut für Bienenkunde in Bad Vöslau und in der Schweiz die Forschungsstelle Bienen in Bern/Liebefeld.
In der Regel wird dort zunächst ein biologischer Nachweis der Vergiftung mit Hilfe des Aedes-Tests durchgeführt und, falls dieser positiv ausfällt, schließt sich eine umfassende chemische Analyse an.
Am Ende des Verfahrens steht die *Schadensregulierung*. Besteht kein Versicherungsschutz gegen derartige Schäden, so ist eine Schadensregulierung nur bei bekanntem Verursacher möglich. Die einzelnen zivilrechtlichen Schritte unterscheiden sich in den verschiedenen Ländern und sollten mit einem Rechtsbeistand abgesprochen werden.

## 10.5.8. Schadensvorbeuge

Schäden durch die Anwendung von Pflanzenschtzmitteln werden nur selten vorsätzlich verursacht. In zahlreichen Fällen war es dem Landwirt nicht bekannt, daß in der Nähe Bienenvölker stehen. Oft können Warnungen nicht weitergegeben werden, da die Imker nicht wie vorgeschrieben ihre Anschrift am Wanderplatz anbringen.
Die beste Vorbeuge ist daher ein enger Kontakt zwischen dem Imker und dem Landwirt. Dieser kann am besten direkt oder auch über die landwirtschaftlichen Beratungsstellen, die Imkerorganisationen oder andere geeignete Stellen erfolgen. Das Ziel ist, einerseits über die Notwendigkeit der Anwendung, andererseits über die Gefahren für die Bienen aufzuklären.

# 11. Gesetzliche Bestimmungen

Der Begriff „Seuche“ oder Parasitenbefall wird angewendet, wenn es in bestimmten Gebieten zu einer zeitlichen Häufung von Ausbrüchen kommt. Sie führen entweder zum Tod oder zu einer deutlichen Schwächung der Tiere.
Bei einer klassischen Seuche treten obligat pathogene Erreger auf, wie *Bacillus larvae* bei der Amerikanischen Faulbrut. Bei einer *Faktorenseuche* müssen bestimmte Einflüsse auf das Tier einwirken und seine Widerstandskraft senken, damit der eingedrungene Erreger wirksam werden kann.
Wenn ein Erreger in den Körper eingedrungen ist, kommt es nicht unbedingt sofort zum Ausbruch der Seuche. In der Inkubationszeit muß der Erreger sich zunächst im Körper vermehren und den Weg zu den von ihm bevorzugten Geweben und Organen finden. In dieser *Latenzzeit* bleibt der Erreger noch im Verborgenen.
Der weitere Verlauf und die Ausbreitung der Seuchen bestimmen wesentlich ihren Charakter. Man gliedert sie wie folgt:

**Endemien** treten in kleinen Gebieten auf, sind zeitlich nicht begrenzt und haben keine Tendenz zur Ausweitung.
**Epidemien** treten unerwartet gehäuft, aber immer noch zeitlich und räumlich begrenzt mit hoher Morbidität auf.
**Pandemie:** ungehemmte Ausbreitung einer Epidemie über Länder und Erdteile. (Für Tierseuchen verwendete man früher die Begriffe: Enzootie, Epizootie und Panzootie).

Zu den Bienenkrankheiten mit seuchenhaftem Charakter zählen die Acarapidose, Amerikanische Faulbrut, Europäische Faulbrut, Malpighamöbiose, Nosematose und Varroatose, wobei letztere die einzige als Pandemie auftretende Bienenseuche ist. In den meisten Ländern werden Vorbeuge und Bekämpfung von Bienenseuchen staatlich geregelt.
Die Aufgabe der **staatlichen Seuchenbekämpfung** besteht darin, festgestellte Seuchen durch gezielte Bekämpfung einzudämmen und zu tilgen sowie der Verschleppung und Einschleppung der Seuchen vorzubeugen. Diese Aufgaben können die einzelnen Tierhalter bzw. deren Organisationen nicht erfüllen, da hierzu eine polizeiliche Einflußnahme notwendig ist.

## 11.1. Deutsches Recht

Der Schutz der Bienen vor Gesundheitsschäden wird im wesentlichen durch drei Gesetze geregelt: Bienenseuchen-Verordnung, Binnenmarkttierseuchenschutzverordnung (früher: Bieneneinfuhrverordnung) und Bienenschutzverordnung. In den Ausführungs-

bestimmungen des Bundes werden praktische Anwendungen beschrieben und Erläuterungen zu den Verordnungen gegeben. Die Bundesländer können die „Kann-Bestimmungen" an ihre besonderen Gegebenheiten anpassen und hierfür Verwaltungsvorschriften oder Vollzugsbestimmungen zur Verordnung erlassen. Von dieser Möglichkeit haben die meisten Länder bei der Bienenseuchenverordnung Gebrauch gemacht. Die neuen Bundesländer haben bisher keine eigenen Verwaltungsvorschriften erlassen, obwohl verschiedene Entwürfe vorliegen.
Die Bieneneinfuhrverordnung wurde inzwischen durch die Binnenmarkttierseuchenverordnung ersetzt, und damit wurden gleichzeitig die Richtlinien der Europäischen Union (EU) in Landesrecht umgesetzt. Auf die Bienenschutzverordnung soll in diesem Zusammenhang nicht eingegangen werden, da sie bei den Vergiftungen näher beschrieben wird.
Die Bekämpfung von Bienenseuchen ist nicht in einem besonderen Gesetz geregelt. In das Tierseuchengesetz (28. 3. 80 BGBl. I, S. 386) sind die Bienen im § 1 mit dem Zusatz „sowie Bienen" einbezogen. Im § 81 a TIERSG wird es den Ländern freigestellt, die Bekämpfung von Bienenseuchen anders zu regeln, solange die Anzeigepflicht für eine bestimmte Bienenseuche nicht durch § 10 Abs. 2 TIERSG eingeführt ist.

### 11.1.1. Bienenseuchenverordnung

Am 28. Juli 1968 erließ die Bundesregierung die „Verordnung zum Schutze gegen die bösartige Faulbrut und Milbenseuchen der Bienen". Daraus entstand die **Bienenseuchenverordnung** (14. 7. 1972 BGBl. I S. 594), die im Laufe der Jahre verschiedene Änderungen erfahren hat. Vor allem nach dem ersten Auftreten der Varroatose mußte die Verordnung immer wieder den neuesten Erkenntnissen angepaßt werden.
Die Fassung der Verordnung vom 29. 11. 1995 BGBl. I. S. 1553 und die Ausführungshinweise zur Bienenseuchenverordnung vom 25. 9. 1989 wird bei den folgenden Erläuterungen berücksichtigt.

*Begriffsbestimmung* (§ 1)
Alle Maßnahmen müssen immer das gesamte Bienenvolk einbeziehen. Der Bienenstand ist nur die direkte Umgebung der Bienenbeuten und nicht die Grundstücksfläche. Auch bereits verlassene Plätze z. B. nach einer Wanderung gelten als Bienenstand.

*Honig- und wachsverarbeitende Betriebe* (§ 2)
Bei Betrieben, in denen Honig abgefüllt oder Wachs zu Mittelwänden verarbeitet wird, besteht eine besondere Gefahr, daß Bienenvölker in der Umgebung mit Sporen des Erregeres der Amerikanischen Faulbrut (*Bacillus larvae*) infiziert werden. Zur Verhütung kann die zuständige Behörde bestimmte Maßnahmen zur Desinfektion bzw. zur Verhütung der Infektion anordnen (§ 2 Abs. 5 TIERSG). Um den Erreger in Honig abzutöten, muß dieses 30 Minuten lang auf 120° und 180 °C erhitzt werden. Die in Zusammenhang mit Honig benutzten Geräte müssen sogar 20 Minuten einer Temperatur von 230 °C ausgesetzt werden. Für Wachs ist eine Temperatur von 120 °C für 30 Minuten im Wasserdampf (1 atü) vorgeschrieben.

*Untersuchung eines verdächtigen Gebiets* (§ 3)
Mit der amtlichen Untersuchung eines verdächtigen Gebiets soll die Seuche möglichst frühzeitig erkannt werden. Neben den klinischen Symptomen können auch Futterproben auf den Gehalt an Sporen des *Bacillus larvae* untersucht werden. Das verdächtige Gebiet kann so relativ schnell eingegrenzt werden.
Eine Untersuchung auf Acarapidose (Milbenseuche) wird wohl selten und auf Varroatose nie in Betracht kommen, da letztere allgemein verbreitet ist.

*Hilfestellung des Besitzers* (§ 4)
Der Besitzer bzw. dessen Beauftragter sind zur Mithilfe verpflichtet. Dies ist eine Tatsache, die nur wenigen Imkern bekannt ist.

*Wanderung* (§ 5)
Um eine Verschleppung der Amerikanischen Faulbrut beim Verbringen der Bienenvölker an einen anderen Ort zu verhindern, muß eine Gesundheitsbescheinigung der am neuen Standort zuständigen Behörde vorgelegt werden. Inwieweit diese innerhalb eines Landes notwendig ist und sie aufgrund einer Untersuchung ausgestellt wird, kann von den Ländern festgelegt werden (s. 15.). Unabhängig von der Übergabe des Gesundheitszeugnisses ist der Imker verpflichtet, am Wanderplatz seinen Namen und seine Anschrift gut sichtbar anzubringen und bei einer angeordneten Untersuchung anwesend zu sein (§ 5 a). Die Imker können auch zur Anzeige der Standorte ihrer Völker verpflichtet werden, damit diese in einem Gebiet lückenlos erfaßt werden können (§ 5 b).

*Verschluß von Bienenbeuten* (§ 6)
Da die Sporen des *Bacillus larvae* über Jahre ansteckungsfähig sind, müssen von Bienen nicht mehr besetzte Beuten geschlossen werden. Dies muß besonders bei verlassenen und aufgegebenen Ständen beachtet werden, da sie häufig die Ursache von Rückfällen sind. In gleicher Weise sind hiervon auch Beuten betroffen, die vom Imker zum Einfangen von Schwärmen prophylaktisch aufgestellt werden.

*Regeln vor amtlicher Feststellung* (§ 7)
Vom Bienenstand dürfen weder Geräte noch Bestandteile der Bienenvölker oder Beuten entfernt werden. Ebenso dürfen keine Bienenvölker auf den Stand verbracht werden. Völker können mit Erlaubnis des Amtstierarztes an den Standort zurückgebracht werden, wenn sie erst kurz zuvor entfernt worden sind und man dadurch die Ausbreitung der Seuche verhindern kann. Honig darf vom Stand nicht entfernt werden, auch wenn er nicht zur Verfütterung an Bienen bestimmt ist.
Der Bienenstand darf nur vom Betreuer bzw. Besitzer der Bienenvölker und dem Amtstierarzt bzw. dessen Beauftragten sowie Personen im amtlichen Auftrag betreten werden.

*Regeln nach amtlicher Feststellung* (§ 8)
Der Ausbruch der Seuche wird vom Amtstierarzt festgestellt. Wegen möglicher Mischinfektionen bzw. nicht eindeutiger klinischer Befunde sollte der Nachweis des Erregers im Labor erfolgen.
Für den verseuchten Stand gelten die bereits bei § 7 genannten Auflagen. Die Geräte und Beuten müssen gründlich desinfiziert werden (s. 3.2.). Brut- und Futterwaben

werden verbrannt. Leere Waben können dagegen als „Seuchenwachs" gekennzeichnet an einen wachsverarbeitenden Betrieb abgegeben werden, wenn dieser sie durch entsprechende Behandlung, z. B. 30 Minuten Erhitzen bei 120 °C, als Seuchenwachs verarbeitet. Honig, der nicht zum Verfüttern an Bienen bestimmt ist, darf nun ebenfalls vom Stand entfernt werden.

*Behandlung und Kontrolle* (§ 9)
Die Völker des verseuchten Standes können entweder abgetötet oder einem Kunstschwarmverfahren unterzogen werden. Die Entscheidung kann man aufgrund der im Kapitel „Staatliche Bekämpfung der Amerikanischen Faulbrut" genannten Faktoren treffen (s. 14). Der Erfolg eines Kunstschwarmverfahrens kann leicht durch Untersuchung von Futterproben auf Sporen des *Bacillus larvae* überprüft werden. Beide Sanierungsverfahren sind in ihrer Sicherheit daher nahezu gleichwertig.
Die erste Nachuntersuchung des betroffenen Standes erfolgt nach frühestens zwei und spätestens neun Monaten. Dies hängt wesentlich von der Witterung ab. Man sollte Bienenvölker bei Temperaturen unter 12 °C nicht öffnen. Weiterhin ist eine Untersuchung nur sinnvoll, wenn die Völker Brut aufziehen. Die zweite Nachuntersuchung erfolgt acht Wochen später. Auf diese kann man verzichten, wenn eine Futterprobe aus dem Bereich des Brutnestes entnommen wurde und aufgrund der Untersuchung im Labor sich keine Anhaltspunkte auf AFB ergeben. Kann ein Ausbruch nicht ausgeschlossen werden, so folgt die zweite Nachuntersuchung zum entsprechenden Zeitpunkt.

*Größe des Sperrgebiets* (§ 10)
Das Sperrgebiet sollte, wenn nicht besondere Gründe vorliegen (z. B. eine voraussehbare Verzögerung bei der Untersuchung), keine größere Fläche als einen Kilometer um den oder die verseuchten Stände umfassen. Nur bei kleinen Sperrgebieten ist gewährleistet, daß die Untersuchungen rasch abgeschlossen werden können. Werden neue Seuchenherde entdeckt, kann man sie entsprechend erweitern. Bei einem großen Sperrgebiet, dessen Untersuchung sich über einen langen Zeitraum hinzieht, können die Bienenvölker bei ungünstigen Bedingungen nachhaltig geschädigt werden oder in Gebieten mit vielen Wanderimkern unnötige Widerstände gegen die angeordneten Maßnahmen entstehen. Andererseits sollten Sperrgebiete nicht von Standortimkern dazu benutzt werden, Wanderimker von ihrem Gebiet fernzuhalten.
Das Zusammenlegen von betroffenen Völkern an einen Standort kann bei Wanderständen oder erst kurz zuvor verbrachten Völkern sinnvoll sein und die Seuchenbekämpfung wesentlich erleichtern. Dies ist aber von der Zustimmung der am Zielstandort zuständigen Behörde abhängig.
Für die Wanderstände gilt die gleiche Sperre wie für den Heimatstandort. Die dort zuständige Behörde muß daher entsprechend unterrichtet werden.

*Maßnahmen im Sperrgebiet* (§ 11)
Um das Ausmaß der Verseuchung in der Umgebung des betroffenen Standes zu ermitteln, sind die Erstuntersuchungen unmittelbar nach amtlicher Feststellung des Seuchenausbruchs durchzuführen. Im übrigen gelten die gleichen Auflagen wie für den verseuchten Stand. Im Gegensatz zu diesem ist jedoch nur eine Nachuntersuchung nach zwei bis neun Monaten notwendig. Auf diese kann verzichtet werden,

wenn aufgrund der Untersuchung Futterprobe wie zuvor beschrieben ein Ausbruch der Seuche nicht zu erwarten ist. Nach § 10 Absatz 4 können Bienenvölker, Gerätschaften etc. mit ausdrücklicher Erlaubnis des Amtstierarztes aus dem Sperrgebiet entfernt werden, wenn eine Verschleppung der Seuche nicht zu befürchten ist. Dies wäre z. B. der Fall, wenn die zweimalige Untersuchung ein negatives Ergebnis erbracht hat. Verwendet man als zweite Untersuchung eine Futterprobe, so könnte ein Stand frühestens nach zwei Monaten bzw. wenn man die Untersuchung im Labor einschließt, nach etwa 10 Wochen freigegeben werden.

*Aufhebung der Sperren* (§ 12)
Die angeordneten Schutzmaßregeln werden aufgehoben, sobald die Nachuntersuchungen abgeschlossen sind.

*Milbenseuche* (§ 14) und Varroatose (§ 15)
Der Besitzer ist verpflichtet, Völker, die von der Milbenseuche bzw. der Varroatose befallen sind, zu behandeln. Dies kann von der zuständigen Behörde für ein bestimmtes Gebiet auch angeordnet werden. Unter Behandlung versteht man sowohl medikamentöse als auch biotechnische und pflegerische Maßnahmen.

### 11.1.2. Regelungen der Bundesländer

Die Bundesländer haben die Möglichkeit, die Zuständigkeiten selbst zu regeln. Daneben können auch in Form eines Erlasses oder einer Verwaltungsvorschrift abweichende Bestimmungen erlassen werden. Dabei gilt der Grundsatz, daß die Verordnung des Bundes zwar verschärft, aber nicht abgemildert werden darf. Dies trifft z. B. für die Anzeigepflicht der Europäischen Faulbrut in Baden-Württemberg zu. Sie ist dort anzeigepflichtig, um eine Verwechslung mit der Amerikanischen Faulbrut zu vermeiden. Jedoch werden keine staatlichen Bekämpfungsmaßnahmen eingeleitet. Eine weitere Abweichung ergibt sich in den einzelnen Bundesländern hinsichtlich der Zuständigkeiten für die Durchführung der Bienenseuchenverordnung. Die wesentlichsten Unterschiede bestehen jedoch bei den Vorschriften zum Verbringen von Bienenvölkern an einen anderen Ort. Nicht in jedem Bundesland muß dafür ein Gesundheitszeugnis ausgestellt werden, und nicht immer ist dafür eine vorherige Untersuchung auf Amerikanische Faulbrut notwendig. Von der Möglichkeit für Ausnahmeregelungen im § 5 der Bienenseuchenverordnung wird somit Gebrauch gemacht (s. 15.).

## 11.2. Österreichisches Recht

Das Bienenseuchenrecht ist in Österreich im Bienenseuchengesetz vom 23. 5. 1988 BGBl. Nr. 290 festgelegt. Anzeigepflichtig sind bei seuchenhaftem Auftreten (§ 1 und § 3 des BSG): Amerikanische und Europäische Faulbrut, Ascosphaerose, Aspergillusmykose, Acarapidose, Varroatose und Nosematose. Als Seuchenhaft wird ein Verlauf bezeichnet, wenn 30% der Völker eines Standes betroffen bzw. abgestorben sind. Bereits beim Seuchenverdacht dürfen von dem Stand keine Bienenvölker entfernt werden (§ 4 Abs. 1 BSG). Der Besitzer muß den Zutritt und die Entnahme von Proben auf dem Bienenstand dulden. Er hat nach Anweisung der Behörde die Bekämpfung der Seuchen auf eigene Kosten durchzuführen (§ 4 Abs. 3 BSG).

Der Amtstierarzt wird mit der Einleitung veterinärpolizeilicher Maßnahmen beauftragt (§ 5 Abs. 1 BSG.). Zur Unterstützung können vereidigte Sachverständige für Bienenzucht herangezogen werden (§ 5 Abs. 1 BSG.). Diese untersuchen auch die Stände in der Nähe des Seuchenherds und entnehmen gegebenenfalls Proben zur weiteren Diagnose in einer Untersuchungsanstalt (§ 5 Abs. 3 und 4 BSG.). Nach Feststellung einer der genannten Krankheiten werden Bekämpfungs- und Desinfektionsmaßnahmen angeordnet (§ 7 Abs. 2 BSG.). Erweist sich eine Krankheit als unheilbar, kann die Behörde die Tötung der Bienenvölker und bei Brutkrankheiten und Nosematose die Vernichtung der Waben anordnen (§ 7 Abs. 2 BSG.). Wird in den folgenden zwei Monaten bei der jeweiligen Nachschau keine weitere Erkrankung festgestellt, so hat die Schlußrevison zu erfolgen (§ 8 und § 9 Abs. 1 BSG.). Die Seuche gilt als erloschen und die Sperre aufgehoben, wenn die Völker als seuchenfrei befunden werden (§ 9 Abs. 1 BSG.). Ausnahmen können hiervon für den Zweck der Wanderung zugelassen werden. So kann die Behörde bereits nach Durchführung der Sanierungsmaßnahmen die Sperre aufheben. Die Schlußrevision erfolgt dann nach Abschluß der Wanderung (§ 9 Abs. 4 BSG.).

## 11.3. Schweizer Recht

Die seuchenpolizeiliche Bekämpfung der Bienenseuchen ist im Tierschutzgesetz (TSG) vom 1. 7. 66 und in der Tierseuchenverordnung (TSV) vom 15. 12. 67 geregelt.
Darin werden die Milbenkrankheiten Acarapidose und Varroatose sowie die Amerikanische Faulbrut (AFB) und die Sauerbrut bzw. Europäische Faulbrut (EFB) als Tierseuchen angesehen. Eine Verpflichtung zur Anzeige dieser Seuchen besteht (Art. 26 TSV). Bei Ausbruch von AFB und EFB wird vom Kantonalstierarzt eine Sperre in einem Radius von 2 km verhängt (Art. 29.14 bis 29.17 TSV). Die Behandlung des verseuchten Bestandes und die Untersuchung des Sperrgebietes erfolgen durch den Bieneninspektor (Art. 52.11 und 52.14 TSV). Wenn alle Völker abgetötet werden, dauert die Sperre maximal 30 Tage. Zwei bis drei Monate dauert die Sperre bei einer Teilsanierung, d. h. Abtötung eines Teils der Völker (Art. 52.9 bis 52.14). In dem der Sanierung folgenden Frühjahr untersucht man stichprobenartig einzelne Bestände im ehemaligen Sperrgebiet (Art. 52.8 Abs. 2 TSV).
Die Behandlung der Varroatose ist Pflicht und wird von den Bieneninspektoren überwacht. Allerdings sollen chemische Mittel nur begrenzt eingesetzt und pflegerische Maßnahmen im Vordergund stehen (Art. 59 TSV).

# 12. Bienengesundheitsdienst

Tiergesundheitsdienste bestehen für die meisten landwirtschaftlich genutzten Tiere schon seit vielen Jahrzehnten. Auch für Bienen wurde in einigen Bundesländern Deutschlands ein Gesundheitsdienst eingerichtet. In den neuen Bundesländern konnte der bereits in der ehemaligen DDR bestehende Bienengesundheitsdienst weitgehend übernommen werden.
Die wesentliche Aufgabe des Bienengesundheitsdienstes (BGD) besteht in der Förderung der Gesundheit und Leistungsfähigkeit von Bienenvölkern. Mit prophylaktischen Maßnahmen und einer planmäßigen Bekämpfung sollen besonders gravierende Krankheiten, Seuchen und Gesundheitsstörungen eingedämmt werden.

## 12.1. Prophylaxe

Eine Reihe von Krankheiten kann allein durch prophylaktische Maßnahmen kontrolliert werden. Hierzu zählen vor allem die Faktorenseuchen wie Nosematose und Acarapidose, deren Ausbruch u. a. durch die Wahl eines geeigneten Standortes verhindert werden kann. Bei einem mehr oder weniger permanenten Trachtangebot, verbunden mit anderen pflegerischen Maßnahmen, nimmt das Hygieneverhalten der Bienen zu, und Krankheiten wie die Ascosphaerose und Sackbrut brechen nicht aus. Verschiedene Virosen sind die Ursache für eine Reihe von bisher wenig erforschten Krankheiten oder Fehlverhalten der Bienen. Die Forschung auf diesem Gebiet steht noch am Anfang, so daß es nur wenige direkt in die Praxis des Bienengesundheitsdienstes umsetzbare Ergebnisse gibt.
Bei der Amerikanischen Faulbrut, der einzigen in nahezu allen Ländern anzeigepflichtigen Bienenseuche, hatte der BGD ursprünglich allein die Aufgabe, mit Hilfe von Reihenuntersuchungen Seuchenherde aufzudecken und einzugrenzen. Mit der seit einiger Zeit zur Verfügung stehenden Methode der Futterprobenuntersuchung auf Sporen des Erregers können diese Maßnahmen vereinfacht und ergänzt werden. Zusätzlich können eine Gefährdung und ein möglicher Ausbruch vorausgesagt und mit den entsprechenden prophylaktischen Maßnahmen verhindert werden. Damit besteht erstmals auch bei der Amerikanischen Faulbrut die Möglichkeit zur Prophylaxe. Auch hier ist die Beratung durch den BGD dringend erforderlich.
Nicht zuletzt gehört zu den Aufgaben des BGD die Prophylaxe der nichtinfektiösen Bienenkrankheiten wie Ruhr, Maikrankheit und Schwarzsucht. Insbesondere die *Technopathien*, d. h. die haltungsbedingten Erkrankungen, haben eine zunehmende Bedeutung erlangt. Erst im Laufe der Zeit hat man aufgrund eingehender Forschung bestimmte Zusammenhänge zwischen der Haltung von Völkern und dem Auftreten von Bienenkrankheiten erkannt. Oft werden Bienenvölker durch künstliche Eingriffe

zu einer stärkeren Entwicklung angeregt, ohne daß die Natur die notwendigen Voraussetzungen dafür bietet.
Ein wesentliches Element der Prophylaxe ist die *Beratung des Imkers*. Sofern sich aufgrund des Vorberichts das Problem eingrenzen läßt, kann die Beratung ohne vorherige Untersuchung erfolgen. In Zweifelsfällen wird man die Einsendung von Proben vorschlagen. Die Angaben sind aber in der Regel sehr subjektiv, und der Imker kann auch nur selten eigene Fehler erkennen und einschätzen. Zudem haben Standortfragen in der Bienenhaltung eine außerordentliche Bedeutung. Die Beratung sollte daher vorzugsweise im Bestand erfolgen. Hier können auch Haltungsfehler sowie andere leistungsmindernde und gesundheitsgefährdende Faktoren besser erkannt und eingeschätzt werden.
Genetisch bedingte Fehlentwicklungen können anhand der Herkünfte der Königinnen eingegrenzt und u. U. mit den entsprechenden Züchtern abgeklärt werden. Mit Hilfe der klinischen Symptome können eine erste Diagnose gestellt und mit der Differentialdiagnose andere Ursachen ausgeschlossen werden. Bei Bedarf werden Proben für die Untersuchung im Labor entnommen, um bestimmte Erreger nachzuweisen oder auszuschließen. Aufgrund der Untersuchungsergebnisse des Labors und im Bestand wird ein Plan für Prophylaxemaßnahmen ausgearbeitet und mit dem Imker durchgesprochen.
Nicht immer kann mit den prohylaktischen Maßnahmen der Ausbruch einer Krankheit verhindert werden bzw. oft werden sie erst durchgeführt, wenn die Krankheit bereits aufgetreten ist und ein Rückfall verhindert werden soll.

## 12.2. Bekämpfung

Mit Ausnahme der anzeigepflichtigen AFB, zu deren Bekämpfung das Veterinäramt den Bienengesundheitsdienst anfordern kann, ist der BGD für die Bekämpfung aller Krankheiten der Honigbiene zuständig.
Die **Varroatose** ist in Deutschland und allen EU-Staaten nicht mehr anzeigepflichtig und unterliegt daher auch nur in Ausnahmefällen einer staatlichen Bekämpfung. Die Aufgabe des Bienengesundheitsdienstes besteht jetzt darin, den Imker bei der Bekämpfung dieser Parasitose zu beraten. Neben dem Erkennen des Befallsgrades hat er ihn bei der Auswahl der Bekämpfungsmethoden zu unterstützen. Die Anwendung bei Bienen zugelassener Tierarzneimittel erfolgt, von Ausnahmefällen abgesehen, nicht durch den Tierarzt, sondern den Imker selbst. Zu den neuen Aufgaben des BGD gehört die Beratung des Imkers bei der Wahl des geeigneten Medikaments, des richtigen Zeitpunkts der Anwendung und der für seine Betriebsweise günstigsten Applikationsform. Ebenso muß der Imker in diesem Zusammenhang auf mögliche Rückstandsprobleme und andere Gefahren, die mit der Anwendung bestimmter Medikamente verbunden sind, hingewiesen werden. Die Beratung sollte daher auch alternative Methoden, insbesondere integrierte Konzepte, einschließen. Sie ist gerade in diesem Bereich besonders notwendig, da örtliche Gegebenheiten und besondere Haltungsbedingungen berücksichtigt werden müssen.
Es steht heute außer Zweifel, daß der Milbenbefall langfristig nur bei einer flächendeckenden Kontrolle niedrig gehalten werden kann. Um eine Invasion von Milben aus stark befallenen Völkern zu vermeiden, muß der BGD neben der Beratung in

manchen Fällen den Imker auch bei der praktischen Durchführung der Behandlung unterstützen.
Für *Bienenarzneimittel* galten bis vor einiger Zeit nicht die gleichen Vorschriften wie für andere Tierarzneimittel. Erst seit der Novellierung des Arzneimittelgesetzes (1989) müssen auch sie zugelassen werden. Beim Einsatz nicht zugelassener Mittel sind sich viele Imker der Strafbarkeit ihres Handelns nicht bewußt. Der BGD sollte in diesem Zusammenhang aufklärend wirken und besonders die negativen Auswirkungen auf die Vermarktung von Bienenprodukten, insbesondere des Honigs, und den Schutz des Verbrauchers hinweisen.
Die Qualität der Bienenprodukte wird jedoch nicht nur durch Bienenarzneimittel beeinflußt. Andere chemische Substanzen, die der Imker bei der Bearbeitung der Bienen sowie zur Desinfektion von Beuten, Geräten und Waben verwendet, können die Bienenprodukte ebenfalls kontaminieren. Weiterhin beeinflußt die Hygiene im Bereich der Bienenhaltung und der Verarbeitung von Bienenprodukten wesentlich ihre Reinheit und sensorischen Eigenschaften. Die abiotischen Bedingungen am Standort und das Kleinklima in der Beute wirken sich auf den Wassergehalt des Honigs und damit sowohl auf seinen Geschmack als auch auf seine Lagerungsfähigkeit aus. Pflegerische Maßnahmen wie die übermäßige Fütterung der Bienen zum falschen Zeitpunkt verfälschen den Honig. In der Beratung durch den BGD stellen somit die dem Verbraucherschutz und der Sicherung der Qualität von Lebensmitteln dienenden Maßnahmen eine wichtige zusätzliche Aufgabe dar. Nicht zuletzt hat die Belastung aus der Umwelt durch Emissionen aus Industrie und Landwirtschaft einen nicht unbedeutenden Einfluß. Der BGD hilft bei der Aufdeckung derartiger Fälle und klärt die Verursacher über die besonderen Probleme auf, die sich für die Bienenhaltung hieraus ergeben.

## 12.3. Schadensfeststellung

Eine wesentliche Aufgabe des BGD bestand früher in der Verhütung von Bienenschäden aufgrund von Maßnahmen des chemischen Pflanzenschutzes. Die Zahl der Schadensfälle hat in den letzten Jahren abgenommen, so daß diese Tätigkeit immer mehr in den Hintergrund trat. Der großflächige Einsatz von Insektiziden zur Bekämpfung von massenhaft auftretenden Schädlingen wie dem Schwammspinner haben die Situation verändert. Weiterhin wird es beim Einsatz von Chitinsynthetasehemmern (z. B. Dimilin und Insegar) immer schwieriger, Schäden rechtzeitig zu erkennen und ihre Ursachen zweifelsfrei festzustellen. Hierbei kann der Bienengesundheitsdienst sicherlich ebenso helfen wie bei der Ermittlung und Abwicklung von Schäden durch Unwetter oder Frevel.

## 12.4. Tierschutz und artgerechte Haltung

Der Tierschutz und die artgerechte Haltung spielen bei der Bienenhaltung keine entscheidende Rolle. Dies hängt mit der *Teildomestikation der Honigbiene* zusammen. Sie hat im Gegensatz zu den meisten anderen landwirtschaftlich genutzten Tierarten den Vorteil, daß sie auf den Tierhalter – den Imker – nicht zwingend angewiesen ist und bei extrem ungünstigen Bedingungen ihr Nest bzw. den Bestand verlassen kann. Nicht immer ist die Tierschutzfrage daher eindeutig zu beantworten. So kann sich ein Imker, der seine Völker in trachtlosen Zeiten nicht füttert, auf eine naturnahe Bienenhaltung berufen. Trotzdem muß auch der Imker seiner Fürsorgepflicht nachkommen. Probleme mit dem Tierschutz entstehen vor allem dann, wenn der Imker den Bienen die Möglichkeit zur Flucht nimmt. So schließt er z. B. die Fluglöcher, wenn Völker bei der Ablegerbildung oder Anwanderung von Trachten an einen anderen Standort verbracht werden. Besonders bei hohen Außentemperaturen besteht dann die Gefahr, daß die Bienen die Temperatur im Stock nicht mehr regulieren können und das Volk daraufhin durch Verbrausen eingeht. Hierzu kann es auch bei starker Beunruhigung, z. B. durch übermäßige Stöße beim Transport oder Verladen, kommen. Durch entsprechende Vorsicht und Vermeidung von Transporten am Tage sowie ausreichende Belüftung der Beute und Wasserversorgung der Bienen kann dies vermieden werden. Derartig grundlegende Zusammenhänge vermittelt der BGD im wesentlichen in den Anfängerkursen.

## 12.5. Weiterbildung

Die Mitarbeiter des BGD vermitteln ihr Fachwissen zu Krankheitsproblemen, Bekämpfungsmaßnahmen und Rechtsvorschriften in mündlicher und schriftlicher Form. Neben der Einzelberatung stehen die Vortragstätigkeit auf Versammlungen und Tagungen sowie die Schulung von Imkern, Beratern und Tierärzten im Vordergrund. Dieselbe Personengruppe kann auch über Beiträge in Fachzeitschriften erreicht werden. Darüber hinaus gibt der BGD der Verwaltung und dem Gesetzgeber fachbezogene Stellungnahmen ab.

## 12.6. Sonderaufgaben

Eine gezielte Beratung setzt die Kenntnis der Zusammenhänge in bestimmten Problemfällen voraus. Da viele dieser Fragen ortsspezifisch, zumindest aber regional begrenzt auftreten, sind die Erforschung und Erprobung von Methoden zur Diagnose und Bekämpfung von Krankheiten sowie von Betriebsweisen und Haltungsformen zwingend notwendig. Derartige Untersuchungen können eigenständig oder in Zusammenarbeit mit Forschungseinrichtungen durchgeführt werden.

## 12.7. Aufgabenträger

In den meisten Bundesländern Deutschlands sind die Tiergesundheitsdienste die Aufgabe der Länder und/oder der Tierseuchenkasse des jeweiligen Landes. Ergänzende Untersuchungen werden von den staatlichen tierärztlichen Untersuchungsämtern, einer beauftragten Institution oder dem BGD selbst durchgeführt. Die Kosten werden vom Land, von der Tierseuchenkasse und dem Tierbesitzer je nach Art der Aufwendung und der Regelung des einzelnen Landes getragen.

# 13. Bienensachverständige

Die staatliche Bekämpfung von Tierseuchen gehört zu den wesentlichen Aufgaben des Amtstierarztes am staatlichen Veterinäramt. Dieser ist, von Ausnahmen abgesehen, kein Imker und daher kaum in der Lage, die praktische Arbeit am Bienenstand durchzuführen. Für diese Aufgabe werden daher amtlich bestellte **Bienensachverständige** (BSV) verpflichtet, die in der *Schweiz Bieneninspektoren* und in *Österreich Sachverständige für Bienenzucht* genannt werden.
In den einzelnen Ländern und den Bundesländern Deutschlands sind die Seuchenbekämpfung und die Zuständigkeiten sehr unterschiedlich geregelt. Im folgenden wird der Einfachheit halber immer von den Bienensachverständigen gesprochen und die Regelungen für Deutschland und dort insbesondere für Baden-Württemberg beschrieben. Auf wesentliche Abweichungen wird hingewiesen.

## 13.1. Voraussetzungen

Eine Tätigkeit als BSV setzt gute imkerliche Kenntnisse voraus. Bienensachverständige sollten jedoch bei ihren Imkerkollegen nicht nur fachlich, sondern auch aufgrund ihrer aufgeschlossenen und umgänglichen Art anerkannt sein. Ebenso wichtig sind die Bereitschaft zur Zusammenarbeit mit Imkern und staatlichen Stellen sowie ein Verständnis für amtliche Vorschriften und Vorgänge. Da die Arbeit der BSV einer ehrenamtlichen Tätigkeit gleicht, muß hierfür ein Teil der Freizeit aufgewendet werden. In welchem Umfang dies notwendig wird, kann im vorhinein nur schwer abgeschätzt werden, da sich die Arbeitsbelastung mit der Seuchensituation kurzfristig ändern kann. Häufig werden die BSV zu einem Zeitpunkt in Anspruch genommen, zu dem auch bei den eigenen Völkern entsprechend viel Arbeit anfällt. Es wird also viel Flexibilität von ihnen verlangt. Darüber hinaus müssen die Bienensachverständigen bereit sein, sich in ihrer Freizeit ständig fortzubilden. Man kann von ihnen als erfahrenen Imkern erwarten, daß sie ein grundlegendes Verständnis für Krankheiten und deren Bekämpfung aufbringen.

## 13.2. Ausbildung

Lehrgänge und Vorträge über Bienenkrankheiten werden von den imkerlichen Organisationen, den Bieneninstituten und verschiedenen anderen staatlichen Stellen angeboten. Diese Veranstaltungen sind im allgemeinen frei zugänglich und bieten daher die Möglichkeit, sich über die wichtigsten Zusammenhänge zu informieren.

Ein tieferes Verständnis der Epidemiologie und die notwendigen Kenntnisse der Seuchenbekämpfung können auf einem *mehrtägigen Ausbildungslehrgang* vermittelt werden. Für den Lehrgang sollten nur solche Kandidaten eingeladen werden, die bereit sind, die Aufgabe des BSV zu übernehmen. Am besten werden sie von der lokalen imkerlichen Organisation dem Veterinäramt vorgeschlagen und bei Bedarf von diesem zur Ausbildung geschickt. Damit zwischen Ausbildung und Ausübung der Tätigkeit keine zu große Zeitspanne liegt, sollte bereits ein Dienstbezirk für sie vorgesehen sein.

In dem Lehrgang werden die wichtigsten Zusammenhänge und Abläufe erklärt, die später im Rahmen von Fortbildungen und während der praktischen Tätigkeit die Ausbildung vervollständigen. Dies setzt aber voraus, daß hierfür überregional tätige Fachkräfte bereitstehen.

Auf den ersten Blick erscheint es nicht einsichtig, daß neben den staatlich zu bekämpfenden Seuchen auch andere Krankheiten vorgestellt werden. Ohne diese Kenntnis ist aber eine Differentialdiagnose nicht möglich. Zudem werden die BSV nur dann die notwendige Anerkennung beim Imker finden, wenn sie sich bei den Bienenkrankheiten auskennen. Darüber hinaus übernehmen die BSV in manchen Bundesländern Deutschlands auch Aufgaben des Bienengesundheitsdienstes und sind deshalb auf diese Kenntnisse angewiesen.

Am Ende der Ausbildung kann man den Kenntnisstand der einzelnen BSV in mündlicher oder schriftlicher Form überprüfen. Hierauf kann man verzichten, wenn die Zahl der Kursteilnehmer begrenzt ist und sich der Ausbilder von den einzelnen Kandidaten einen eigenen Eindruck machen kann.

## 13.3. Bestellung

Nach erfolgreicher Teilnahme bestellt die untere Verwaltungsbehörde die Kandidaten zu Bienensachverständigen. Ebenso wird beim Stellvertreter verfahren. Hierbei handelt es sich entweder um eine eigenständige Position, oder die BSV benachbarter Dienstbezirke vertreten sich gegenseitig. Der zugewiesene Dienstbezirk erstreckt sich über ein bestimmtes Gebiet, in der Regel auf eine oder mehrere Gemeinden. Die Größe des Gebiets hängt wesentlich von der dortigen Bienendichte ab und sollte nicht mehr als 500 bis 1 000 Völker umfassen. Ebenso muß man berücksichtigen, inwieweit das Gebiet für die Nutzung bestimmter Trachten angewandert wird. Relativ kleine Dienstbezirke haben sich bei hoher Bienendichte oder in Wandergebieten bewährt. Die BSV kennen die nähere Umgebung ihres Wohnortes genau und können ohne großen Zeit- und Kostenaufwand einen guten Überblick behalten. Der Dienstbezirk sollte immer auch den Bereich der eigenen Bienenhaltung einschließen. Die BSV haben dann eher das Bestreben, die Seuchensituation möglichst rasch zu klären.

Ein wesentlicher Nachteil besteht in der großen Zahl der hierfür notwendigen BSV. Einerseits stellen sich immer weniger Imker für ehrenamtliche Aufgaben zur Verfügung, andererseits wird es mit zunehmender Zahl schwieriger, entsprechend qualifizierte Kandidaten zu finden. Zudem wird der Kontakt zwischen BSV und Amtstierarzt weniger eng und dies um so mehr, je seltener die BSV zum Einsatz kommen. Die Vor- und Nachteile wiegen sich jedoch gegeneinander auf. Die Entscheidung, welchem System man den Vorzug gibt, muß aufgrund der bestehenden Strukturen und der örtlichen Gegebenheiten gefällt werden.

## 13.4. Aufgaben

Die Bienensachverständigen stehen als amtlich bestellte Sachverständige den Amtstierärzten der Staatlichen Veterinärämter für die praktischen Arbeiten am Bienenstand zur Verfügung und sind an deren Weisung gebunden. Sie handeln immer im Auftrag des zuständigen Amtstierarztes und nie als Funktionäre der imkerlichen Organisationen, obwohl sie meistens deren Mitglieder sind. Sie dürfen daher in ihrer Arbeit keinen Unterschied zwischen organisierten und nichtorganisierten Imkern machen.
Die BSV nehmen ihre Tätigkeit auf, nachdem sie vom Veterinäramt hierfür den Auftrag erhalten haben. Selbständige Anordnungen dürfen sie nicht treffen. Vieles regelt sich jedoch in der Praxis aufgrund eines längeren Vertrauensverhältnisses zwischen BSV und Amtstierarzt. Grundsätzlich sind die BSV dafür verantwortlich, daß die angeordneten Maßnahmen sorgfältig und möglichst rasch durchgeführt werden.
Zu den Aufgaben der BSV gehören:

- Meldung eines Seuchenausbruchs bzw. des Verdachts auf einen Ausbruch,
- praktische Durchführung der Bekämpfung, Sanierung und Desinfektion bei anzeigepflichtigen Seuchen,
- Entnahme von Bienen-, Brut-, Futter- und Gemülleproben,
- Einsendung von Probenmaterial an die staatlichen Untersuchungsstellen,
- Kontrollen von verwahrlosten und verlassenen Bienenständen sowie bienenleeren, unverschlossenen Beuten und Beseitigung dieses Zustands,
- Kontrolle des Gesundheitszeugnisses bei Wandervölkern,
- Ausstellung von Gesundheitszeugnissen auf Anforderung des Bienenhalters, eventuell nach vorheriger Untersuchung der Völker.

Wie aus obiger Aufstellung hervorgeht, führen die BSV nicht nur Aufgaben auf Weisung des Veterinäramtes aus, sondern sind ohne besondere Anordnung dafür zuständig, daß es nicht zum Ausbruch von Seuchen kommt. So wird von ihnen ohne spezielle Auffordung erwartet, daß sie auf ausgestorbene und verwahrloste Stände achten. Eine besondere Seuchengefahr geht von unverschlossenen, leeren Beuten und herumliegenden, für Bienen zugängliche Waben aus. Die BSV müssen in diesem Fall dafür sorgen, daß der Zustand beseitigt wird. Werden Bienenvölker an einen anderen Ort verbracht, z. B. um Trachtquellen anzuwandern, so muß dem am neuen Standort zuständigen BSV das Gesundheitszeugnis vorgelegt werden, sofern dies nicht anders geregelt wird (s. 15.).
Unbekannte Bienenvölker bzw. Stände, an denen weder der Name noch die Anschrift des Besitzers angebracht sind, sind grundsätzlich seuchenverdächtig. Der Besitzer muß daher ermittelt und die Gesundheitsbescheinigung eingefordert werden. Die Standbesitzer sind zu Hilfe und Mitarbeit verpflichtet. Widersetzt sich ein Imker dieser Aufforderung, oder wird den BSV sogar der Zutritt verweigert, so melden sie dies unverzüglich dem Veterinäramt. Eigenmächtiges Eindringen in den Bestand kann eine Anzeige wegen Hausfriedensbruch nach sich ziehen. Ein freundliches und sachliches Gespräch hilft in den meisten Fällen mehr als die Drohung mit Zwangsmaßnahmen.
Die Bestellung kann die BSV nicht nur ermächtigen, amtliche Aufgaben im Auftrag des Veterinäramtes wahrzunehmen, sondern auch auf Anforderung des Imkers Ge-

sundheitszeugnisse auszustellen. Diese Tätigkeit ist auf den Dienstbezirk begrenzt und kann nur mit Zustimmung des Amtstierarztes in Ausnahmefällen auf andere Gebiete ausgedehnt werden. Auf diese Zusammenhänge müssen die Bienensachverständigen durch die untere Verwaltungsbehörde hingewiesen werden.

## 13.5. Schriftverkehr

Schriftverkehr führt der BSV im wesentlichen mit dem staatlichen Veterinäramt, in der Regel auch nur dann, wenn er im Rahmen der Bekämpfung von anzeigepflichtigen Seuchen tätig wird. An einem Beispiel (Baden-Württemberg) soll dies erläutert werden.

Bestätigt die amtliche Untersuchung im Labor den Verdacht des Ausbruchs der AFB, so fertigt der BSV unverzüglich einen **Untersuchungsbericht** mit einem Behandlungsvorschlag an und leitet diesen an das Veterinäramt weiter. Sobald die Entseuchung abgeschlossen ist, gibt der BSV einen **Behandlungsbericht** über die durchgeführte Behandlung und Entseuchung ab. Gleichzeitig stellt der BSV einen **Entschädigungsantrag** für die abgetöteten oder als Kunstschwarm behandelten Völker und Ableger. Ebenso wird die Zahl der verbrannten Vorratswaben festgehalten. Die Entschädigungssätze unterscheiden sich in den einzelnen Staaten und den Bundesländern Deutschlands zum Teil erheblich.

Über seine Tätigkeiten stellt der BSV zumindest einmal im Jahr ein **Kostenverzeichnis** aus. Darin werden alle für die Berechnung der Reisekosten, Arbeitsvergütung und Nebenkosten notwendigen Angaben gemacht. Rechnungen müssen unbedingt beigefügt werden.

# 14. Staatliche Bekämpfung der Amerikanischen Faulbrut

Die Amerikanische Faulbrut ist in nahezu allen Staaten anzeigepflichtig. Die verschiedenen Auflagen, denen ein befallener Stand unterliegt, sowie die Art und Weise, wie bekämpft und saniert wird, sind gesetzlich festgelegt. In Deutschland regeln dies die Bienenseuchenverordnung und die Ausführungsbestimmungen der Länder, in Österreich das Bienenseuchenrecht und in der Schweiz die Tierseuchenverordnung und das Tierschuztgesetz. Im folgenden wird die in Deutschland vorgeschriebene Vorgehensweise beschrieben. Auf mögliche Abweichungen in anderen Staaten wird bei den geseztlichen Regelungen hingewiesen (s. 11.2. und 11.3.).

## 14.1. Verdacht des Ausbruchs

Bereits der Verdacht des Ausbruchs der Seuche führt zu einer allgemeinen **Sperre des Bienenstandes**. Es dürfen weder Bienenvölker, Bienen und Waben noch Beuten und Gerätschaften vom Stand entfernt werden. Der BSV als Beauftragter des Staatlichen Veterinäramtes untersucht alle Völker des Bienenstandes. Zuvor werden alle Völker numeriert, sofern sie nicht bereits gekennzeichnet sind. Das hilft später, Veränderungen am Stand zu erkennen und Befunde den einzelnen Völkern zuzuordnen. Anschließend untersucht man alle Völker des Bestandes. In trachtlosen Perioden sollte dies am frühen Morgen oder noch besser am späten Nachmittag erfolgen. Falls es allerdings zur Räuberei kommt, kann die Untersuchung am selben Tag nicht fortgesetzt werden.
Damit die Arbeiten so zügig wie möglich durchgeführt werden können, müssen bei der Durchsicht der Völker der Imker bzw. ein Helfer und der BSV zusammenarbeiten. Am besten entnimmt der Imker die Waben, und der BSV konzentriert sich auf ihre Untersuchung. Welches die günstigste Arbeitsweise ist, muß von Fall zu Fall entschieden werden.
Man beginnt zunächst mit den nach Meinung des Imkers verdächtigen Völkern, um die Wahrscheinlichkeit des Ausbruchs abschätzen zu können. In welcher Reihenfolge die einzelnen Waben des Volks untersucht werden, hängt nicht nur von der Jahreszeit, sondern auch von dem verwendeten Beutentyp ab. Es ist nicht möglich, in diesem Zusammenhang auf alle verschiedenen Beutentypen einzugehen. Im wesentlichen beschränken sich daher die Angaben auf die *Magazinbeute*. Allerdings sind die Unterschiede zu den häufig verwendeten Hinterbehandlungsbeuten bei dieser sehr allgemeinen Beschreibung geringfügig.
In Völkern mit einem oder mehreren Honigräumen ist es sinnvoll, zunächst die häufig zur Besiedlung dieser Räume eingehängten *Brutwaben* zu untersuchen. Da diese Brut geschlüpft ist, können stehengebliebene Zellen mit infizierter Brut leicht erkannt werden.

Die Brutwaben werden auf lückenhaftes Brutbild und stehengebliebene, d. h. einzelne, gedeckelte Brutzellen sowie verfärbte, eingesunkene oder löchrige Zelldeckel untersucht. Im Verdachtsfall führt man als Felddiagnose die „*Streichholzprobe*" durch (s. 4.1.). Für jedes Volk wird ein eigenes Streichholz verwendet und nach der Untersuchung verbrannt. Hiermit verhindert man, daß die Seuche auf diesem Weg verbreitet wird. In leeren Zellen achtet man besonders auf Schorfe in der unteren Zellrinne. Hierzu nimmt man die Wabe in beide Hände und dreht sie mit dem Licht im Rücken langsam von oben nach unten bzw. umgekehrt. Von stark mit Bienen belagerten Waben stößt man die Bienen zuvor ab.
Hat man Brut mit den typischen klinischen Symptomen entdeckt, so kann die Untersuchung an dem betreffenden Volk beendet werden. Bei anderen Völkern des Standes sollte die Untersuchung fortgesetzt werden, um für einen Bekämpfungsvorschlag die Zahl der infizierten Völker zu ermitteln.
Bei eindeutigem makroskopischem Befund des fadenziehenden Materials und anderer klinischer Symptome kann der Amtstierarzt den Ausbruch der Seuche feststellen und weitere Maßnahmen veranlassen (s. u.). Obwohl es sich hierbei um eine relativ sichere diagnostische Methode handelt, sollte eine verdächtige Wabe an eine Untersuchungsstelle eingesandt werden. In nicht ganz klaren Fällen ist es angebracht, mehrere Waben zu entnehmen. Zusätzlich sollte im Untersuchungslabor der Nachweis des Erregers geführt werden, wenn der makroskopische Befund nicht eindeutig ist, Schadensersatzforderungen des Besitzers zu erwarten sind oder Ordnungswidrigkeiten vorliegen. Ebenso sollte bei einem Neuausbruch in einem sonst seuchenfreien Gebiet so verfahren werden. Der Befund eines zugelassenen Labors sichert den BSV, aber auch den Amtstierarzt bei möglichen Einsprüchen oder Schadensersatzforderungen ab.
Bei einem Verdacht müssen alle *Vorratswaben* auf Schorfe untersucht werden. Dabei muß man ebenso wie bei der späteren Sanierung davon ausgehen, daß der Imker die Vorratswaben nicht bestimmten Völkern zuordnen kann, selbst wenn er dieses anscheinend glaubhaft versichert. Besondere Aufmerksamkeit muß man auch den nicht mit Bienen besiedelten Beuten widmen. Offene Beuten oder Beutenteile müssen verschlossen aufbewahrt werden.
Sobald die Untersuchungen abgeschlossen sind, informiert der BSV den Imker über das Ergebnis und besondere Beobachtungen. Hat sich der Seuchenverdacht nicht bestätigt, sollte man den Imker auffordern, seine Völker weiter aufmerksam zu beobachten. Ebenso sollte man ihn ermuntern, auch weiterhin einen Verdacht zu melden. In allen anderen Fällen bleibt der Seuchenverdacht bestehen, bis der Befund des Labors ein negatives Ergebnis gebracht hat. Der BSV muß den Imker über den Fortbestand der Auflagen, insbesondere das Verbot, irgendetwas vom Stand zu entfernen, und die geplante weitere Vorgehensweise aufklären und anschließend das Veterinäramt über seine Beobachtungen und das Ergebnis seiner Untersuchungen unterrichten.
Besteht bereits aufgrund der Voruntersuchungen ein dringender Verdacht, so sollte der BSV damit beginnen, die Stände im näheren Umkreis zu erfassen. Zumindest ist jetzt seine besondere Aufmerksamkeit gefordert, damit Bienenvölker nicht unerkannt entfernt werden.

## 14.2. Bestätigung des Verdachts

Die Seuche gilt als ausgebrochen, wenn der Amtstierarzt aufgrund der klinischen Symptome oder des Befundes des Untersuchungslabors dies feststellt. Abhängig vom Verseuchungsgrad und von der Jahreszeit, ordnet der Amtstierarzt die entsprechenden Bekämpfungs- und Sanierungsmaßnahmen an.
Bestätigt sich durch die amtliche Untersuchung im Labor der Verdacht, so fertigt der BSV unverzüglich einen Untersuchungsbericht mit dem Behandlungsvorschlag an und leitet diesen an das Veterinäramt weiter. In der Praxis erfolgt dies oft in mündlicher Absprache mit dem Amtstierarzt bzw. dieser wird selbst vor Ort tätig.
Im Behandlungsvorschlag muß man den Anteil an verseuchten Völkern im Bestand, den Verseuchungsgrad des einzelnen Volks sowie die Jahreszeit berücksichtigen. Sind auf einem Stand mehr als 50% der Völker betroffen, oder konnten in der Umgebung keine weiteren verseuchten Stände gefunden werden, so sollte die Maßnahme alle Völker des Standes einschließen. Ob die Abtötung oder ein Kunstschwarmverfahren vorgeschlagen bzw. angeordnet wird, hängt von der Führung des Standes und der Bereitschaft des Imkers zur Mithilfe ab. Wenn die Seuche verspätet oder gar nicht gemeldet oder sogar ein Sanierungsversuch auf eigene Faust unternommen wurde, kann der Imker kaum als verläßlich eingestuft werden. In diesem Fall ist ebenso wie bei Einzelfällen in seuchenfreier Umgebung und dem Erwerb infizierter Völker oder Schwärme die *Abtötung* vorzusehen. Dasselbe gilt natürlich für bereits stark geschwächte Völker. Grundsätzlich sollte man aber trotz des größeren Arbeitsaufwandes dem *Kunstschwarmverfahren* so häufig wie möglich den Vorzug geben, zumal mit Hilfe der Futteruntersuchung der Erfolg der Maßnahme nach zwei Monaten, d. h. bei der ersten Nachuntersuchnung, sicher und leicht kontrolliert werden kann.
Wenn mehrere Bestände betroffen sind, führen unterschiedliche Vorgehensweisen häufig zu Unstimmigkeiten. Persönliche Beweggründe müssen hierbei vollkommen in den Hintergrund treten. In solchen Fällen ist es angebracht, daß sich der Amtstierarzt als neutrale Instanz einschaltet, um jeden Verdacht der Begünstigung oder Benachteiligung auszuschließen. Aufgrund des Untersuchungsberichts bzw. häufig auch der mündlichen Mitteilung beauftragt das Veterinäramt den BSV, tätig zu werden. Die im einzelnen notwendigen Schritte wird er mit dem Amtstierarzt absprechen. Dieser wird je nach Erfahrung und Fähigkeit des BSV entscheiden, wann, wo und wie häufig er sich in den Ablauf einschaltet.
Nach Feststellung des Ausbruchs wird um den befallenen Stand ein *Sperrgebiet* mit einem Radius von mindestens einem Kilometer festgelegt. Dieses sollte den örtlichen Gegebenheiten wie Topographie, Trachtquellen und Bienendichte angepaßt sein. Die Grenzen sollten leicht nachzuvollziehen und zu überschauen sein. Eigentlich müßte das Sperrgebiet den Flugkreis der Bienen von drei Kilometern einschließen. Erfahrungsgemäß ist aber die Gefahr der Ausbreitung im Umkreis von einem Kilometer am größten. Andererseits wird man das Sperrgebiet so klein wie möglich wählen, um eine schnelle und zügige Untersuchung zu ermöglichen. Zudem kann das Gebiet unverzüglich ausgedehnt werden, wenn weitere verseuchte Stände gefunden werden. Diese Vorgehensweise hat sich bei unbekanntem Seuchenherd oder großflächiger Verseuchung bewährt. Die Stände im Sperrgebiet unterliegen denselben Auflagen wie der verseuchte Stand selbst. Bei Außenständen und u. U. auch zuvor aufgesuchten Wanderplätzen des betroffenen Imkers besteht ebenfalls Seuchen-

verdacht. Man wird auch dort unverzüglich eine Untersuchung durchführen. Liegen diese Orte außerhalb des Zuständigkeitsbereichs des Veterinäramtes, so hat dies die Meldung entsprechend weiterzuleiten. Dies sollte auch für Seuchenherde in der Nähe von Staatsgrenzen gelten; leider findet hier nur selten und dann oft sehr verzögert ein Informationsaustausch statt. Die untere Verwaltungsbehörde veröffentlicht den Ort des Seuchenausbruchs und die Grenzen des Sperrgebiets. Damit dem betroffenen Imker keine Nachteile bei der Vermarktung des Honigs entstehen, sollte man in den Amtsblättern auf eine Namensnennung möglichst verzichten. Der betroffene Imker wird von ihr zusätzlich in einem Schreiben über seine Rechte und Pflichten unterrichtet.
Der BSV sollte die betroffenen Imker so schnell wie möglich über die Sperre informieren. Ebenso wird er im Sperrgebiet nach weiteren Ständen – vor allem auch verlassenen – fahnden.

## 14.3. Sanierung des Seuchenherds

Die Sanierung des verseuchten Bestandes sollte so schnell möglich erfolgen, sobald der Befund und die Anweisung des Veterinäramtes vorliegen. Ein rasches Handeln ist vor allem dann notwendig, wenn die Chance besteht, daß sich die Seuche noch nicht weiter ausgebreitet hat. Dies ist bei Zukauf von Völkern, eingefangenen Schwärmen oder kurzfristiger Aufwanderung häufig der Fall.
Entsprechend der Anweisung des Amtstierarztes tötet der BSV die betroffenen Völker ab oder führt ein Kunstschwarmverfahren durch (s. 5.13. ff.). Die Beuten der verseuchten Völker werden ebenso wie andere leere Beuten oder Magazine und Geräte desinfiziert (s. 3.2.). Die Waben der betroffenen Völker und sämtliche Vorratswaben müssen gleichfalls entseucht werden. Auf die Erfassung sämtlicher Vorratswaben ist besonders zu achten. Hier liegt die häufigste Ursache von Rückfällen. Futter- und Brutwaben werden noch vor Ort verbrannt. Leerwaben können, sofern eine größere Zahl angefallen ist, an einen wachsverarbeitenden Betrieb abgegeben werden. Diesem muß durch entsprechende Kennzeichnung deutlich werden, daß es sich um Seuchenwachs handelt.

## 14.4. Sperrgebiet

Die Untersuchung des Sperrgebiets sollte direkt nach der Sanierung erfolgen. Kann aufgrund des Verseuchungsgrades des betroffenen Bestandes davon ausgegangen werden, daß die Seuche schon seit längerer Zeit am Standort ausgebrochen ist und daß aufgrund der örtlichen Gegebenheiten mit einer weiteren Verbreitung gerechnet werden muß, so wird man die Untersuchung des Sperrgebiets der Sanierung des Bestandes zeitlich vorziehen.
Die Untersuchung der Stände im Sperrgebiet schließt immer alle Völker eines Standes ein. Sofern ein neuer verseuchter Stand gefunden wird, muß das Sperrgebiet entsprechend ausgedehnt werden. Auch hier muß der Radius mindestens einen Kilometer betragen.

## 14.5. Nachuntersuchung

Die Völker im Sperrgebiet werden nach acht Wochen erneut untersucht. Auf diese Untersuchung kann verzichtet werden, wenn bereits bei der ersten Untersuchung eine Futterprobe aus dem Futterkranz jeweils einer Brutwabe entnommen wurde und aufgrund der im Futter gefundenen Zahl der Sporen des *Bacillus larvae* ein Ausbruch der Seuche nicht zu erwarten ist.
Drühestens acht Wochen nach der Sanierung des verseuchten Standes werden alle verbliebenen Völker erneut untersucht. Während der Durchschau kann der BSV in jedem Volk, wie oben beschrieben, eine Futterprobe entnehmen und an eine zuständige Untersuchungsstelle einsenden. Muß man aufgrund der im Futter gefundenen Menge an Sporen einen Rückfall erwarten, so erfolgt eine zweite Nachuntersuchung auf klinische Symptome nach weiteren acht Wochen. Kann ein Rückfall jedoch ausgeschlossen werden, so kann man auf die zweite Nachuntersuchung verzichten. Nach Abschluß aller Untersuchungen und einem negativen Ergebnis gilt die Seuche als erloschen, und die Sperre kann aufgehoben werden.
Kommt es jedoch in einem Gebiet wiederholt zu Rückfällen, so muß man das Sperrgebiet besonders intensiv nach verlassenen Bienenständen, Müllplätzen, Honigabfüllern und anderen möglichen Infektionsherden absuchen.

# 15. Verbringen von Bienenvölkern an einen anderen Standort

Dauerhaft werden Bienenvölker beim *Verkauf* oder *Umzug* an einen anderen Ort verbracht. Am häufigsten wird mit Bienenvölkern jedoch zur Nutzung von Trachtquellen oder auch zur besseren Entwicklung der Völker gewandert. Ohne diese *Wanderung* kann eine moderne Imkerei nicht auskommen. Mit dem Verstellen der Bienenvölker ist natürlich auch die Gefahr der Verschleppung von Bienenkrankheiten gegeben. Um diese möglichst niedrig zu halten, sind von dem Gesetzgeber verschiedene Bestimmungen und Vorschriften erlassen worden.
Die Regelungen, wann für das Verbringen von Bienenvölkern an einen anderen Standort ein **Gesundheitszeugnis** notwendig ist, unterscheiden sich von Land zu Land, ja sogar innerhalb der Länder.

## 15.1. Deutschland

In Deutschland ist laut Bienenseuchenverordnung für die Wanderung ein Gesundheitszeugnis notwendig, aus dem hervorgeht, daß die Völker frei von anzeigepflichtigen Krankheiten sind (§ 5 BSVO). In der Fassung der BSVO vom 29. 11. 1995 gilt dies nur noch für die Amerikanische Faulbrut und nicht mehr für die Milbenseuche (Acarapidose). Die Völker dürfen aus keinem wegen des Ausbruchs einer anzeigepflichtigen Seuche eingerichteten Sperrgebiet stammen. Zum Nachweis, daß sie frei von Amerikanischer Faulbrut sind, müssen sie einer zeitgemäßen Untersuchung unterzogen werden. Das Zeugnis darf nicht vor dem 1. September des vorhergehenden Kalenderjahres ausgestellt und nicht älter als 9 Monate sein.
Am Zielort muß die Bescheinigung der dort zuständigen Behörde bzw. dessen Beauftragten ausgehändigt werden. Diese behält sie bis zum Abwandern ein und trägt den Beginn und das Ende sowie den Standort der Völker ein und vermerkt eventuell festgestellte Seuchen.
Diese Regelung gilt in jedem Fall für das Verbringen von Bienenvölkern in ein anderes Bundesland. Innerhalb des Bundeslandes kann die jeweils zuständige Behörde gemäß § 5 Absatz 3 der Bienenseuchenverordnung Ausnahmen zulassen, wenn die Verschleppung von Seuchen nicht zu befürchten ist. Von dieser Möglichkeit machen die einzelnen Bundesländer Gebrauch, was zu einer sehr unterschiedlichen Verfahrensweise geführt hat. Grundsätzlich gilt aber immer die Regelung des Landes, in das eingewandert wird.

- **Baden-Württemberg**
  Das Gesundheitszeugnis wird vom BSV auf Antrag und Kosten des Imkers ausgestellt. Zuvor müssen alle Völker des Standes untersucht werden. In dem Zeugnis muß bescheinigt werden, daß keine Sypmtome, die auf einen Ausbruch der AFB schließen lassen, gefunden wurden (Richtlinien vom 5. 2. 1975 GABl, S. 400, neue 1980!).
  Vor und nur in Ausnahmefällen nach der Wanderung muß das Zeugnis dem am neuen Standplatz zuständigen BSV oder Amtstierarzt vorgelegt und gut sichtbar am Völkerstapel angebracht werden. Für Ableger wird im allgemeinen kein gesondertes Zeugnis verlangt, wenn die Wirtschaftsvölker, aus denen sie stammen, bereits untersucht wurden.

- **Bayern**
  Für die Wanderung innerhalb eines Kreises ist keine Gesundheitsbescheinigung notwendig. Werden Bienenvölker in einen anderen Kreis verbracht, muß bestätigt werden, daß sie nicht aus einem Faulbrutsperrgebiet stammen (Ausführungsbestimmungen vom 12. 7. 83).

- **Berlin**
  (siehe Niedersachsen)

- **Bremen**
  (siehe Niedersachsen)

- **Hamburg**
  (siehe Schleswig-Holstein)

- **Hessen**
  Für das Verbringen von Bienenvölkern an einen anderen Ort ist eine Gesundheitsbescheinigung notwendig. Sie ist nur dann auszustellen, wenn in der Zeit von März bis August des gleichen Jahres eine Untersuchung der Völker auf AFB durchgeführt wurde. Hiervon kann abgewichen bzw. auf die Bescheinigung verzichtet werden, wenn in dem Gebiet in den letzten 12 Monaten keine AFB aufgetreten ist (Erlaß vom 21. 5. 90).

- **Niedersachsen**
  Innerhalb Niedersachsens kann ohne Gesundheitsbescheinigung gewandert werden, wenn die Völker in den letzten 12 Monaten nicht in einem Faulbrutsperrgebiet gestanden haben (RdErlaß vom 10. 11. 89 in der geänderten Fassung vom 7. 3. 91).

- **Nordrhein-Westfalen**
  Für die Wanderung ist ein Gesundheitszeugnis notwendig. Dies wird ausgestellt, wenn aufgrund einer zeitgerechten Untersuchung keine Anzeichen der AFB festgestellt wurden. Auf eine Gesundheitsbescheinigung sollte verzichtet werden, wenn die Völker innerhalb eines Kreises oder einer kreisfreien Stadt verstellt werden sollen und dort in den letzten 12 Monaten die AFB nicht aufgetreten ist (RdErlaß vom 27. 11. 80 in der zuletzt geänderten Fassung vom 5. 2. 90).

- **Rheinland-Pfalz**
  Für das Verbringen von Bienenvölkern an einen anderen Ort ist ein Gesundheitszeugnis notwendig, das aufgrund einer zeitgerechten Untersuchung auf AFB ausgestellt wurde. Auf die Gesundheitsbescheinigung kann verzichtet werden, wenn in dem Herkunftsgebiet mehrere Monate keine Amerikanische Faulbrut aufgetreten ist (Verwaltungsvorschrift 671-520-26/0 vom 13. April 1981).

- **Schleswig-Holstein**
  Für die Wanderung innerhalb Schleswig-Holsteins über die Kreisgrenzen hinaus ist ein Gesundheitszeugnis notwendig, das aufgrund einer voherigen Untersuchung auf AFB ausgestellt wurde. Diese kann bereits im Herbst des Vorjahres, aber nicht vor dem 1. September erfolgen. Das Zeugnis darf erst nach dem 1. März ausgestellt werden.

- **Neue Bundesländer**
  Keines der neuen Bundesländer hat bisher per Verordung oder Erlaß die Durchführung der BSVO geregelt. Somit gelten die Bestimmungen der Verordnung des Bundes.

## 15.2. Österreich

In Österreich ist für die Wanderung mit Bienenvölkern ein Gesundheitszeugnis notwendig. Darin muß bestätigt werden, daß die Völker frei von ansteckenden und anzeigepflichtigen Krankheiten sind. Für diesen Nachweis werden Proben des Wintertotenfalls zur Untersuchung auf Acarapidose und Nosematose an eine autorisierte Untersuchungsstelle gesandt. Der Imker selbst muß versichern, daß er die Symptome der Faulbrut kennt und seine Völker frei von dieser Krankheit sind.
Eine Genehmigung der Wanderung ist bei der am Zielort zuständigen Gemeinde einzuholen unter Vorlage des Gesundheitszeugnisses, des Nachweises einer Haftpflichtversicherung und einer Einverständniserklärung des Grundstücksbesitzers des Wanderplatzes. Hierbei sind besondere Fristen einzuhalten. Sofern kein ablehnender Bescheid erfolgt, gilt die Wanderung als genehmigt.
Die Ein- und Durchfuhr von Bienenvölkern und Bienenschwärmen ist verboten (§ 11 Abs. 1 BSG.). Königinnen dürfen mit Bewilligung des Bundesministeriums für Gesundheit, Sport und Konsumentenschutz eingeführt werden. Dieses macht die Zustimmung unter anderem davon abhängig, ob von einem Amtstierarzt des Herkunftslandes das Freisein von den in Österreich anzeigepflichtigen Krankheiten bestätigt wird (§ 11 Abs. 2 BSG.).
Diese Regelungen für die Bieneneinfuhr müssen jedoch entsprechend den EU-Richtlinien (92/65/EWG des Rates vom 13. 07. 92) innerhalb einer Frist in Landesrecht umgesetzt werden (s. u.).

## 15.3. EU-Binnenmarkt

Der Verkauf und damit auch das Verbringen von Bienenvölkern in andere Mitgliedsländer der EU sowie die Einfuhr aus Drittländern ist u. a. in der Richtlinie 92/65/EWG des Rates vom 13. 07. 92 geregelt. Diese wurde mit der „*Binnenmarkttierseuchenschutzverordnung*“ BGBl. I. S. 200 vom 17. 02. 94 in Landesrecht umgesetzt.
Im einzelnen enthält sie nach § 2 der BmTierSSchV für Bienenvölker und Bienenköniginnen mit Begleitbienen sowie Imkereierzeugnissen (Waren), die ausschließlich zur Verwendung in der Imkerei bestimmt sind, wichtige Regelungen.

● **Innergemeinschaftliches Verbringen**
Das Verbringen der Bienenvölker und Bienenköniginnen mit Begleitbienen sowie Waren in andere Staaten der EU ist nicht genehmigungspflichtig (§ 8 BmTierSSchV). Es muß eine Bescheinigung nach EU-Muster beigefügt werden. Das Muster der Bescheinigung sowie die Anforderungen für dessen Ausstellung sind in Artikel 8 der Richtlinie 92/65/EWG und im Anhang (s. S. 206) aufgeführt. Die Bienen (*Apis mellifera*) dürfen nicht aus einem Faulbrut-Sperrgebiet (AFB) stammen. Die Sperrfrist beträgt mindestens 30 Tage nach:

- Festellung des letzten Ausbruchs,
- Sanierung des verseuchten Standes,
- Nachschau des sanierten Standes,
- Untersuchung aller Bienenstände im Umkreis von drei Kilometern.

Die Bescheinigung muß um eine amtstierärztliche Erklärung ergänzt werden, wenn nach Artikel 14 der Richtlinie 92/65/EWG ein fakultatives oder obligatorisches Programm zur Kontrolle der Europäischen Faulbrut, Acarapidose oder Varroatose (Anhang B) durchgeführt wird. Dies gilt ebenso, wenn der Mitgliedsstaat der Auffassung ist, daß er völlig oder teilweise frei von den in Anlage B genannten Krankheiten ist.
Die Bescheinigung muß in der Sprache des Ziellandes ausgestellt sein oder mit beglaubigter Übersetzung vorgelegt werden (§ 3 BmTierSSchV).
Bienen dürfen nur in bienendicht verschlossenen Behältnissen transportiert werden (§ 6 BmTierSSchV).
Diese Bestimmungen gelten auch für den innergemeinschaftlichen Verkehr mit Imkereierzeugnissen (§ 14 b BmTierSSchV) wie Honig, Wachs, Gelée Royale, Kittharz und Pollen, wenn sie ausschließlich zur Verwendung in der Imkerei bestimmt sind. Diese Bestimmungen sind daher nur von Interesse, wenn z. B. Wachs für Mittelwände, Honig für Futterteig und Pollen für Pollenfutter weiterverarbeitet werden sollen.
Besteht die Gefahr einer Seuchenverbreitung beim innergemeinschaftlichen Verbringen, so kann die zuständige Behörde für Tiere eine Quarantäne oder die Tötung bzw. bei Waren die unschädliche Beseitigung (§ 20 BmTierSSchV) oder Rücksendung (§ 21 BmTierSSchV) anordnen.

- **Einfuhr aus Drittländern**

Die Einfuhr von Bienen oder Waren im Sinne des Anhang B ist nicht genehmigungspflichtig, wenn das Drittland und die Art der notwendigen Bescheinigung in einer Entscheidung der EU aufgeführt sind. Sofern noch keine diesbezügliche Entscheidung für ein bestimmtes Drittland ergangen ist, kann die Genehmigung ebenfalls erteilt werden. Das gilt gleichfalls, wenn die Waren für Ausstellungen bestimmt sind und nach deren Ende wieder ausgeführt oder unschädlich beseitigt werden (§ 22 BmTierSSchV).

## 15.4. Schweiz

Für das Verbringen von Bienenvölkern ist ein Verkehrsschein (Gesundheitszeugnis) nur dann erforderlich, wenn man den Inspektorenkreis verläßt (Art. 11.20 TSV). In dem Schein bestätigt der Bieneninspektor, daß mit dem Standortwechsel keine Gefahr der Seuchenverschleppung verbunden ist. Dem am Zielort zuständigen Bieneninspektor muß der Schein übergeben werden.
Für den Import von Bienen aus dem Ausland muß eine Bewilligung beim Bundesamt für Veterinärwesen in Bern eingeholt werden, das dann auch die seuchenpolizeilichen Bedingungen festlegt.

# 16. Anhang (Farbstofflösungen, Nähr- und Testmedien, EU-Vorschrift)

## ● Farbstofflösungen

- **Entfärbelösung für Gramfärbung**
  2 ml Aceton, 98 ml 96%iges Ethanol täglich frisch zubereiten.

- **Giemsa-Lösung**
  Stammlösungen sind im Handel erhältlich und werden kurz vor dem Gebrauch mit Phosphatpufferlösung nach Weise verdünnt.

- **Karbolfuchsin nach Ziehl-Neelsen**
  10 ml Fuchsinstammlösung mit 90 ml 2,5%iger Phenollösung versetzen.

- **Karbol-Gentianaviolett für Gramfärbung**
  10 ml Gentianviolett-Stammlösung mit 100 ml 2,5%iger Phenollösung versetzen.

- **Lugolsche Lösung**
  - 2 g Kaliumiodid in 5 ml Aqua dest. lösen
  - 1 g Jod hinzufügen
  - ad 300 ml mit Aqua dest.
  - in dunkler Flasche aufbewahren (Fertiglösungen sind im Handel erhältlich)

- **Methylenblau nach Löffler**
  30 ml Methylenblau-Stammlösung
  70 ml 0,1‰ Kalilauge (aus 0,1 ml 10%igen KOH in 100 ml Aqua dest.)

## ● Nährböden für Bakterien

- **Bailey-Agar zur Aufzucht von *Melissococcus pluton***
  10 g/l Fleischpepton (tryptisch)
  1 g/l Cysteinhydrochlorid
  10 g/l Glucose
  10 g/l Stärke
  10 g/l Agar
  100 ml/l 1 M $KH_2PO_4$
  auf pH 6,6 mit KOH einstellen

- **BHI-Agar**
  (Brain-Heart-Infusion)
  Fertigprodukte im Handel erhältlich, z. B. von Difco.
  100 mg Thiaminhydrochlorid

- **Blut-Agar**
  Blutagar-Basis, z. B. von Oxoid
  Schafblut, z. B. von Oxoid

- **Columbia-Schräg-Agar**
  Columbia-Basis-Agar Von Oxoid oder Merck, dazu 10% Schafblut

  - Medium ansetzen.
  - Röhrchen mit Stopfen sterilisieren.
  - 1-ml-Pipetten auf einen Zellstoff legen.
  - In jedes Röhrchen etwa 6,0 ml des Mediums einfüllen.
  - Auf den Zellstoff legen.
  - Auf dem Zellstoff abkühlen lassen.
  - Über Nacht liegend in den Kühlschrank geben.
  - Am nächsten Tag kann man es senkrecht stellen.

- **MYPGD-Agar**
  15,0 g Hefeextrakt
  10,0 g Müller-Hinton-Bouillon
  2,0 g Glucose
  3,0 g $K_2HPO_4$
  1,0 g Natriumpyruvat (Benztraubensäure-Natriumsalz)
  15,0 g Agar N° 1 (Oxoid)
  ad 1 000 ml Aqua dest.
  pH Wert: 7,4 ± 0,2

  Bis zum völligen Auflösen im Dampftopf kochen, dann 10 Min. bei 121 °C autoklavieren. Nach Abkühlen auf ca. 70 °C in Platten gießen.

- **HCB-Agar**
  (Hefeextrakt-Cystein-Blutagar)
  10 g Pepton, tryptisch
  5 g NaCl
  2 g Fleischextrakt
  5 g Hefeextrakt (Brahmsch)
  0,3 g Cysteinhydrochlorid
  2 g Dextrose
  20 g Agar
  ad 1 000 ml Aqua dest.
  Zusatz von 10% Schaf- oder Rinderblut
  pH-Wert: 7,2

- **J-Agar**
  5,0 g Tryptone
  15,0 g Hefeextrakt
  3,0 g $K_2HPO_4$
  20,0 g Agar
  2,0 g Glucose
  1,0 l Aqua dest.
  pH-Wert: 7,3–7,5

- **Cereus-Selektivagar nach Mossel**
  (dient zur selektiven Züchtung und quantitativen Bestimmung von *B. cereus*)
  Nährbodenbasis (z. B. Merck)
  100 ml Eigelbemulsion
  50 mg Polymyxin-B-Sulfat
  50 ml Aqua dest. pro 100 ml
  pH-Wert: 7,1 ± 0,1

## Nährbouillon für Bakterien

BHI-Bouillon
Fertigprodukte im Handel erhältlich, z. B. Merck

- **Nährbouillon mit Pepton und Dextrose**
  5 g tryptisches oder Caseinpepton
  15 g Hefeextrakt (Brahmsch)
  5 g Dextrose
  ad 1 000 ml Aqua dest.
  pH-Wert: 7,3–7,5

- **Nährbouillon zum Nachweis der Nitratreaktion**
  (Serumbouillon mit Dextrose)
  5 g tryptisches Caseinpepton
  15 g Hefeextrakt (Brahmsch)
  5 g Dextrose
  1 g Kaliumnitrat
  ad 1 000 ml Aqua dest.
  pH-Wert: 7,3–7,5

- **Nährbouillon für die Voges-Proskauer-Reaktion**
  7 g tryptisches oder Caseinpepton
  5 g Dextrose
  5 g Kaliumphosphat
  ad 1 000 ml Aqua dest.
  pH-Wert: 6,0

## Nährböden für Pilze

- **Sabouraud-Glucose-Agar** (pH-Wert 5,6)
  (für die Isolierung von Pilzen mit 2% oder wie hier mit 4% Glucose)
  5 g Pepton auf Fleisch
  5 g Pepton aus Casein
  40 g D(+)-Glucose
  15 g Agar-Agar
  ad 1 000 ml Aqua dest.

- **Kimmig-Agar** (pH-Wert 6,5)
  (für Primärisolierung von Pilzen)
  15 g II-Nährbouillon
  5 g Pepton aus Fleisch
  10 g D(+)-Glucose
  5 g Natriumchlorid
  15 g Agar-Agar
  ad 1 000 ml Aqua dest.

## Nährböden für Spiroplasmen

- **PPLO-Agar**
  (nach Chen und Davis, 1979; Whitcom, 1983)
  15 g/l PPLO-Bouillon-Basis
  80 g/l Saccharose
  16 g/l Agar
  100 g/l Pferdeserum
  5 ml/l Penicillin G (100 000 U/ml), pH 7,4

## Immundiffusionstest

- **Reagens für Nitratreduktionstest**
  Griess-Ilosvay-Reagens (z. B. Merck)

- **Reagens für Voges-Proskauer-Reaktion**
  0,6 ml alpha-Naphthollösung (5%ig in absolutem Ethanol)
  0,2 ml KOH (40%ige wäßrige Lösung)

- **Agar für Immundiffionstest nach Bailey und Woods** (1977)
  50 ml/l 1 M Kaliumphosphatbuffer
  0,2 g/l Natriumazid
  2,08 g/l EDTA
  pH-Wert: 7,0 (eingestellt mit KOH)

Anordnung der Wells für den Immundiffusionstest siehe Schema:

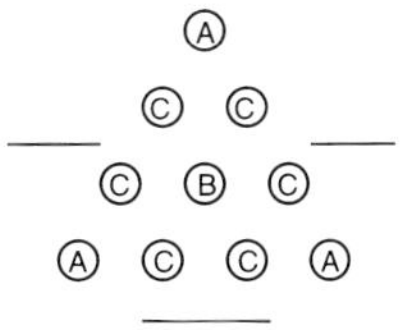


- **Kalium-Phosphat-Puffer**
  204 g/l $KH_2PO_4$; 60 g/l KOH; pH-Wert 6,7

- **Färbelösung**
  10 g Amidoschwarz
  900 ml 98%iges Ethanol
  900 ml Aqua dest.
  200 ml Essigsäure

- **Entfärberlösung**
  900 ml 98%iges Ethanol
  900 ml Aqua dest.
  200 ml Essigsäure

## ELISA

- **PBS-Tween**
  8 g/l NaCl; 1,44 g/l $Na_2HPO_4$; 0,2 g/l KCl; 0,2 g/l $KH_2PO_4$;
  0,5 ml/l Tween 20; pH-Wert: 7,4

- **Blockpuffer**
  1% (w/v) Bovine Serum Albumin; 0,5% Tween 20

- **Extraktionspuffer für Milben**
  (nach Allen et al., 1986)
  PBS-Tween; 20 g/l Polyvinylpyrrolidon (PVP-40); 2 g/l Albumin chicken egg;
  pH-Wert 7,4

## ● Verbringen von Bienenvölkern (EU-Binnenmarkt)

Nr. L 268/72 Amtsblatt der Europäischen Gemeinschaften 14. 9. 92

*ANHANG E*

BESCHEINIGUNG

EUROPÄISCHE GEMEINSCHAFT

<table>
<tr><td>1. Absender (Name und vollständige Anschrift)<br><br>3. Empfänger (Name und vollständige Anschrift)</td><td>GESUNDHEITSBESCHEINIGUNG<br>Nr. ORIGINAL (a)<br>2. Herkunftsmitgliedsstaat<br>4. ZUSTÄNDIGE BEHÖRDE</td></tr>
<tr><td></td><td>5. Anschrift<br>– des Ursprungsbetriebs oder der amtlich zugelassenen Ursprungseinrichtung bzw. des amtlich zugelassenen Ursprungsinstituts oder -zentrums (b)<br>– des Bestimmungsbetriebs oder des Bestimmungshandelsunternehmens bzw. der amtlich zugelassenen Bestimmungseinrichtung bzw. des amtlich zugelassenen Bestimmungsinstituts (b)</td></tr>
<tr><td colspan="2">6. Ort des Beladens<br>7. Transportmittel</td></tr>
<tr><td colspan="2">8. Art</td></tr>
<tr><td colspan="2">9. Anzahl der Tiere/Bienenstöcke/Lose von Königinnen (mit Begleitbienen) (b)</td></tr>
<tr><td colspan="2">10. Angaben zur Identifizierung des Loses</td></tr>
<tr><td colspan="2">11. BESTÄTIGUNGSVERMERK (c)<br>Ausgefertigt in ............................ am ............................ Unterschrift:<br>Name in Großbuchstaben:<br>Amtsbezeichnung:</td></tr>
</table>

(a) Für jedes Los wird eine gesonderte Bescheinigung vorgelegt; das Original der Bescheinigung ist mit der Sendung bis zum endgültigen Bestimmungsort mitzuführen; seine Geltungsdauer beträgt zehn Tage.
(b) Unzutreffendes streichen.
(c) Gemäß den Artikeln 5 bis 11 der Richtlinie 92/65/EWG in den letzten 24 Stunden vor dem Verladen der Tiere auszufüllen.

**Tafel I**

(1) Die Brut aus gesunden Völkern ist meist lückenlos angelegt (Foto: Waltenberger).

(2) Die glänzende Cuticula der Maden sowie die gleichmäßig gefärbten Zelldeckel weisen auf eine normale Brutentwicklung hin. Der Zelldeckel mit dem zentralen Loch wird von den Bienen gerade geschlossen (Foto: Waltenberger).

**Tafel II**

(3) Brutkrankheiten können im fortgeschrittenen Stadium am unregelmäßigen und lückigen Brutbild erkannt werden.

(4) Eingesunkene, verfärbte und löchrige Zelldeckel weisen auf eine bakterielle Infektion der Brut hin (Foto: Liebefeld).

**Tafel III**

(5) Die fadenziehende Masse ist für die Amerikanische (Bösartige) Faulbrut typisch (Foto: Hansen).

(6) Die mit *Bacillus larvae* infizierte Brut trocknet zu einem mit der unteren Zellrinne fest verbundenen Schorf ein.

**Tafel IV**

(7) Bei der Europäischen (Gutartigen) Faulbrut liegt die abgestorbene Made häufig seitlich verdreht in der Zelle.

(8) Bei Ascosphaerose treten neben dem lückigen Brutbild einzelne mit weißen Mumien gefüllte Zellen auf.

**Tafel V**

(9) Die Mumien erscheinen zunächst weiß und watteartig; sie werden zunehmend gelblich und härter. Graugrüne bis grauschwarze Färbung zeigt die Bildung von Sporen an.

(10) Das klinische Bild eines starken Befalls mit *Varroa jacobsoni* ist dem der Europäischen Brut sehr ähnlich (Foto: Hansen).

**Tafel VI**

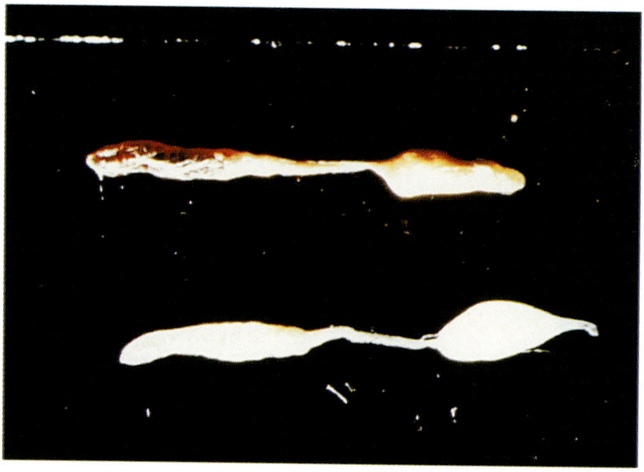

(11) Bereits am herausgezogenen bzw. präparierten Darmtrakt wird ein starker Befall mit *Nosema apis* sichtbar. Der obere Darmtrakt aus einer gesunden bzw. nur schwach befallenen Biene erscheint gelbbräunlich bis bräunlich, der untere aufgrund der Erkrankung weißlich.

(12) Bei der sog. „Röhrchenbrut" liegen die Zelldeckel über der Brutfläche. Durch die Fraßgänge der kleinen Wachsmotte *Achroea grisella* wurde die Brut nach oben geschoben (Foto: Liebefeld).

# Literatur


Allen, M. F., and Ball, B. (1993): The cultural characteristics and serological relationships of isolates of *Melissococcus pluton*. J. Apic. Res. **32**, 80–88.

Anderson, D. L. (1985): Viruses of New Zealand honey bees. New Zealand Beekeeper **188**, 8–10.

Anderson, D. L. (1991): Kashmir bee virus – a relatively harmless virus of honey bee colonies. Amer. Bee J. **131** (12), 767–768, 770.

Anderson, D. L., and Gibbs, A. J. (1989): Transpuparial transmission of Kashmir bee virus and sacbrood virus in the honey bee (*Apis mellifera*). Annals Appl. Biol. **114**, 1–7.

Bährmann, R. (1967): Beobachtungen zum Vorkommen von Darmflagellaten bei gesunden und nosemakranken Arbeiterinnen der Honigbiene (*Apis mellifica*). Z. Bienenforsch. **9** (4), 142–150.

Bailey, L. (1954): The respiratory currents in the tracheal system of the adult honeybee. J. Exper. Biol. **31**, 589–593.

Bailey, L. (1955): Control of Amoeba disease by the fumigation of combs and by Fumagillin. Bee World **36** (9), 162–163.

Bailey, L. (1960): The epizootiology of European foulbrood of the larval honey bee, *Apis mellifera* Linnaeus. J. Insect Pathol. **2**, 67–83.

Bailey, L. (1963): The pathogenicity for honey-bee larvae of microorganisms associated with European foulbrood. J. Insect Pathol. **5**, 198–205.

Bailey, L. (1967 a): The incidence of virus diseases in the honey bee. Annals Appl. Biol. **60**, 43–48.

Bailey, L. (1967 b): The effects of temperature on the pathogenity of the fungus, *Ascosphera apis*, for larvae of the honeybee, *Apis mellifera*. Aus Insect pathology and microbiological control (Herausgeber: P. A. van der Laan). North Holland Publishing, Amsterdam.

Bailey, L. (1969): The signs of adult bee diseases. Bee World **50**, 66–68.

Bailey, L. (1976): Viruses attacking the honey bee. Advances in Virus Research **20**, 271–304.

Bailey, L. (1981): Honey Bee Pathology. Academic Press, London.

Bailey, L. (1985): *Acrapis woodi*: a modern appraisal. Bee world **66**, 99–104.

Bailey, L., and Ball, B. V. (1978): Apis iridescent virus an „Clustering disease" of *Apis cerana*. J. Invertebrate Pathol. **31**, 368–371.

Bailey, L., and Ball, B. (1991): Honey Bee Pathology, Academic Press, London – New York.

Bailey, L., Ball, B. V., Carpenter, J. M., and Woods, R. D. (1980): Small virus-like particles in honey bees associated with chronic paralysis virus and with a previously undescribed disease. J. Gen. Virol. **46**, 149–155.

Bailey, L., Ball, B. V., and Perry, J. N. (1981): The prevalence of virus of honey bees in Britain. Annals Appl. Biol. **97**, 109–118.

Bailey, L., Ball, B. V., and Perry, J. N. (1983 a): Honey bee paralysis: its natural spread and diminished incidence in England and Wales. J. Apicultual Research **22**, 191–195.

Bailey, L., Ball, B. V., and Perry, J. N. (1983 b): Association of viruses with two protozoal pathogens of the honey bee. Annals Appl. Biol. **103**, 13–20.

Bailey, L., Carpenter, J. M., and Woods, R. D. (1979): Egypt bee virus and Australian isolates of Kashmir bee virus. J. Gen. Virol. **43**, 641–647.

Bailey, L., and Collins, M. D. (1982 b): Reclassification of „*Streptococcus pluton*" in a new genus *Melissococcus*, *Melissococcus pluton*. J. Appl. Bacteriol. **53**, 215–217.
Bailey, L., Fernando, E. F. W., and Stanley, B. H. (1973): *Streptococcus faecalis*, *Bacillus alvei*, and sacbrood virus in European foulbrood of the honey bee. J. Invertebrate Pathol. **22**, 450–453.
Bailey, L., and Gibbs, A. J. (1964): Acute infection of bees with paralysis virus. J. Insect Pathol. **6**, 395–407.
Bailey, L., and Milne, R. G. (1969): The Multiplication Regions and Interactions of Acute and Chronic Bee-Paralysis Virus in Adult Honey Bees. J. Gen. Virol. **4**, 9–14.
Bailey, L., and Woods, R. D. (1974): Three previously undescribed viruses from the honeybee. J. Gen. Virol. **25**, 175–186.
Bailey, L., and Woods, R. D. (1977): Two more small Viruses from Honey Bees and further Observations on Sacbrood and Acute-Paralysis-Virus. J. gen. Virol. **37**, 175–182.
Ball, B. V. (1989): *Varroa jacobsoni* as a virus vector. In: Cavalorro, R. (Ed.): Present status of varroatosis in Europe and progress in the varroa mite control. E.E.C. (Luxembourg), 241–244.
Ball, B. T., and Allen, M. E. (1988): The prevalence of pathogens in honey bee (*Apis mellifera*) colonies infested with the parastic mite *Varroa jacobsoni*. Annals Appl. Biol. **113**, 237–244.
Ball, B. V., Overton, H. A., and Buck, K. W. (1985): Relationship between the multiplication of chronic bee-paralysis virus and its associate particle. Journal of General Virology **66**, 1423–1429.
Batuev, Y. M. (1979): [New information about virus paralysis], Pchelovodstvo: 10–11. Zitiert nach Ball, B. V., and Allen, M. F. (1988).
Betts, A. D. (1919): Fungus diseases of bees. Bee World **1**, 32.
Betts, A. D. (1951): The diseases of bees: their signs, causes and treatment. Hickmott, Camberley, England.
Bignell, D. E., and Heath, L. A. F. (1985): Electropositve redox state of the fifthinstar larval gut of *Apis mellifera*. J. Apicult. Res. **24**, 211–213.
Boecking, O., and Drescher, W. (1991): Response of *Apis mellifera* L. colonies infested with *Varroa jacobsoni* Oud. Apidologie **22**, 237–241.
Bogdanov, S., Imdorf, A., Kilchenmann, V., und Gerig, L. (1990): Rückstände von Fluvalinat in Bienenwachs, Futter und Honig. Bienenwelt **32**, 110–113.
Bolli, H. H., Bogdanov, S., Imdorf, A., und Fluri, P. (1993): Zur Wirkungsweise von Ameisensäure bei *Varroa jacobsoni* Oud. und der Honigbiene (*Apis mellifera* L.). Apidologie **24** (1), 51–57.
Borchert, A. (1929): Investigations on the occurrence of *Acarapis externus* in healthy stocks. Bee World **10**, 149.
Borchert, A. (1966): Krankheiten und Schädlinge der Honigbiene. S. Hirzel Verlag, Leipzig.
Brasse, D. (1995): pers. Mitteilung.
Brem, S. (1981): Laboruntersuchungen von Wintergemüll: Diagnose und Therapie der Varroatose. Intern. Symposium Oberursel/Bad Homburg, 29. 9.–1. 10. 1980, 116–117. Apimondia Verlag, Bukarest.
Bruce, W. A., Hackett, K. J., Shimanuki, H., and Henegar, R. B. (1990): Bee mites: vectors of hony bee pathogens? In: Ritter, W. (Ed.): Proceedings of the International Symposium on Recent Research on Bee Pathology, September 5–7, 1990, Gent.
Brügger, A. (1936): Zur Kenntnis der äußerlichen *Acarapis*-Milben. Archiv für Bienenkunde **17**, 113–142.
Büchler, R. (1989): Attractivity and reproductive suitability for the Varroa-mite of bee brood from different origin. In: Cavarollo, R. (Ed.): Present status of varroatosis in Europe and Progress in the varroa mite Control.
Proceedings of a meeting of the EC experts' group, Udine, Italy, 28–30 November 1988. Office for Official Publications of the EC (Luxembourg), 139–145.
Burkhardt, F. (1992): Mikrobiologische Diagnostik. Georg Thieme, Stuttgart.
Burnside, C. E. (1928): A septicemic condition of adult bees. J. Econom. Entomol. **21**, 379–386.

Burnside, C. E. (1930): Fungus diseases of the honey-bee. Technical Bulletin, U.S. Department of Agriculture, No. 149.

Cali, A. (1971): Morphogenesis in the genus *Nosema*. Proc. Int. Callog. Insect Pathol., College Park, Maryland, 1970, 431–438.

Calis, J. N. M., Boot, W. J., and Beetsma, J. (1990): Transfer from cell to cell. How long do Varroamite stay on adult bees? In: Ritter, W. (Ed.): Proceedings of the Int. Symposium on Recent Research on Bee Pathology. Apimondia, Gent, 5.–7. September 1990, 45–46.

Casteels, P., Ampe, C., Jacobs, F., Vaeck, M., and Tempst, P. (1989): Apidaecins: Antibacterial Peptides from Honeybees. The EMBO J. **8** (8), 2387–2391.

Chiesa, F. (1991): Effective control of varroatosis using powdered thymol. Apidologie **22**, 135–145.

Clark, H. F., and Rorke, L. B. (1979): Spiroplasmas of tick origin and their pathogenicity. The Mycoplasmas **3**, 155–174.

Clark, M. F. (1981): Immunosorbent assays in plant pathology. Ann. Rev. Phytopathol. **19**, 83–106.

Clark, T. B. (1977): *Spiroplasma* sp., a new pathogen in honey bees. J. Invertebrate Pathol. **29**, 112–113.

Clark, T. B. (1978): A filamentous virus of the honey bee. J. Invertebrate Pathol. **32**, 332–340.

Clark, T. B. (1982): Spiroplasmas: diversity of arthropod reservoirs and host-parasite relationships. Science **217**, 57–59.

Claus, D., and Berkeley, R. C. W. (1986): Genus *Bacillus* Cohn. In: Bergey's Manual of Systematic Bacteriology (2), 1105–1139, Williams & Wilkins, Baltimore.

Claussen, P. (1921): Entwicklungsgeschichtliche Untersuchungen über den Erreger der als „Kalkbrut" bezeichneten Krankheit der Bienen. Arbeiten aus der Biologischen Reichsanstalt für Land- und Forstwirtschaft **10**, 467–521.

Clinch, P. G. (1976): Observations on the seasonal incidence of external mites *Acarapis* spp. on honeybees. New Zealand J. Exper. Agricult. **4**, 257–258.

Colombo, M., Lodesani, M., e Spreafico, M. (1993): Resistenza di *Varroa jacobsoni* (Oud) a fluvalinate. Primi risoltati di indagina condotte in Lombardia. Ape Nostra Amica **15** (5), 12–15.

Cox, R. L., Moffett, J. O., Ellis, M., and Wilson, W. T. (1988): Long-term L. beneficial effects of menthol treatment in honey bee colonies infested with tracheal mites (*Acarapis woodi*). Amer. Bee **128**, 801.

Cox, R. L., Moffett, J. O., and Wilson, W. T. (1989): Techniques for screening the evaporation rate of menthol when treating honey bee colonies for control of tracheal mite. Amer. Bee **129**, 129–131.

Cox, R. L., Moffett, J. O., Wilson, W. F., and Ellis, M. (1989 b): Effects of late spring and summer menthol treatment on colony strength, honey production and tracheal mite infestation levels. Amer. Bee J. **129**, 547–552.

Crossley, A. C. S. (1975): The cytophysiology of insect blood. Adv. Insect Physiol. **11**, 117–222.

De Ruijter, A. (1983): Vorläufige Ergebnisse der Behandlung Varroa-befallener Honigbienen-Kolonien mit Tabakrauch. In: Cavalloro, R. J. (Ed.): *Varroa jacobsoni* OUD. affecting honey bees: present status and needs. Rotterdam, A. A. Balkema for the Commission of the EC, 63–70.

De Ruijter, A. (1984): Nachweis der Varroamilbe in den Niederlanden mittels Tabakrauch. Bee World **65** (4), 151–154.

De Ruijter, A. (1987): Reproduction of *Varroa jacobsoni* during successive brood cycles of the honeybee. Apidologie **18** (4), 321–326.

Deans, A. S. C. (1940): Chalk brood. Bee World **21**, 46.

Delfinado-Baker, M., and Baker, D. W. (1982): Notes on honey bee mites of the genus *Acarapis* Hirst (Acari: Tarsonemidae). Internat. J. Acarol. **8**, 211–226.

Delfinado-Baker, M. (1994): A harmless mite found on honey bees – *Melittiphis alvearius*: from Italy to New Zealand. Amer. Bee J. **134** (3), 199.

Dreher, K. (1953): Zur Steinbrut (Aspergillusmykose) der Honigbiene. Zeitschr. Bienenforschung **2**, 92–97.

Drescher, W., and Rothenbuhler, W. C. (1963): Gynandromorph production by egg chilling. Cytological mechanisms in honey bees. J. Heredity **54**, 194–201.

Dustmann, J. H. (1981): Farbmutationen der Bienenaugen. Imkerfreund **26** (5), 151–153.

Dustmann, J. H. (1993): Natural defense mechanisms of a honey bee colony against diseases and parasites. Amer. Bee J. **133** (6), 431–434.

Elbe, H., und Weide, W. (1961): Die Bekämpfung von *Pericystis apis* im Labor und Praxis. Wiss. Z. Univ. Halle, Math.-Nat. **10**, 83–86.

Engels, W., and Rosenkranz, P. (1992): Hyperthermic experiences in control of varroatosis. Apidologie **23** (4), 379–381.

Engels, W., Rosenkranz, P., Hertl, F., und Stämmler, G. (1984): Biologische Varroa-Kontrolle durch Drohnenbrutentnahme. Apidologie **15** (3), 246–248.

Fehl, W. (1956): Die Bakterienflora der Tracheen und des Blutes einiger Insekten. Zeitschrift für Morphologie und Ökologie der Tiere **44**, 442–458.

Fries, I. (1988): Infectivity and multiplication of *Nosema apis* Z. in the ventriculus of the honey bee. Apidologie 19: 343–354.

Fries, I. (1990): Effect from treatment with fromic acid for control of *Varroa jacobsoni* on viability of spores of *Nosema apis*. In: Ritter, W. (Ed.): Proceedings of the International Symposium on Recent Research an Bee Pathology, September 5–7, 1990, Gent.

Fries, I., Camazine, S., and Sneyd, J. (1994): Population dynamics of *Varroa jacobsoni*: a model and a review. Bee World **75**, 5–28.

Fries, I., and Morse, R. A. (1992): Distribution of *Acarapis woodi* Rennie in the tracheae of honey bees. Apidologie **23** (6), 503–508.

Fritzsch, W. (1970): Ein Acaricid besonders zum Gebrauch gegen *Acarapis woodi*. DDR-Patent. Chemical Abstracts **73**, 44280 c (AA 920L/73).

Fritzsch, W., und Bremer, R. (1984): Bienengesundheitsdienst. 2. Auflag. Gustav Fischer Verlag, Jena.

Frow, R. W., und Morgenthaler, O. (1993): Verbesserungsvorschläge für die Frow-Behandlung. Schweiz. Bienen-Ztg. **56** (9), 476–484.

Fuchs, S. (1989): Preference of drone brood in *Varroa jacobsoni* Oud. as a significant parameter of the parasites reproduction. Behav. Ecol. Sociobiol. **31**, 429–435.

Fuchs, S., and Langenbach, K. (1989): Multiple infestation of *Apis mellifera* L. brood cells and reproduction in *Varroa jacobsoni* Oud. Apidologie **20**, 257–266.

Fyg, W. (1932): Beobachtungen über die Amoeben-Infektion (Cystenkrankheit) der Malpighischen Gefässe bei der Honigbiene. Schweizer Bienen-Zeitung **55**, 1–17.

Fyg, W. (1934): Beitrag zur Kenntnis der sog. „Eischwarzsucht" der Bienenkönigin (*Apis mellifera* L.). Landwirtschaftliches Jahrbuch der Schweiz **48**, 65–94.

Fyg, W. (1936): Beiträge zur Anatomie, Physiologie und Pathologie der Bienenkönigin (*Apis mellifica* L.). III. Eine Methode zur subkutanen Impfung von Bienenköniginnen als Hilfsmittel bei Studium der Melanose. Landwirtschaftliches Jahrbuch der Schweiz **50**, 867–880.

Fyg, W. (1954): Über das Vorkommen von Flagellaten im Rectum der Honigbiene (*Apis mellifera* L.). Mitteilungen der schweizerischen entomologischen Gesellschaft **27**, 423–428.

Fyg, W. (1964): Anomalies and diseases of the queen honey bee. Ann. Rev. Entomol. **9**, 207–224.

Gary, N. E., and Page, R. E. (1989): Tracheal mite (Acari: Tarsonemidae) infestation effects on foraging and survivorship of honey bees (Hymenoptera: Apidae). Experimental and applied Acarology **7**, 153–160.

Garza-Q., C., und Dustmann, J. H. (1991): Ameisensäure gegen Tracheenmilbe. Deutsches Imker-Journal **2** (11), 445–456.

Giavarini, I. (1956): Enfermedades de las abejas en Italia 1952–1953. Annali della sperimentazione agraria **10**, 69–74.

Giordani, G. (1962): Recherches au laboratoires sur *Acarapis woodi* Rennie, agent de l'acariose des abeilles. Note 1. Bull. Apic. **5** (1), 33–48.

Giordani, G. (1963): Recherches au laboratoires sur *Acarapis woodi* Rennie, agent de l'acariose des abeilles. Note 2. Bull. Apic. **6** (2), 185–192.

Giordani, G. (1964): Recherches au laboratoires sur *Acarapis woodi* Rennie, agent de l'acariose des abeilles. Note 3. Bull. Apic. **7** (1), 47–51.

Gilliam, M., and Prest, D. B. (1987): Microbiologyof Feces of the Larval Honey Bee, *Apis mellifera.* Invertebrate Pathol. **49**, 70–75.

Gilliam, M., and Taber, S. (1988): Factors Affecting Development of Chalkbrood Disease in Colonies of Honey Bees, *Apis mellifera*, Fed Pollen Contaminated with *Ascosphera apis*. Invertebrate Pathol. **5**, 314–325.

Gilliam, M., Taber, S., Lorenz, B. J., und Prest, D. B. (1990): Bedeutung des Hygieneverhaltens bei Honigbienen und antagonistische Mikroflora zur Bekämpfung der Kalkbrut. Allg. Dtsch. Imk. Zgt. **4**, 16–18.

Gilliam, M., Taber, S., and Richardson, G. V. (1983): Hygienic behavior of honey bees in relation to chalkbrood disease. Apidologie **14**, 29–39.

Gochnauer, T. A., Furgala, B., and Shimanuki, H. (1975): Diseases and enemies of the honey bee. In: Dadant und Sons (Eds.): The hive and the honey bee. Dadant und Sons, Hamilton.

Gontarski, H. (1953): Die Brutbiologie der Honigbiene. Zeitschrift für Bienenforscheung **2**, 7–10.

Grant, G. A., Nelson, D. L., Olsen, P., and Rice, W. A. (1993): The ELISA detection of tracheal mites in whole honey bee samples. American Bee Journal **133** (9), 652–655.

Gray, F. H., Cali, A., and Briggs, J. D. (1969): Intracellular stages in the life cycle oft the microsporidian *Nosema apis*. Inververtebrate Pathol. **14**, 391–394.

Greatti, M., e D'Agro, M. (1992):Prove sperimentali di lotta a *Galleria mellonella* e *Achroia grisella* mediante l'uso di anidride carbonica. Apicoltore Moderno **83** (4), 123–128.

Gubler, H. U., Brügger, A., Schneider, H., Gasser, R., und Wyniger, R. (1953): Über ein neues spezifisches Mittel zur Bekämpfung der Bienenmilben. Schweiz. Bienen-Ztg. **76** (7), 268–272.

Guzman, L. I. de, Rinderer, T. E., and Beaman, L. D. (1993): Survival of *Varroa jacobsoni* Oud. (Acari: Varroidae) away from its living host *Apis mellifera* L. Exper. & Appl. Acarol. **17** (4), 283–290.

Hackett, H. J., and Clark, T. B. (1989): Ecology of Spiroplasmas. The Mycoplasmas **5**, 113–200.

Hänel, H., and Koeniger, N. (1986): Possible regulation of the reproduction of the honeybee mite *Varroa jacobsoni*. Insect Physiol. **32**, 791–798.

Hanson, F. R., and Elbe, T. E. (1949): an antiphage agent isolated from *Aspergillus* sp. Bactenol. **58**, 527–529.

Haragsim, O. (1981): Milben der Bienenstöcke. Die Biene **117** (107), 437–440.

Hassanein, M. H. (1953): The influence of infection with *Nosema apis* on the activities and longevity of worker honeybee. Ann. appl. Biol. **40**, 481–423.

Heinze-Gerharh, W. (1968): Mit Zitronensäure gegen die Septikämie. Nordwestdeutsche Imkerzeitung **20**, 123–124.

Herbert, E. W., Shimanuki, H., and Matthenius, J. C. (1987): The effect of two candidate compounds on *Acarapis woodi* in New Jersey. Amer. Bee **127**, 776–778.

Herbert, E. W., Shimanuki, H., and Matthenius, J. C. (1988): An evylution of menthol placement in hives of honey bees for the control of *Acarapis woodi*. Amer. Bee **128**, 185–187.

Hirschfelder, H., and Sachs, H. (1952): Recent research on the acarine mite. Bee World **33**, 201–209.

Hoffmann, S. (1992): Reinfestation in bee colonies of different genetic origin by *Varroa mites*. Apidologie **23** (4), 375–377.

Holst, E. C. (1946): A simple field test for American foulbrood. Amer. Bee **86**, 14, 34.

Holst, E. C., and Sturtevant, A. P. (1940): Relation of protelytic enzymes to phase of life cycle of *Bacillus larvae* anf tow new culture media for this organism. Bacteriol. **40**, 723–731.

Holst, E. C. (1945): An antibiotic from a bee pathogen. Science **102**, 593–594.
Homann, H. (1933): Die Milben in gesunden Bienenstöcken. Zeitschrift Parasitenkunde **6**, 350–415.
Hoppe, H., Ritter, W., and Stephan, E. (1989): The control of parasitic bee mites: *Varroa jacobsoni*, *Acarapis woodi* and *Tropilaelaps clareae* with formic acid. Amer. Bee J. **129**, 739–742.
Horn, H., und Eberspächer, J. (1976): Die Waldtrachtkrankheit der Honigbiene. II. Apidologie **17**, 307–324.
Hornitzky, M. A. Z. (1994): Commercial use of gamma radiation in the beekeeping industry. Bee World **75** (3), 135–142.
Immdorf, A., Kilchenmann, V., Maquelin, C., und Bogdanov, S. (1994): Optimierung der Anwendung von „Apilife VAR" zur Bekämpfung von *Varroa jacobsoni* Oud in Bienenvölkern. Apidologie **25** (1), 49–60.
Jones, D. (1975): A numerical taxonomic study of Coryneforms and related bacteria. J. Gen. Microbiol. **87**, 52–96.
Jordan, R. (1948): Zusammenfassung der wesentlichen Erkenntnise von der Milbenseuche und ihre Bekämpfung. Alpenländ. Bienen-Zgt., Sondernummer.
Kaeser, W. (1952 a): Vorläufige Mitteilung über ein neues deutsches Milbenbekämpfungsmittel. Deutsche Bienenwirtsch. **3** (4), 69.
Kaeser, W. (1952 b): Bekämpfung der Milbenseuche auf biologischer Grundlage. Deutsche Bienenwirtschaft **3**, 21–25.
Kaftanoglu, O., Bicici, M., Yeninar, H., Toker, S., und Güler, A. (1992): Eine Studie über den Einfluß von Ameisensäureplatten auf *Varroa jacobsoni* und die Kalkbrut (*Ascosphaera apis*) bei Bienenvölkern (*Apis mellifera* L.). Allgemeine Deutsche Imkerzeitung **3**, 14–16.
Katznelson, H. (1950): *Bacillus pulvifaciens* (n. sp.), an organism associated with powdery scale of honeybee larvae. J. Bacteriol. **59**, 153–155.
Kawarabata, T., and Ishihara, R. (1984): Infection and development of *Nosema bombycis* (Microsporidia: Protozoa) in an cell line of *Antheraea eucalypti*. J. Invertebrate Pathol. **44**, 52–62.
Kellner, N., en Jacobs, F. J. (1978): In hoeveel tijd bereiken de sporen van *Nosema apis* Zander de ventriculus van de honingbij (*Apis mellifera* L.)? Vlaams Diergeneesk. Tijdschr. **47**, 252–259.
Kluge, R: (1963): Untersuchungen über die Darmflora der Honigbiene (*Apis mellifera*). Zschr. für Bienenforschung **6**, 141–169.
Koch, W. (1989): Experimentelle Untersuchung zur Frage der Übertragbarkeit pathogener Mikroorganismen durch die Milbe *Varroa jacobsoni* (Oud.), einen Ektoparasiten der Honigbiene (*Apis mellifera*) L.. Dissertation der Fakultät für Biologie der Albert-Ludwigs-Universität Freiburg i. Br.
Koch, W., and Ritter, W. (1989): Examination of artificially infected brood with *Varroa* mites for secondary infections. In.: Cavalloro, R. (Ed.): Present status of Varroatosis in Europe, expert group, EEC, Brüssel, 245–251.
Koeniger, N., Klepsch, A., und Maul, V. (1983): Zwischenbericht über den Einsatz von Milchsäure zur Bekämpfung der Varroatose. Die Biene **119** (7), 301–304.
Krämer, K. (1993): Ameisensäure als Bekämpfungsmittel der Varroamilbe im Bienenvolk: Bienenwelt **35** (2); 47–49.
Kraus, B. (1990): *Varroa jacobsoni*. Apidologie **21**, 127–134.
Kraus, B. (1991): Zwischenbericht zur Winterbehandlung mit Milchsäure als Varroatosetherapeutikum. Allgemeinde Deutsche Imkerzeitung **8**, 30–31.
Kraus, B. (1992): Biotechnische Vaorroa-Bekämpfung und „weiche" Chemotherapeutika. Biene **128** (4), 186–192.
Ladendorff, N. E., and Kanost, M. R. (1991): Bacteria-induced Protein P 4 (Hemolin) from *Manduca sexta*: A member of the immunoglobulin superfamily which can inhibit hemocyte aggregation. Arch. Insec. Biochem. Physiol. **18**, 285–300.
Laidlaw, H. H. (1979): Contemporary Queen Rearing. Dadant and sons, Hamilton, Illinois.

Landerkin, G. B., and Katznelson, H. (1959): Organismus associated with septicaemia in the honeybee, *Apis mellifera*. Canad. J. Microbiol. **5**, 169–172.

Langridge, D. F., and McGhee, R. B. (1967): *Crithidia mellificae* n. sp. an acidophilic trypanosomatid of honey bee *Apis mellifera*. Protozool. **14**, 485–487.

Le Conte, Y., Arnold, G., Trouiller, J., Masson, C., and Chappe, B. (1990): Identification of a brood pheromone in honeybees. Naturwissenschaften **77**, 334–336.

Lee, D. C. (1963): The susceptibility of honeybees of different ages to infestation by *Acarapis woodi*. J. Insect Pathol. **5**, 11–15.

Liu, T. P. (1973): Effects of Fumidil B on the spores of *Nosema apis* and on lipids of the host cell as revealed by freeze. J. Invertebrate Pathol. **22**, 364–368.

Liu, T. P. (1992): Oocytes degeneration in the queen honey bee after infection by *Nosema apis*. Tissue & Cell **24** (1), 131–138.

Liu, T., and McRory, D. (1994): The use of gamme radiation from cobalt-60 in a commercial facility in Ontario to disinfect honey bee equipment. 1. American foulbrood disease. Amer. J. Bee **134** (3), 203–206.

Liu, T. P., and Ritter, W. (1988): Morphology of some microorganisms associated with the female mite *Varroa jacobsoni*: a survey by electron microscopy. In: Needham, G. R. et al. (Eds.): Africanized Honey Bees and Bee Mites. Ellis Horwood, Chichester, 467–474.

Lochhead, A. G. (1942): Growth factor requirements of *Bacillus larvea* White. Journal of Bacteriology **44**, 185–189.

Lom, J., and Vavra, J. (1963): The mode of sporoplasm extrusion in microsporidian spores. Acta Protozool. **1**, 81–89.

Lom, J. (1964): The occurrence of a *Crithidia*-species within the gut of the honeybee, *Apis mellifica* L. Entomophaga, Memoire Hors Série. No. **2**, 91–93.

Lotmar, R. (1936): *Nosema*-Infektion und ihr Einfluß auf die Entwicklung der Futtersaftdrüse. Schweiz. Bienen-Ztg. **59**, 33–36, 100–104.

Lotmar, R. (1939): Der Eiweißstoffwechsel im Bienenvolk während der Überwinterung: Landwirtschaftliches Jahrbuch der Schweiz **53**, 34–71.

Lotmar, R. (1943): Über den Einfluß der Temperatur auf den Parasiten *Nosema apis*. Beiheft zur Schweiz. Bienen-Ztg. **1**, 261–284.

Lotmar, R. (1946): Über Flagellaten und Bakterien im Dünndarm der Honigbiene. Beiheft zur Schweiz. Bienen-Ztg. **2**, 49–76.

Martin, S. J. (1994): Ontogenesis of the mite *Varroa jacobsoni* Oud. in worker brood of the honeybee *Apis mellifera* L. under natural conditions. Exper. & Appl. Acarol. **18**, 87–100.

Matthes, H.-F., Hübner, M., Hiepe, Th., Böhme, R., und Prösch, U. (1991): Varroosebekämpfung mit ionisierender Strahlung? Tierärztliche Umschau **46** (1), 20–23.

McGowen, M. C., Callender, M. E., and Lawlis Jr., J. F. (1951): Fumagillin (H-3), a new antibiotic with amebicidial properties. Science **113**, 202–203.

Menapace, D., and Hale, P. (1981): Citral and a combination of sodium propionate and potassium sorate did not control chalkbrood. Amer. Bee J. **121**, 889–891.

Meyerhoff, G., und Seifert, L. (1962): Die Bekämpfung der bösartigen Faulbrut mit Sulfathiazol. Leip. Bienen-Ztg. 194–197; 223–227.

Milani, N. (1993): La resistenza agli acaricidi: un problema emergente nella lotta contro la varroa. Ape Nostra Amica **15** (4), 4–5, 7–11.

Mitro, S. (1993): Infektionsabwehr bei Insekten. Eine Übersicht. Tierärztliche Umschau **48**, 521–526.

Moffet, J. O., Lackett, J. J., and Hitchcock, J. D. (1969): Compounds tested for control of nosema in honey bees. Journal of Economic Entomology **62**, 886–889.

Mohring, W., und Messner, B. (1968): Immunreaktion bei Insekten. Biol. Zentrbl. **87** (4), 439–470.

Moosbeckhofer, R. (1992): Beobachtungen zum Auftreten beschädigter Varroamilben im natürlichen Totenfall von *Apis mellifera carnica*. Apidologie **23**, 523–531.

Moosbeckhofer, R. (1994): Individuell oder koordiniert-mehrjährige Erfahrungen mit dem Einsatz von Pyrethroidstreifen zur Kontrolle der Varroatose in Österreich. Allgemeine Deutsche Imkerzeitung **10**, 6–11.

Morgenthaler, O. (1928): Problèmes de l'acariose des abeilles. Bull. Soc. Rom. Apic. **25**, 284, 316.

Morgenthaler, O. (1944): Das jahreszeitliche Auftreten der Bienenseuchen. Beiheft zur Schweiz. Bienen-Ztg. **1**, 285–336.

Morison, G. D. (1931): An *Acarapis* living externally on the honey bee. Bee World **12**, 110–111.

Mouches, C., Bové, J. M., and Albesetti, J. (1982): A spiroplasma of serogroup IV causes a May disease-like disorder of honeybees in southwestern France. Microbial Ecology **8**, 387–399.

Mouches, C., Bové, J. M., and Albisetti, J. (1984): Pathogenicity of *Spiroplasma apis* and other spiroplasmas for honey-bees in southwerstern France. Ann. Microbiol. **135**, 151–155.

Mundt, O. J. (1961): Occurrence of Enterococci; bud, blossoms and stoil studies, Appl. Microbiol. **9**, 541–544.

Muttinelli, F., Irsara, A., Cremasco, S., e Piro, R. (1993): Utilizzo di Apilife-Var sul vassoio di fondo per il controllo della varroasi. Apicoltore Moderno **84** (3), 111–117.

Nelson, D. L. (1994): Ameisensäure-Gelstreifen könnten höchst wirksam sein. Allgemeine Deutsche Imkerzeitung **11**, 20.

Ohtani, T. (1977): Observation on the behavoiur of a cyclopic worker honeybee in the hive. J. apic. Res. **16** (1), 34–40.

Örösi-Pál, Z. (1934): Experiments on the feeding habits of the *Acarapis* mites. Bee World **15**, 93–94.

Örösi-Pál, Z. (1937): Über den Klebstoff der Milbe *Acarapis woodi* Rennie in den Tracheen der Honigbiene, Dto. **9** (5), 669.

Otis, G. W., Bath, J. B., Randall, D. L., and Grant, G. M. (1988): Studies on the honey bee tracheal mite (*Acarapis woodi*) (Acari: Tarsonemidae) during winter. Canad. J. Zool. **66**, 2122–2127.

Otten, C., und Fuchs, S. (1990): Saisonale Unterschiede im Reproduktionsverhalten von *Varroa jacobsoni* in Völkern der Rasse *A. mellifera carnica*, *A. m. ligustica* und *A. m. mellifera*. Apidologie **21**, 367–368.

Pettis, J. S., Dietz, A., and Eischen, F. A. (1989): Incidence rates of *Acarapis woodi* (Rennie) in queen honey bees of various ages. Apidologie **20**, 69–75.

Pinnock, D. E., and Featherstone, N. E. (1984): Detection and quantification of *Melissococcus pluton* infection in honeybee colonies by means of enzymelinked immunosorbent assay. Journal of Apicultural Research **23**, 168–170.

Plagemann, O. (1985): Eine einfache Kulturmethode zur bakteriologischen Identifizierung von *Bacillus larvae* mit Columbia-Blut-Schrägagar. Berl. Münch. Tierärztl. Wochr. **98**, 61–62.

Poltew, V. I. (1950): „Bienenkrankheiten". Government Publication, Leningrad. (Aus: Bailey und Ball: „Honey bee Pathology". Academic Press, London 1991).

Rademacher, E., Polaczek, B., und Schricker, B. (1994): Immer langsam voran. Eine neue Anwendungsform der Ameisensäure am Bienenvolk. Deutsches Bienen-Journal **8**, 10–11.

Radetzki, T. (1994): Oxalsäure, eine weitere organische Säure zur Varroabehandlung. Allgemeine Deutsche Imkerzeitung **12**, 11–15.

Rath, H. W: (1985): Die Kalkbruterkrankung der Honigbiene unter besonderer Berücksichtigung potentieller Resistenzmechanismen. Schriftliche Hausarbeit im Rahmen der ersten Staatsprüfung für das Lehramt für die Sekundarstufe II; Bonn.

Rath, H. W. (1991): Investigations on the parasitic mites *Varrora jacobsoni* Oud. and *Tropilaelaps clareae* Delfinado & Baker and their hosts *Apis cerana* Fabr., *Apis dorsata* Fabr., and *Apis mellifera* L.
Dissertation zur Erlangung des Grades eines Doktors der Naturwissenschaften, Rheinische Friedrich-Wilhelms-Universität, Bonn.

Rehm, S. M., and Ritter, W. (1989): Sequence of the sexes in the offspring of *Varroa jacobsoni* and the resulting consequences for the calculation of the developmental period. Apidologie **20**, 339–343.

Rembold, H., and Lackner, B. (1981): Rearing of honeybee larvae in vitro: Effect of yeast extract in queen differentiation. J. Agricult. Res. **20**, 165–171.

Rennie, J., White, P. B., and Harvey, E. J. (1921): Isle of Wight disease in hive bees. Transactions of the Royal Society of Edinburgh **52**, 737–779.

Ritter, W. (1985): Perizin: Ein neues systemisches Medikament zur Bekämpfung der Varroatose. Tierärztliche Umschau **40** (1), 14–15.

Ritter, W. (1991): Bekämpfung der Varroatose mit einem thermischen Umluftverfahren in Kombination mit Wintergrünöl. Allgemeine Deutsche Imkerzeitung **2**, 14–15.

Ritter, W. (1994): Bienenkrankheiten. Verlag Eugen-Ulmer, Stuttgart.

Ritter, W. (1996): Wachsmottenbekämpfung ohne Chemikalien. Allg. Deutsche Imkerzeitung **1**, 6–7.

Ritter, W., and De Jong, D. (1984): Reproduction of *Varroa jacobsoni* in Europe, the Middle East and tropical South America. Z. Angew. Entomol. **98**, 55–57.

Ritter, W., Kerkhoff, U., and Pätzold, S. (1989): The Distribution of *Varroa jacobsoni* Oud. in the winter cluster of *Apis mellifera carnica*. In: Cavalloro, R. (Ed.): Present status of varroatosis in Europe and progress in the varroa mite control. E. E. C. (Luxembourg), 107–112.

Ritter, W., Leclercq, E., et Koch, W. (1984): Observation des populations d'abeilles et de *Varroa* dans les colonies à différents niveaux d'infestation. Apidologie **15** (4), 389–400.

Ritter W., Perschill, F., und Hövel, R. von (1983): Bekämpfung der Varroatose durch Entnahme der gedeckelten Drohnenbrut. Apidologie **15** (3), 245–246.

Ritter, W., und Ponten, A. (1995): Einfluß des Acute Paralysis Virus auf die Brutpflege der Honigbiene. In Vorbereitung.

Ritter, W., und Ruttner, F. (1980): Neue Wege in der Behandlung der Varroatose – Ameisensäure. Allgemeine Deutsche Imker-Zeitung **14** (5), 151–159.

Ritter, W., Sakai, K., und Takeuchi, U. (1980): Entwicklung der Bekämpfung der Varroatose in Japan. In: Diagnose und Therapie der Varroatose. Apimondia, Bukarest, 69–71.

Rosenkranz, P., und Stürmer, M. (1992): Ernährungsabhängige Fertilität der *Varroa*-Weibchen in Arbeiterinnenbrut von *Apis mellifera carnica* und *Apis mellifera capensis*. Annales Universitatis Mariae Curie-Skołodowska **47**, 55–60.

Rothenbuhler, W. C., and Thomson, V. C. (1956): Resistance to American foulbrood in honeybees. I. Different survival of larvae of different genetic lines. J. Econom. Entomol. **49**, 470–475.

Royce, L. A., Krantz, G. W., Ibay, L. A., and Burgett, D. M. (1988): Some observations on the biology and behaviour of *Acarapis woodi* and *Acarapis dorsalis* in Oregon. In: Needham, G. R., et al. (ed.): Africanized Honey Bees and Bee Mites. Ellis Horwood, Chichester, 498–505.

Ruttner, F., and Hänel, H. (1992): Active defense against *Varroa* mites in a Carnolian strain of honey bee (*Apis mellifera carnica* Pollmann). Apidologie **23** (4), 173–187.

Ruttner, F., Marx, H., und Marx, G. (1984): Beobachtungen über eine mögliche Anpassung von *Varroa jacobsoni* und *Apis mellifera* in Uruguay. Apidologie **15**, 43–62.

Sachs, H. (1952 a): Über das Verhalten und die Orientierung der Tracheenmilben *Acarapis woodi* (Rennie, 1921) auf Bienen. Ztschr. für Bienenforschung **1**, 148–170.

Sachs, H. (1952 b): Über das Verhalten und die Orientierung der Tracheenmilbe *Acarapis woodi* Rennie, 1921, auf Bienen. Z. für Bienenforschung **2** (1), 1–7.

Sachs, H. (1958): Versuche zur Züchtung der Tracheenmilbe *Acarapis woodi*. Z. für Bienenforschung **4**, 107–113.

Sakofski, F. Koeniger, N., und Fuchs, S. (1990): Saisonale Abhängigkeit der Invasion von Bienenvölkern durch *Varroa jacobsoni*. Apidologie **21**, 547–551

Schneider, H. (1941): Untersuchung über die *Acarapis*-Milben der Honigbiene. Die Flügel- und Hinterleibsmilbe. Mitteilungen der Schweizerischen Entomologischen Gesellschaft **18**, 318–327.

Schneider, H. (1946): Der Erreger der Milbenkrankheit. Schweiz. Bienen-Ztg. **69** (9), 394–399.

Schneider, H., und Brügger, A. (1948): Wie läßt sich die Milbenkrankheit ohne Mikroskop diagnostizieren? Schweiz. Bienen-Ztg. **71** (3), 120–122.

Schneider, P., und Drescher, W. (1987): Einfluß der Parasitierung durch die Milbe *Varroa jacobsoni* Oud. auf das Schlupfgewicht, die Gewichtsentwicklung, die Entwicklung der Hypopharynxdrüsen und die Lebensdauer von *Apis mellifera* L. Apidologie **18**, 101–110.

Schulz, A. (1984): Reprodution und Populationsentwicklung der Parasitischen Milbe *Varroa jacobsoni* Oud. in Abhängigkeit vom Brutzyklus ihres Wirtes *Apis mellifera* L. Inaugural-Dissertation an der J. W. Goethe-Universität Frankfurt am Main.

Schulz-Langner, E. (1956): Ein neues Bild der bösartigen Faulbrut der Honigbiene. Selbstheilung und Sulfonamidtherapie, ihre Möglichkeiten und Grenzen im Kampf gegen die Seuche. Z. für Bienenforschung **3**, 149–180.

Schulz-Langner, E. (1964): Der Entwicklungsgang der in den Malpighischen Gefäßen der Honigbiene lebenden Amöbe (*Malpighamoeba mellificae*) in Kulturen und im Bienenkörper. Z. Bienenforsch. **7** (1): 1–22.

Simpson, J. (1959): Variations in the incidence of swarming among colonies of *Apis mellifera* throughout the summer. Insect Sociaux **6**, 85–99.

Spiltoir, C. F. (1955): Life cycle of *Ascosphaera apis* (*Pericystis apis*). Amer. J. Botany **42**, 501–508.

Steenkiste van, D. (1988): De Hemocyten van de Honingbij (*Apis mellifera* L.): Typologie, Bloedbeeld en cellulaire Verdedigingsreacties. Dissertation, Rijksuniversiteit Gent.

Steiner, H., Hultmark, D., Engström, A., Bennich, H., and Boman, H. G. (1981): Sequence and specificity of two antibacterial proteins involved in insect immunity. Nature **292**, 246–248.

Steiner, J. (1992): Reprodukion der ektoparasitischen Bienenmilbe *Varroa jacobsoni* in Völkern von *Apis mellifera carnica*. Dissertation am Fachbereich Biologie der Eberhard-Karls-Universität Tübingen.

Steinhaus, E. A. (1963): Insect Pathology, volume 2. Academic Press, New York.

Steinhaus, E. A. (1967): Principles of Insect Pathology. Hafner Publishing, New York.

Stejskal, M. (1965): Gregarines parasitizing honey bees. Amer. Bee J. **105**, 374–375.

Strick, H., and Madel, G. (1988): Transmission of the pathogenic bacterium *Hafnia alvei* to honeybees by the ectoparasitic mite *Varroa jacobsoni*. In: Needham, G. R., et al. (Eds.): Africanized Honey Bees and Bees Mites. Ellis Horwood, Chichester, 462–466.

Stürmer, M., und Rosenkranz, P. (1994): Die Bedeutung der phoretischen Phase für die Oogenese von *Varroa jacobsoni*. Apidologie **25** (5), 453–455.

Sturtevant, A. P. (1932): Relation of commercial honey to the spread of American foulbrood. J. Agricult. Res. **45**, 257–285.

Taber, S. (1987): The effect on colonies infested with the honey-bee tracheal mite. Amer. Bee J. **127**, 655–657.

Trouiller, J., Arnold, G., Le Conte, Y., Masson, C., and Chappe, B. (1991): Temporal pheromonal and kairomonal secretion in the brood of honey bees. Naturwissenschaften **78**, 368–370.

Vecci, M. A., and Giordani, G. (1968): Chemotherapy of acarine disease. I. Laboratory tests. J. Invertebrate Pathol. **10**, 390–416.

Vorwohl, G. (1973): Drei Jahre Untersuchungen über die Reben als Bienenweidepflanzen. Allg. dt. Imkerztg. (**8**), 144–146.

Wallace, F. C. (1966): The trypanosomatid parasites of insects and arachnids. Exper. Parasitol. **18**, 124–193.

Wallner, K. (1992): Diffusion varroazider Wirkstoffe aus dem Wachs in den Honig. Apidologie **23**, 387–389.

Wang, Der-I., and Moeller, F. E. (1969): Histological comparisons of the development of hypopharyngeal glands in healthy and nosema-infected worker honey bees. J. Invertebrate Pathol. **14**, 135–142.

Wang, Der-I., and Moeller, F. E. (1971): Ultrastructural changes in the hypopharyngeal glands of worker honey bees infected with *Nosema apis*. J. Invertebrate Pathol. **17**, 308–320.

Weidner, E., Byrd, W., Scarborough, A., Pleshinger, J., and Sibley, D. (1984): Microsporidian spore discharge and the transfer of polaroplast organelle membrane into plasma membrane. J. Protozool. **31**, 195–198.

Weiß, J. (1987): Mit Milchsäure gegen die Varroamilbe. Allg. Deutsche Imkerzeitung **8**, 258–262.

Weiß, K. (1984): Bienenpathologie. Ehrenwirth-Verlag, München.

White, G. F. (1912): The cause of European foulbrood. Circular, US Bureau of Entomology, No 157.

Wienands, A. (1987): Synopsis of the worldwide applied preparation against Varroa disease of honey bees. American Bee Journal **127**, 757.

Wienands, A., Strick, H., and Madel, G. (1987): Varroatosis: Haemocytic and bacteriological aspects of the haemolymph of *Apis mellifera* L. Zbl. Bakt. Hyg. **A 265**, 554–555.

Wille, H. (1967): Mischinfektionen in der Honigbiene (*Apis mellifica* L.) nach Ermittlungen in schweizerischem Material der Jahre 1965/66. Zschr. für Bienenforschung **9**, 150–171.

Wille, H. (1964 a): Bekämpfung der Kalkbrut. Schweiz. Bienen-Zeitung **87**, 381.

Wille, H. (1964 b): Weitere Untersuchungen an wenig bekannten Krankheitsformen der erwachsenen Honigbiene. Schweiz. Bienen-Ztg. **87**, 18–28.

Wille, H. (1966): Neue Erkenntnisse über krankhafte Zustände im Bienenvolk. Bienenvater **87**, 3–13.

Wille, H. (1984): Bakterielle Septikämien. In Zander, E., und Böttcher, F. K.: Krankheiten der Biene. Verlag Eugen Ulmer, Stuttgart.

Wilson, W. T., Baxter, J. R., Collins, A. M., Cox, R. L., and Cardoso, T. D. (1993): Formic acid fumigation for control of tracheal mites in honey bee colonies. Bee Science **3** (1), 26–32.

Wilson, W. T., and Collins, A. M. (1992): Occurrence of *Malpighamoeba mellificae* in *Apis mellifera* colonies experiencing severe population loss. Amer. Bee J. **132** (12), 818–819.

Wilson, W. T., and Collins, A. M. (1993): Formic acid or amitraz for spring or fall treatment of *Acarapis woodi*. American Bee Journal **133** (12), 871.

Wittmann, D. (1982): Entwicklung von Testverfahren und Experimente zur Beurteilung von Insektizid-Wirkungen auf Bienenlarven. Dissertation an der Eberhard-Karls-Universität Tübingen.

Woodrow, A. W. (1942): Susceptibility of the honey bee larvae to the individual inoculations with spores of *Bacillus larvae* J. Econom. Entomol. **35**, 892–895.

Woyke, J. (1963): Drones from fertilized eggs and the biology of sexdetermination in the honey bee. Bulletin de l'Academie polonaise des Sciences biologiques. Cl. V, Vol. XI, Nr. 5.

Youssef, N. N., and Hammond, D. M. (1971): The fine structure of the developmental stages of the microsporidian *Nosema apis*. Tissue & Cell **3**, 283–294.

Zander, E. (1925): Nosema- und Milbenseuche. Erl. Jahrb. Bienenkde. **3**, 388.

# Sachregister

BUCHTIP BUCHTIP BUCHTIP BUCHTIP

# Exkursionsfauna von Deutschland

Begründet von Prof. Dr. Erwin STRESEMANN.
Weitergeführt von Prof. Dr. H.-J. Hannemann,
Prof. Dr. B. Klausnitzer und Prof. Dr. K. Senglaub

**Band 1 Wirbellose**
(ohne Insekten)
8. Aufl. 1992. 638 S., 1350 Abb.,
geb. DM 55,-
ISBN 3-334-60822-0

**Band 3 Wirbeltiere**
12., stark bearb. Aufl. 1995.
481 S., 295 Abb., 50 Taf.,
geb. DM 55,-
ISBN 3-334-60951-0

**Band 2/1 Wirbellose**
**Insekten** - Erster Teil
8. Aufl. 1989. Neuausgabe 1994.
504 S., 1629 Abb., geb. DM 55,-
ISBN 3-334-60823-9

**Band 2/2 Wirbellose**
**Insekten** - Zweiter Teil
7. Aufl. 1990. Neuausgabe 1994.
424 S., 800 Abb., geb. DM 45,-
ISBN 3-334-60824-7

**Komplettpreis bei Abnahme der Bände 1-3: DM 165,-**
**Gesamt ISBN 3-334-60826-3**

GUSTAV FISCHER
SEMPER BONIS ARTIBUS